当代齐鲁文库 · 山东社会科学院文库

THE LIBRARY OF CONTEMPORARY SHANDONG · SELECTED WORKS OF SHANDONG ACADEMY OF SOCIAL SCIENCES

山东社会科学院◎编纂

中国古代民族关系问题探究

孙祚民◎著

中国社会科学出版社

图书在版编目(CIP)数据

中国古代民族关系问题探究 / 孙祚民著. —北京: 中国社会科学出版社, 2016. 12

ISBN 978-7-5161-9402-7

Ⅰ. ①中… Ⅱ. ①孙… Ⅲ. ①民族关系—研究—中国—古代 Ⅳ. ①D691. 72

中国版本图书馆 CIP 数据核字(2016)第 290751 号

出 版 人 赵剑英
责任编辑 冯春凤
责任校对 张爱华
责任印制 张雪娇

出　　版 中国社会科学出版社
社　　址 北京鼓楼西大街甲 158 号
邮　　编 100720
网　　址 http://www.csspw.cn
发 行 部 010-84083685
门 市 部 010-84029450
经　　销 新华书店及其他书店

印刷装订 环球东方(北京)印务有限公司
版　　次 2016 年 12 月第 1 版
印　　次 2016 年 12 月第 1 次印刷

开　　本 710×1000 1/16
印　　张 17
插　　页 2
字　　数 235 千字
定　　价 68.00 元

凡购买中国社会科学出版社图书,如有质量问题请与本社营销中心联系调换
电话:010-84083683
版权所有 侵权必究

《山东社会科学院文库》
编委会

主　　任　唐洲雁　张述存

副 主 任　王希军　刘贤明　王兴国（常务）
姚东方　王志东　袁红英

委　　员　（按姓氏笔画排序）
王　波　王晓明　刘良海　孙聚友
李广杰　李述森　李善峰　张卫国
张　文　张凤莲　张清津　杨金卫
侯小伏　郝立忠　涂可国　崔树义
谢桂山

执行编辑　周德禄　吴　刚

《山东社会科学院文库》出版说明

党的十八大以来，以习近平同志为核心的党中央，从推动科学民主依法决策、推进国家治理体系和治理能力现代化、增强国家软实力的战略高度，对中国智库发展进行顶层设计，为中国特色新型智库建设提供了重要指导和基本遵循。2014 年 11 月，中办、国办印发《关于加强中国特色新型智库建设的意见》，标志着我国新型智库建设进入了加快发展的新阶段。2015 年 2 月，在中共山东省委、山东省人民政府的正确领导和大力支持下，山东社会科学院认真学习借鉴中国社会科学院改革的经验，大胆探索实施“社会科学创新工程”，在科研体制机制、人事管理、科研经费管理等方面大胆改革创新，相继实施了一系列重大创新措施，为建设山东特色新型智库勇探新路，并取得了明显成效，成为全国社科院系统率先全面实施哲学社会科学创新工程的地方社科院。2016 年 5 月，习近平总书记在哲学社会科学工作座谈会上发表重要讲话。讲话深刻阐明哲学社会科学的历史地位和时代价值，突出强调坚持马克思主义在我国哲学社会科学领域的指导地位，对加快构建中国特色哲学社会科学作出重大部署，是新形势下繁荣发展我国哲学社会科学事业的纲领性文献。山东社会科学院以深入学习贯彻习近平总书记在哲学社会科学工作座谈会上的重要讲话精神为契机，继续大力推进哲学社会科学创新工程，努力建设马克思主义研究宣传的“思想理论高地”，省委、省政府的重要“思想库”和“智囊团”，山东省哲学社会科学的高端学术殿堂，山东省情综合数据库和研究评价中心，服务经济文化强省建设的创新型团队，为繁荣发展哲学社会科学、建设山东特色新型智库，努力做出更大的贡献。

《山东社会科学院文库》（以下简称《文库》）是山东社会科学院“创新工程”重大项目，是山东社会科学院着力打造的《当代齐鲁文库》的重要组成部分。该《文库》收录的是我院建院以来荣获山东省优秀社会科学成果一等奖及以上的科研成果。第二批出版的《文库》收录了丁少敏、王志东、卢新德、乔力、刘大可、曲永义、孙祚民、庄维民、许锦英、宋士昌、张卫国、李少群、张华、秦庆武、韩民青、程湘清、路遇等全国知名专家的研究专著18部，获奖文集1部。这些成果涉猎科学社会主义、文学、历史、哲学、经济学、人口学等领域，以马克思主义世界观、方法论为指导，深入研究哲学社会科学领域的基础理论问题，积极探索建设中国特色社会主义的重大理论和现实问题，为推动哲学社会科学繁荣发展发挥了重要作用。这些成果皆为作者经过长期的学术积累而打造的精品力作，充分体现了哲学社会科学研究的使命担当，展现了潜心治学、勇于创新的优良学风。这种使命担当、严谨的科研态度和科研作风值得我们认真学习和发扬，这是我院深入推进创新工程和新型智库建设的不竭动力。

实践没有止境，理论创新也没有止境。我们要突破前人，后人也必然会突破我们。《文库》收录的成果，也将因时代的变化、实践的发展、理论的创新，不断得到修正、丰富、完善，但它们对当时经济社会发展的推动作用，将同这些文字一起被人们铭记。《山东社会科学院文库》出版的原则是尊重原著的历史价值，内容不作大幅修订，因而，大家在《文库》中所看到的是那个时代专家们潜心探索研究的原汁原味的成果。

《山东社会科学院文库》是一个动态的开放的系统，在出版第一批、第二批的基础上，我们还会陆续推出第三批、第四批等后续成果……《文库》的出版在编委会的直接领导下进行，得到了作者及其亲属们的大力支持，也得到了院相关研究单位同志们的大力支持。同时，中国社会科学出版社的领导高度重视，给予大力支持帮助，尤其是责任编辑冯春凤主任为此付出了艰辛努力，在此一并表示最诚挚的谢意。

本书出版的组织、联络等事宜，由山东社会科学院科研组织处负责。因水平所限，出版工作难免会有不足乃至失误之处，恳请读者及有关专家学者批评指正。

《山东社会科学院文库》编委会

2016 年 11 月 16 日

前　言

我国是一个历史悠久、疆域辽阔的多民族国家。正确阐述祖国的历史、特别是民族关系的历史，不但对正确处理古代民族关系，激发反抗侵略斗争的革命精神，汲取历史上民族歧视、压迫政策的沉痛教训，而且对当前加强民族团结、发扬爱国主义和推动社会主义四个现代化建设，都具有重大的现实意义。因此，建国以来，一直受到广泛重视，进行了深入研究，开展了热烈讨论，取得了明显的成绩，被誉为史坛一朵绚丽的“金花”。

但是，无可讳言，因为这个问题本身的复杂性和极左思潮特别是十年浩劫的干扰和破坏，我们的研究工作，也受到了影响，经历了曲折，存在着问题，远远没有达到应该达到的水平，甚至还出现了一些模糊、错误认识和值得引起重视的倾向。因此，为了在已经取得成绩的基础上，把研究工作不断推向前进，还必须进一步加强学习和运用马克思主义，掌握科学理论武器，发掘更加丰富的史料，继续深入钻研，积极开展讨论，实事求是，尊重史实，坚持真理，修正错误，取长补短，共同提高，为正确阐明民族关系史和加强民族团结、推动社会主义两个文明建设、早日实现祖国统一，做出贡献。我就是抱着这个目的，把这本小册子呈献给研究民族关系史的同道和广大读者的。

收进这个集子的文章共十六篇。从写作时间上说，起自五十年代中期，直至1990年。从文章的内容来说，可分为两类：第一类，共八篇，属于理论探讨性的，其中，主要是我参加建国以来民族关系史几次大讨论的文章，作为上编；第二类，共八篇，属于解剖史实的，是结合具体事例进行论证的，作为下编。以上文章，全部在报刊、杂志上发表过。

由于我深知民族关系史本身的复杂性和正确阐明问题的难度，所以，在撰写文章的过程中，自始至终努力坚持做到以下三点：一，坚持马克思主义基本原理。例如，在关于中国民族关系主流问题上，我不赞成“用一种简单的方法，把不平等的民族关系从历史上删去，或者从那些不平等的民族关系中挑选一些类似平等而实际上不平等的史实，来证实这个原则在古代中国已经实现”，甚至说“建立在平等基础上的相互关系，是中国民族关系的主流”。而是根据马克思主义“现存的所有制关系，是造成一些民族剥削另一些民族的原因”，只有“人对人的剥削一消灭，民族对民族的剥削就会随之消灭”，只有“民族内部的阶级对立一消失，民族之间的对立关系就会随之消失”的教导，阐明在我国阶级社会里，既然人对人、民族对民族的剥削和对立没有消失，所以，也就根本不可能出现“平等的相互关系”，更谈不到成为民族关系的主流了。而真正的平等、团结、互助的民族关系，只有在从根本上消灭了产生民族歧视和压迫根源的社会主义和共产主义社会，才能够实现。二，坚持历史主义的观点。如在评价隋文帝、唐太宗民族政策的时候，一方面，实事求是地肯定他们的民族政策，相对而言比较开明；另一方面，却不同意一种无限美化、拔高的做法，例如，把隋文帝的民族政策的“指导原则”，美化为“主张平等、互利”，“在平等、互利的原则下与诸民族进行有礼有节的友好往来”，把唐太宗的民族政策的“指导思想”，美化为“对各民族爱之如一”。而是坚持根据不同时代、社会、历史条件，对具体问题进行具体分析的历史主义观点，阐明即使像隋文帝、唐太宗那样比较开明的帝王，也无法超越社会、历史的制约，不受时代和阶级的局限，以个人的意志为转移，制定和实现民族平等的政策。这样，既克服了美化拔高的做法，避免了把古代帝王现代化和无产阶级化，把本质不同的阶级社会的民族政策与社会主义社会的民族政策严格区分开来，同时，也把他们与那些实行民族高压政策的封建帝王加以区分，给予了客观的、符合历史实际的、科学的评价。三，坚持革命性与科学性统一的原则。革命性，就是史学研究必须为现实服务，这一点，大家的认识都是一致的。科学性，就是尊重历史，从历史事实出发，坚持实事求是的原则，这一点，应该说大家的意见基本上也是一致的，但在具体运用时，却还存在着分歧。如，有些同志不是把两者统一起来，而是有意无意地把两者对立起来，甚至认为为了坚持革命性，可以抛弃科学性。我则遵循经典作家：马克思主义理论“之所以具有不可遏止的吸引力，就在于它把严格的和高度的科学性和革命性结合起来”和“不仅探究的结果，应当是合乎真理的，而且引向结果的途径，也应该是合乎真理的”的教导，力求把两者统一起来，既尊重历史事实，坚持实事求是的原则，在此基础上，做出能够真正为现实服务的科学的论断。当然，以上都是我努力追求的目标，是否能够做到或做到了怎样的程度，还有待不断努力和继续接受客观实践的检验。

收进书中的论文，特别是上编的八篇论文，都是经过了反复思考，最后选定下来的。《中国古代史中有关祖国疆域和少数民族的问题》和《再论》两篇文章，是我试写这方面有关理论文章的开端，而且，引起了大家的兴趣，在《文汇报》上展开了一次热烈的讨论；《处理历史上民族关系的几个重要准则》，是我参加《历史研究》发起的关于民族关系史讨论的一篇论文，翌年，于北京香山别墅召开的全国中国民族关系史学术座谈会上，由大会印发给与会代表，产生了一定的影响；《正确处理历史上民族关系的几个问题》和《民族关系史与爱国主义教育》，是我分别参加在《北方论丛》和《光明日报》上开展的两次讨论的文章，在前此的基础上，对问题的认识都有所加深；《主体民族　统治民族　大民族主义》和《以民族平等原则处理历史上不平等的民族关系》两文，是我针对近年来，有同志提出的带有新意、引起大家浓厚兴趣但尚未展开充分讨论的两种观点，分别撰写成的。值得一提的是《建国以来中国民族关系史若干理论问题研究评议》一文，是我根据掌握的有关三十多年来中国民族关系史这门新学科研究、讨论的大量的资料，经过分门别类概括出来的。它包括“关于我国统一的多民族国家形成的问题”、“关于我国历史上的‘外族’和‘外国’的问题”、“关于我国历史上各民族国家间战争性质的问题”、“关于民族英雄和民族败类的问题”、“关于我国历史上民族关系主流的问题”、“关于中国主体民族的问题”、“关于民族关系史研究为现实服务的问题”七个最重要的理论问题，并根据一得之见，重点作了比较全面地评议。对是否收辑这篇文章，曾作过反复斟酌，感到缺点是和上面的几篇论文多少不无重复之处，好处是纲举目张，问题突出，比较全面地反映了这门新学科产生、成长、坎坷、曲折和发展、繁荣的历史轨迹，直至当前研究、讨论进展的现状，有助于民族关系史研究者和爱好者的了解和把握。权衡利弊，觉得得大于失，最后，还是决定选辑进来。其他还有许多文章，则一概删汰从严、忍痛割爱了。

本着“百花齐放、百家争鸣”的精神，本书选辑的文章，大多属于提出问题、质疑讨论、探索研究的，故名之曰《中国古代民族关系问题探究》。其中对一些不同意见、观点的文章，指名提出了商榷，目的是以示郑重和对对方负责。限于水平，有些认识和提法，难免欠妥以至错误，不过，我是抱着相互切磋、探求真理、繁荣学术，为促进民族关系史研究竭尽绵薄的愿望而进行讨论的。抛砖意在引玉。不当之处，诚恳地希望得到批评指正。这块小小的“投石”，倘能在民族关系史研究的洪波上，激起哪怕是一层微弱的涟漪，多少起到一些推动作用，将是我由衷的心愿。

本书的出版，受到了一些师友的关怀和教益；得到山东社会科学院领导的热情鼓励和资助；河南大学出版社总编辑朱绍侯教授，给予了大力支持；书中汲取了一些同志的研究成果，未及一一注明，在此，谨向他们表示感谢！

孙祚民

1991 年 4 月于泉城济南

目　录

上　编

下　编

上编

中国古代史中有关祖国疆域和少数民族的问题

中华人民共和国是一个多民族的国家。在我国边疆和内地，居住着许多少数民族，它们都是祖国民族大家庭的成员，都是伟大祖国人民的一部分。因此，在讲述、研究中国古代史时，就存在着如何处理祖国疆域以及与此相关联的历史上各少数民族的问题。对于这个问题的处理，目前，在我国史学研究者和民族学研究者中间，主要有两种观点：其一，是以我国历史上历代王朝的疆域为历代国土的范围，因王朝统治的范围不同而历代国土有所变更伸缩。我是同意这种观点的。另一种观点是以今天中华人民共和国的国土为范围，由此上溯研求自有历史以来在这块土地上所有各少数民族的活动。其主要论点是："既然中国历史是今天中华人民共和国国境线以内今天和历史上各族人民的历史，那么，当我们说到中国时，它的范围就不应该只是历史上当时在中原地带立国的王朝，而且还应当包括当时是在中原的王朝疆域以外而今天却是中华人民共和国国境以内的各族和各地区。匈奴、契丹、女真、蒙古，在当时虽然不属于汉、宋王朝，但它们活动的地区却是在今天中华人民共和国的领土以内，他们的历史是中国历史的一部分。今天我们讲中国史应该把他们看成中国历史上存在过的一些国家，他们和当时王朝的对立和战争，只是中国历史上一些国家间的对立和战争，而不是外国或外族入侵中国。如果把匈奴、契丹、女真、蒙古对汉、宋朝的入侵，说成是外族对中国的入侵，那是错误的”。因为这是“以汉族史代替中国史，以王朝史代替中国史，是王朝史体系的表现”[①]。不难看出，这种论点，是存在明显问题和缺陷的。

一

首先，这种以今天中华人民共和国国土的范围来处理历史上历代王朝疆域和少数民族的论点，模糊了今天和过去历史在时间上的发展连续性，否认了历史上每一个王朝在不同历史时期疆域的变化，而是简单地用今天中华人民共和国国土范围的“框子”，去括套过去整个古代历史时期不同王朝和国家的疆域。这种方法，显然是不科学的。

如所周知，任何一个国家和民族，都有其形成和发展的历史，而不是、也不可能是从一开始出现就成为一个永远不变的“定型”。以我国的疆域来说，在春秋战国之前，还局处于黄河中下游和江、淮流域的部分地区。后来经过秦、汉、唐、明、清各大统一王朝屡次开拓，才形成今天这样辽阔广大的疆域。今天我们伟大祖国疆域的这样辽阔广大，是在长时期历史发展过程中逐渐形成的。

再以我国的民族来说，历史上各个少数民族，并不是一开始就像今天一样团聚在民族大家庭中，而是大部远处在汉王朝的国境以外，在漫长的历史时期中，有的和汉族相融合，有的被统一于汉族王朝的疆域范围以内，中间经过秦、汉、唐、明、清等王朝，才逐渐形成为今天这样一个统一的多民族国家的[②]。这就是说，我国作

---

① 何兹全：《中国古代史教学中存在的一个问题》，刊 1959 年 7 月 5 日《光明日报》第 3 版。并参阅《历史研究》1961 年第 3 期，“国内史学动态”：《四川省中国历史学术讨论会概况》及吕振羽《史论集》：《中国民族关系发展的历史特点》和《关于历史上的民族融合问题》二文。

② 参阅中央高等教育部审定综合大学历史学系专业四五年制用《中国史教学大纲》第 43 章。

为一个统一的多民族国家的形成，是有其不容抹杀的历史发展过程的。

由此可见，从今天的角度，说“中国史应该是以今天中华人民共和国的疆域为范围，凡在今天中华人民共和国国境以内的各族人民以及这个疆域内历史上各族人民的历史，都属于中国史的范围，都是中国史应该讲述的对象”，当然是正确的。因为，我们现在是处在我国早已完成了形成统一的多民族国家历史过程的今天，中国境内的各少数民族，不仅已经成为中国疆域内中华民族的组成部分，而且在党的正确民族政策的光辉照耀下，完全改变了以往各民族间相互压迫和歧视的关系，成为新的平等、互助、和睦、团结的民族大家庭。由于各少数民族过去对祖国的生产和文化都有很大的贡献，由于今天他们的地位有了改变，成了新中国的主人，并在祖国的社会主义建设中起了很大的作用，因此，我们就必须为他们编撰新的历史，并作为祖国历史不可缺少的组成部分。

但是，当我国作为一个统一的多民族国家还没有形成以前，也就是这些少数民族还作为独立的民族国家而存在的时候，那么，与我国历史上某些中原王朝接壤的民族国家，如汉王朝时的匈奴，唐王朝时的突厥，宋王朝时的契丹、女真和明王朝时的蒙古等，却不能仅仅因为它们是居住在今天中华人民共和国的国境以内，便把它们笼统地划成汉、唐、宋、明当时各该王朝的一部分。相反，这些民族国家对当时中国的汉、唐、宋、明等王朝来说，还是外族和外国。因为，如上所说，匈奴、契丹、女真、蒙古等“各族人民的历史，都属于中国史的范围，都是中国史应该讲述的对象”，乃是我们从今天的角度上讲的，而在过去各该历史的当时，这些少数民族，还是独立的民族国家，还未成为中国民族大家庭的成员，从而，它也就只能是一个外族的国家。模糊了历史发展的时间观念，混淆了历史上的“当时”和现在的“今天”，就必然把问题导向错误的境地。

二

其次，由上述观点的理论依据所导致出来的另一个说法，即中国历史上存在过的一些独立民族国家，如匈奴、契丹、女真、蒙古等，“他们和当时王朝的对立和战争，只是中国历史上一些国家间的对立和战争，而不是外国或外族入侵中国”。这些战争，“都是国内性质的，只具有进步和反动的区分，而不带有侵略和反侵略的性质。”也是使人无法首肯的。因为，如果承认这个论点是正确的，那么，历史上匈奴、契丹、女真、蒙古对汉、唐、宋、明等王朝的侵略，既然都“不是外国或外族入侵中国”，这就在实际上取消了中国历史上最晚从鸦片战争以前所有的民族侵略问题，掩盖了侵略战争的非正义性，否定了各族人民反抗侵略的英勇斗争传统，而中国历史上也就不存在受人尊敬的民族英雄和被人痛恨与唾骂的民族败类了。

以契丹侵占燕云十六州为例，按照以上说法，从契丹方面讲，既“不是外国或外族入侵中国”，从中国方面说，也就不能算是国土沦陷。从而，河北广大汉族人民反抗契丹的斗争，就丧失了反侵略的正义性。而出卖燕云十六州的石敬瑭，也就不是民族败类，似乎应当替他“翻案”了。与此相关联的是，对于我国历史上长期被肯定下来，并受到人民崇敬的民族英雄，如抗金的岳飞、抗元的文天祥和抗清的史可法等，也就不能不要来重新评价了。显然，这种论点，不仅无法认为是正确的，而且还有着严重的危害性。

三

最后，把匈奴、契丹、女真、蒙古等对汉、宋等王朝的入侵，说成是外族对中国的入侵，是不是就犯了“以汉族史代替中国史，以王朝史代替中国史”的错误呢？这是一个很值得开展讨论的问题。

以宋代历史为例，“以宋朝代替当时的中国”，把女真侵略宋朝，说成是“女真侵略中国”，是不是可以呢？我认为是可以的。因为当时的历史情况是：自从黄河流域沦陷之后，就形成了宋金对峙的局面。当时，女真贵族所建立的金国，是作为外族征服者而强占了河北广大地区的。如果不同意“以宋朝代替中国”，难道还能以女真征服者代替中国吗？当然，即便把当时的中国视为汉族和女真所共有，也是很荒谬的。因为那实际上就等于承认了女真侵占中国神圣领土的既成事实，等于要人民放弃光复国土的正义斗争。所以，就当时讲，“以汉族代替中国”，或“以宋朝代替中国”，乃是客观历史的必然结果，而不是承认或不承认的问题。

关于这个问题，我们还可以再作进一步地分析。这可以从两方面看：一方面，宋王朝是以赵氏统治集团为核心所建成的小朝廷，它代表的是以赵氏统治集团为首的整个封建地主阶级的利益，并不代表全国劳动人民的利益。相反，它是统治与奴役全国劳动人民的工具。从这一点讲，它不能够“代替中国”。但是，另一方面，我们通常所说的中国，是指伟大祖国在漫长历史阶段中的泛称。而在每一个历史时期，又必然是具体的。比如在宋代的时候，如果有人远航到当时的外国，当他告诉人家自己是宋朝人时，也就意味着他是中国人。特别是当外族入侵，民族矛盾达到极端尖锐的时候，汉族的王朝，就更具有了“代表中国”的意义。“南渡君臣轻社稷，中原父老望旌旗。”这是长期为人民所传诵、充满了强烈爱国主义高贵情感的有名诗句。很明显，在异族侵略者铁蹄践踏下的“中原父老”，并不是渴望汉族封建统治者的“旌旗”——“宦军”或“小朝廷”，而是企盼着祖国的光复；他们是把当时的汉族王朝，当作了自己所热爱的祖国的象征的。又如公元 417 年，刘裕北伐，得到广大人民的支持，收复了关中。但因为他要阴谋篡位，所以并未加以巩固，而急于南返。关中人民闻知后，纷纷前来涕泣挽留，说“残民不沾王化，于今百年，始覩衣冠，人人相贺。长安十陵，是公家坟墓；咸阳宫殿，是公家室宅。舍此欲何之乎？”这里，广大人民更是把封建的君主[①]，当作了民族的象征。当然，他们所挽留的，并不只是刘裕一个人，而是以刘裕为象征的整个汉族和国家。又如元末农民起义领袖韩山童，曾自称系“宋徽宗八世孙，当为中国主”。同样也是把宋王朝最高统治者的姓氏，当作了汉族的象征的。我认为，在这个意义上，是可以以“汉族”或“王朝”来“代替中国”的。

自然，以上是就某一个王朝当时而说的。如果在今天还有人“以汉族史代替中国史，以王朝史代替中国史”，那就是不正确的了。但这必须从历史时间观念上区分清楚，而不应该混为一谈。

四

现在，简要地概括一下我的肤浅的看法。我认为，在处理中国古代史中祖国疆域和少数民族的问题时，应当采取历史的态度和辩证的方法：一方面，从今天的角度说，应以中华人民共和国的国土范围为标准。凡处在今天中华人民共和国国土范围以内所有的各民族，都是我国民族大家庭的成员，它们的历史，都是中国历史的一部分。另一方面，在过去的历史阶段，则应当以当时各该王朝的疆域为历代国土的范围。因而，凡在当时还处在各该王朝疆域之外的独立民族国家，就不应该包括在当时中国的范围以内。在当时，它们对于中原汉族王朝来讲，就是外族和外国。只有等到这些独立民族国家由于某种原因而逐渐与汉族融合，或者统一于汉族王朝以后，它们才开始成为中国的民族成员之一。它们的历史，也就成为祖国历史的一部分。我们今天伟大的统一的多民族国家，正是这样在漫长的历史长河中逐渐形成起来的。

---

① 刘裕，小字寄奴。原为晋将。公元420年代晋称帝，国号宋，建都建康（今南京）。当时的人民认为他是汉高祖刘邦的后裔，所以才那样说的。

整个人类历史是一个漫长的发展过程。对于每一个具体的民族和国家来说，也并不例外。试图用一个固定不变的“框子”，来括套中国历史上历代不断发展变化的祖国疆域和民族的方法，当然是不可能得出正确结论的。

（原刊 1961 年 11 月 4 日《文汇报》）

再论中国古代史中有关祖国疆域和少数民族的问题

在5月18日《文汇报》上，读到一些同志对拙作《中国古代史中有关祖国疆域和少数民族的问题》（刊1961年11月4日《文汇报》）一文的意见，感到除涂鸣皋等同志提出许多精辟的见解，从中得到一些启发外，其他则大部是值得商榷的。

一　争论的根本分歧

在古代史研究和教学中，如何正确处理祖国疆域和少数民族问题，是一个重要的问题。拙文曾提出个人的主张，即："以我国历史上历代王朝疆域为历代国土的范围，因王朝统治的范围不同而历代国土有所变更伸缩"。许多同志（以下简称"诸同志"）不同意拙见。相反，他们则主张"应该以今天中华人民共和国国土的范围为标准去括套整个过去历史时期的疆域"①。这是争论的根本分歧，也是引起一系列其他问题的关键。因此，首先让我就这个问题来进行商讨。

我认为，诸同志所持的这个论点，是包含着以下错误的：首先，它背离了历史发展观的科学原理，而采用了简单化的方法来处

① 见1962年5月18日《文汇报》《来稿综述》。以下凡不注明出处的引文，均引自《综述》。

理复杂的历史问题，从而否定了我国统一的多民族国家的形成，有一个历史发展的过程。相反，却说什么“我国自古以来就是一个统一的多民族国家”。这就等于说，我国今天这个统一的多民族国家，乃是从历史上一开始出现就成为今天这样一个永恒不变的“定型”的。这当然是很不正确的。

其次，它混淆了历史上的“过去”与现在的“今天”的不同时间观念，试图用“今天”的标准去处理“过去”历史上的疆域和民族。从而，就否认了我国古代疆域范围的变迁和民族之间分离、统一与融合的变化。说什么“不能因为他们（按：指某些民族）不曾处于当时汉族王朝统治下，或曾建立过自己的、与汉族王朝并存的独立政权或国家，就把它们算作外族或外国而排斥在当时中国的疆域之外”。可是，人们不禁要问，某些其他民族既然“不曾处在当时汉族王朝统治下，并曾建立过自己的、与汉族王朝并存的独立政权或国家”，也就是说，它们是作为一个独立的民族国家而与汉族王朝并存的。那么，在当时，它们不算外族和外国，又算什么呢？可见，这种说法也是无法使人首肯的。

最后，正是由于以上的错误，也就必然导致另外一个讹误的论点，即颠倒了历史发展的顺序，强迫几千年前的国家和民族之间，也要按照他们制定的今天那个“框子”做标准来办事。这无异于说，我国今天这个统一的多民族国家，是从远古以来就用今天中华人民共和国国土范围的框子事先“圈定”下来的。显然，这种说法，更是无论如何难以令人信服的。

应当承认，“以今天中华人民共和国国土的范围为标准”来处理祖国的疆域和民族，是有其正确的一面的。那就是拙文指出的必须以“从今天的角度”为前提。从这个前提出发，它就是一个真理。但正像列宁所说：“每一个科学原理的真理界限是相对的”①。所以马克思主义从来就否认有什么绝对适应于一切时代和地域的不

① 列宁：《唯物主义与经验批判主义》，人民出版社 1960 年版，第 126 页。

变的公式。而是教导我们在观察和处理社会政治问题和一切问题时，“不应将其看作处于静态而应将其看作处于动态的现象，换句话说，不应将其看作不动而应将其看作运动的现象”①。然而诸同志却没有很好地遵循这些教导，而是把那个本来正确的真理加以绝对化，忽视了它的“相对界限”，试图把它变成一把适用于任何时间和条件的“万能钥匙”，幻想拿到它就可以开启一切疑难的、错综复杂的历史问题的“门扉”，这就是他们不能不、而且事实上果然造成许多错误的根源。

二　几个派生的问题

除了上述这个关键性的根本分歧之外，在其他几个派生的问题上，诸同志与我也存在着分歧。

第一，历史上汉族所建立的统一王朝，如汉、唐、宋、明等，在各该当时，是否能代表中国呢？诸同志的回答是否定的。但由于他们的说法是建立在“以今天中华人民共和国国土范围为框子去括套过去整个历史时期的疆域”那个错误前提的基础上，所以，不仅彼此相互矛盾，而且也完全经不起推敲。比如，既然匈奴、突厥、契丹、女真、蒙古等在各该当时还都是作为一个“与汉族王朝并存的”独立民族国家，是作为外族和外国存在。那么，在各该当时以汉、唐、宋、明等汉族王朝代表中国，不但是可以的，而且是客观历史的必然结果。关于这个问题，因拙文已作过比较详细的论述，此处不再重复。

第二，关于历史上民族矛盾和民族斗争的性质，诸同志也不同意我所持如下的论点，即“历史上汉、唐、宋、明等汉族王朝与匈奴、契丹、女真、蒙古等民族国家之间的对立和战争，具有侵略与反侵略的性质”。但是如所周知，战争的性质，就国内说，主要

① 列宁：《论马克思恩格斯及马克思主义》，人民出版社，第42页。

表现在它是支持与加强或者反对与打击剥削和奴役的目的上；就对外说，则总是以侵略或者反侵略为具体内容的。因此，战争既然发生在敌对的民族国家之间，就必然具有侵略与反侵略的性质。而我们也就应该根据其侵略或反侵略来判断双方所进行的战争的性质。如果按照诸同志的说法，抽掉侵略与反侵略的具体内容，那么，所谓“正义与非正义”，也只是一句空话而已。比如，有一位同志在判断民族间战争的性质时曾说：因为“契丹、女真、蒙古贵族在战争中屠杀和掠夺中原人民，破坏中原的生产和文化，就是非正义的”。而这正是列宁所批评的那种根据表面现象——“谁先进攻，‘敌人’在谁的国境内”的错误的标准①。马克思列宁主义一再教导我们，判断战争性质的标准，只能是进行战争的目的：“某个国家即该国某个阶级在战时所推行的政治，必然是而且一定是它战前长时期在国内所推行的政治的继续”②。“战争是某一国家在战前所施行的对内政策的反映”③。由于诸同志背离了马克思主义这个经典性的原理，也就无法得出正确的结论。至于那种用“掠夺”代替“侵略”，特别是主张“不应斤斤计较是否侵略或非侵略”的说法，更是不妥当的。

第三，诸同志在怎样认识历史上的民族英雄与民族败类的问题上，更是表现了严重的混乱和错误。比如，什么人可以称为民族英雄呢？一种说法是：“民族英雄一般是指对保卫和发展本民族经济文化有突出贡献的人。祖逖、岳飞、文天祥、史可法都是民族英雄，因为他们在抗击后赵、女真、蒙古战争集团方面有特殊功绩。和后赵、女真、蒙古是否外族和外国并无关系”。不难看出，这段短短的表述，是充满矛盾和混乱的。比如，它一方面说“民族英雄一般是指对保卫和发展本民族经济文化有突出贡献的人”。并根

---

① 《列宁全集》第 28 卷，第 268 页。

② 《列宁选集》第 3 卷，第 72 页。

③ 《列宁选集》第 2 卷，第 673 页。

据祖逖、岳飞、文天祥、史可法等“在抗击后赵、女真、蒙古战争集团方面有特殊贡献”，从而肯定他们“都是民族英雄”。另一方面却又说“和后赵、女真、蒙古是否外族和外国关无关系”。我们不禁要问，如果不是“外族和外国”的侵略和破坏，又何来“保卫和发展本民族经济文化”的问题呢？祖逖、岳飞、文天祥、史可法等“抗击”的如果不是“外族和外国”，又根据什么称他们为民族英雄呢？其实，这位同志自己也看出了这种说法的自相矛盾，故而有意回避后赵、女真、蒙古是“外族和外国”，而含混地说成是“战争集团”。但这种做法，恰恰说明了他在理论上的虚弱。另一种说法是：“岳飞是民族英雄，不仅为汉族人民承认，也为其他各族人民承认，他实际是各族人民（包括女真人民在内）反抗女真贵族压迫的象征，是他们的共同英雄”。十分清楚，他是把岳飞说成既代表本民族利益，又不损害其他各族人民利益的民族英雄了。然而这是不可能的。正如翦伯赞同志所说：“在阶级社会的历史条件下，民族英雄要受其阶级性和时代的限制，他们不可能没有偏狭的种族主义或民族主义的思想，他们不能在保卫本民族的战争中，同时又照顾入侵民族的人民的利益”。因而，“像这样的民族英雄，在阶级社会是没有的，也是不可能有的”①。离开具体的历史条件，用今天无产阶级的标准去美化古人，显然是不符合历史主义的。

又如，怎样认识历史上的民族败类呢？拙文曾以契丹侵占燕云十六州为例，指出如果像某些同志所主张：从契丹方面说，既不是外国或外族入侵中国；从中国方面说，也不算是国土沦陷。那么，“河北广大汉族人民反抗契丹的斗争，就丧失了反侵略的正义性，而出卖燕云十六州的石敬瑭，也就不是民族败类。似乎应当替他翻案了”。替民族败类翻案，诸同志自然不肯冒此大不韪。但是有一位同志说：“石敬瑭把燕云十六州割让给契丹，只能说是后晋王朝

① 《怎样处理历史上的民族关系和阶级关系》，刊1962年5月18日《文汇报》。

把所统治的领土割给契丹，而不能看作把中国的领土割让给外国”。另一位同志说：“秦桧应该说是汉奸。但对宋朝来说是卖国，对中国来说并非卖国”。还有一位同志更进一步提出：“称秦桧为卖国贼，是长期以来形成的不甚精确的称号”。既然石敬瑭把燕云十六州出卖给契丹，“不能看作把中国领土割让给外国”，既然秦桧勾结女真侵略者破坏南宋军民的抗战，“对中国来说并非卖国”，因而加给他们的“卖国贼”的称号是“不甚精确”的，那么，尽管这些同志口头上不肯承认，可是实际上却是在主张给石敬瑭、秦桧等翻案，给他们一个“精确”的称号，不是再也清楚不过的么！

三　民族史怎样为当前政治服务

一位同志在文中提到，研究民族史必须注意“是否有利于祖国的统一和民族的团结的原则问题”。这个提法强调了民族史（其实应当包括一切历史）必须为当前政治服务，很有现实意义，也是大家所共同遵循的。可是，为什么这位同志提出了这样一个正确的原则，大家也在共同遵循这个原则，却发生了如上所述的一系列错误议论呢？我认为，这主要是由于他们对于怎样体现这个原则，还缺乏正确的认识。

历史研究为当前的政治服务，可以有两种不同的方法和态度：一种是片面强调历史研究为政治服务，以至用政治上的“权宜”为借口，忽视历史事实，甚至曲解历史事实。即没有把历史研究的政治性与科学性很好地统一起来。诸同志所采取的，正是这种方法。比如，当我国历史上汉、唐、宋、明等历史时期，匈奴、契丹、女真、蒙古等族，还都作为一个独立的民族国家而存在，并且经常侵扰中原，成为汉族王朝和汉族人民的严重威胁。在当时，对于汉族王朝和汉族人民来说，它们明明都是外族和外国；它们的入侵，明明都是来自外族和外国的侵略。可是诸同志出于“为当前政治服务”的良好愿望，却说在汉、唐、宋、明各该王朝当时，匈奴、契丹、女真、蒙古等就已经是中国“这一个统一的多民族国家的一部分”，是“这一个民族大家庭的成员”，是“中国大家庭的兄弟”了。真是轻轻几笔，就取消了历史上许多民族国家的国别，改变了汉族王朝的版籍。但是，这样做的结果，是否真的能够实现“为当前政治服务”的良好愿望？回答是断然否定的。因为，这事实上就等于说，早在遥远的封建社会，我国就已经出现了平等、友爱、亲密、团结的民族关系。这样，就会在实际上美化了封建社会的民族关系，大大贬低、以至根本否认了社会主义民族政策的划时代的伟大的意义。应当指出，民族压迫是以私有制的统治为基础的；只有消灭了剥削制度，才能消灭民族压迫。所谓平等、友爱、亲密、团结的民族大家庭，在封建社会制度下，是根本不可能出现的。在历史研究中必须贯彻为当前政治服务的原则，这是不容有任何怀疑的。但须着重指出，强调历史研究的政治性的同时，也绝不应该忽视科学性，无视甚至曲解历史事实。

另一种是既强调历史研究为当前政治服务，同时又尊重历史事实。即在研究中严格遵守政治性与科学性相统一的原则。具体到民族史的研究上，我们首先强调民族史必须为当前政治服务，即运用各民族一律平等的原则，来处理当前和历史上的民族关系问题。但正如翦伯赞同志所说：“用民族平等的原则来处理历史上的民族关系，并不是用一种简单的方法把不平等的民族关系从历史上删去，或者从那些不平等的民族关系中挑选一些类似平等而实际是不平等的史实来证实这个原则在古代中国已经实现，更不是把历史上的不平等的民族关系，说成是平等的关系，以此美化封建社会。而是要揭露历史上的不平等的民族关系，用历史唯物主义的观点、批判的态度，指出那些不平等的民族关系的历史根源和历史实质”①。正是从这个原则出发，拙文才提出：“一方面，从今天的角度说，应以中华人民共和国的国土范围为标准。凡处在今天中华人民共和国

① 《怎样处理历史上的民族关系和阶级关系》，刊1962年5月18日《文汇报》。

国土范围以内所有的各民族，都是我国民族大家庭的成员，它们的历史，都是中国历史的一部分。另一方面，在过去的历史阶段，则应以当时各该王朝的疆域为历代国土的范围。因而，凡在当时还处在各该王朝疆域之外的独立民族国家，就不应该包括在当时中国的范围以内。在当时，它们对于中原汉族王朝来讲，就是外族和外国。只有等到这些独立民族国家由于种种原因而逐渐与汉族融合，或者统一于汉族王朝以后，它们才开始成为中国的民族成员之一，它们的历史，也就成为祖国历史的一部分"。有的同志提出质问说，你的这种分析法，诚然是注意了历史研究的科学性。但是由于把历史上汉族各王朝疆域之外的其他民族国家排斥在当时的中国范围之外，因而，也就必然要把它们说成外族和外国，把它们与汉族王朝之间的对立和战争，说成民族矛盾和民族侵略。这样，岂不违反了历史研究的政治性，不利于当前的民族友好和团结么？我认为，这种担心是完全没有必要的。第一，在既往的历史阶段，既然其他某些民族实际上处于中原汉族王朝疆域之外，是一个独立的民族国家。因此，在当时，它就只能是外族和外国；而它们与当时汉族王朝所发生的矛盾和斗争，也就只能是民族矛盾和民族侵略。这是客观的历史存在，并不包含人为的“排斥”或“说成”的问题；第二，承认这个事实，是否会不利于当前的民族友好和团结呢？恰恰相反，它不但不会影响，而且适足以增进当前各族人民的友好与团结。原因是，由于我们揭示了历史上不平等民族关系的社会根源与历史实质，科学地阐明了在过去历史阶段中真正平等的民族关系根本不可能出现。从而，就必然地得出了只有在社会主义制度下，才能实现民族间真正平等、友爱、亲密、团结的伟大结论来。这样，各族人民从过去不平等的民族关系所造成的痛苦不幸的回忆对比中，就会更加感到今天由社会主义的平等民族政策所带来的友好幸福生活的可爱，就会更加感激缔造并认真实施这一先进的平等民族政策的英明的党。这样，也才真正达到了民族史研究为当前政治服务的目的，对当前的民族友好和团结，真正起到了推进和巩固的作用。

由此可见，“历史的真相并不与无产阶级利益的政治相矛盾，而且还使无产阶级的这种利益具有牢靠的基础”[①]。要真正做到历史研究为政治服务，必须严格遵循政治性与科学性统一这个原则；那种强调了历史研究的政治性而忽视了科学性的做法，是只能把问题导向错误境地的。

（原刊 1962 年 8 月 2 日《文汇报》）

① 《史学译丛》1955 年第 1 期，第 22 页。

处理历史上民族关系的几个重要准则

——读范文澜《中国历史上的民族斗争与融合》

我国是一个多民族的国家。在整个中国历史中，充满了各民族之间的矛盾、战争、同化和融合。如何处理好这些纷纭复杂的关系，是研究和讲述我国古代史的重要课题之一。为此，六十年代初，我曾先后写过《中国古代史中有关祖国疆域和少数民族的问题》和《再论中国古代史中有关祖国疆域和少数民族的问题》两篇文章①，引起许多同志的兴趣，展开热烈的讨论，初步统一了对某些问题的看法，也摆出了另一些新的不同意见。但由于种种原因，这次讨论，没有继续下去，致使许多问题未能得到解决而遗留下来。最近，读了范老的遗作《中国历史上的民族斗争与融合》②，其中提出了许多重要的论点，作了精辟的分析，为研究我国历史上的民族关系，提供了原则，指明了方向。此外，个人觉得在个别问题的论述上，也还存在一些值得进一步深入探讨的地方。在学习提高的基础上，不揣浅陋，拟结合个人的心得，对前者作一些补充，并本着“吾尤爱真理”的精神，对后者提出一点管窥之见。目的是抛砖引玉，通过广泛讨论，把这个课题的研究，再向前推进一步。

---

① 刊1961年11月4日和1962年8月2日《文汇报》。以下简称“一论”、“再论”。

② 刊《历史研究》1980年第1期。按：此文系范老于1962年所写，当时未曾发表。

一　剥削阶级统治下的民族和国家，各民族和各国家间，根本不存在“和平共处”、“平等联合”这一类的概念

各民族一律平等，是我国民族政策的根本原则，它适用于处理当前的民族关系，也适用于处理历史上的民族关系，充分体现了社会主义民族政策的优越性，也是被广大史学和民族学工作者所一致承认的。

但是，如何把这一正确原则应用于处理历史上的民族关系，却存在着明显的分歧。有的同志指出，各民族一律平等，是处理我国民族关系的根本原则，但坚持这一原则，决不等于把我国古代历史上的民族关系，说成是“一律平等”的。还有另外一种主张则说：“我国自古以来就是一个统一的多民族国家。汉族和许多其他民族都是一个民族大家庭的成员”，“他们在平等基础上的相互关系，是民族关系发展的主流”，而“和亲在古代是维持民族关系的最好办法”①。并认为，只有这样讲述祖国历史上的民族关系，才能克服大汉族主义，有利于民族团结，体现了历史研究为无产阶级政治服务的精神。这种观点，在五十年代末所谓“史学革命”思潮的影响下，曾经博得一些同志的赞许。特别在“文革”当中，经过林彪、“四人帮”别有用心的呵护，更成了铁定的结论。稍有异议，轻则遭受批判围攻，重则被冠以“破坏民族团结”的罪名，招致不虞的灾祸。这种极左流毒，至今还有相当的影响。正是针对六十年代初开始流行的这种错误倾向，范老明确指出：“剥削阶级统治下的民族和国家，各民族和国家之间，完全依靠力量的对抗，大小强弱之间，根本不存在和平共处、平等联合这一类的概念”。这是一个卓然不群的见解，今

① 参阅1962年7月3日《文汇报》。

天，我们读起来仍然深感它既贯穿了马克思主义民族理论的原则，又完全符合历史真实，是真正具有真知灼见发人深思的科学论断。

首先，从理论上说，马克思主义从阶级观点出发，认为民族矛盾与阶级矛盾，既非同一个东西，不能等同起来，却又不把民族矛盾孤立起来看，而是明确指出：民族矛盾实际上是阶级矛盾在民族关系方面的表现形式。因为，对外的民族政策，总是对内的阶级政策的反映和延续。比如，封建社会的统治阶级是地主阶级。他们阶级的、从而政治的目的，是凭借占有土地剥削农民，榨取财富，满足豪奢的寄生生活，并维护和巩固对农民阶级行使这种特殊权力的基础——封建剥削秩序。由于封建地主阶级对财富的需求和生活享受的“欲壑”是永远难以填满的，所以，为了扩大剥削对象，他们不仅要侵夺本族农民的土地财物，还要侵夺其他民族人民的土地财物。但其他民族是各有其原来的统治政权的。这些统治政权为了保证自己的剥削，必然反对外来势力对他们所占有剥削对象的染指，因而，为要侵夺其他民族人民的土地财物，首先就要用武力击败其他民族原有的统治政权并代替它。这说明，在阶级社会，民族歧视和压迫是以私有制的统治为基础的。正是为这种民族关系的实质所决定，不仅由矛盾尖锐化引起的民族之间的冲突和战争，都是大小强弱之间力量的对抗，即使在矛盾缓和时期实行的包括“和亲”在内的“善邻”政策，其实质也只是一种“羁縻之道”，而根本不是什么“和平共处”和“平等联合”的关系。

各民族统治阶级之间的关系如此，那么，各族劳动人民之间的关系又是怎样的呢？我们认为，在研究历史上的民族问题时，必须把各族统治阶级之间的关系，同各族人民之间的关系加以区别，阐明各族人民之间，具有共同的利益，主流是相互之间友好往来。但也应实事求是地指出，他们之间的关系，同样也还达不到“都是一个民族大家庭成员”的程度。这不仅是由于地理条件的隔绝，语言文字的不通，宗教信仰的不同以及生活方式的差异种种的限制，而且还有着各种深刻的社会的、阶级的根源。如在自然经济占支配地位的封建社会中，广大农民长期从事分散的个体劳动。这种生产方式，把他们束缚在土地上，彼此隔绝。加以“我国疆域辽阔，各地历史的发展是不均衡的，在同一历史时期，各族劳动人民所处的地位是不同的，有的民族的劳动人民是农民，有的是农奴，有的是奴隶，他们的往来是要受到不同程度的限制的”①。特别由于农民虽然是被压迫的劳动者，具有反抗性和革命性。但又是小私有者阶级，还具有狭隘性的一面。再加上历代各族统治阶级经常散布“汉人无道，奴隶畜我”和“非我族类，其心必异”② 等民族偏见，进行挑拨煽惑。甚至像蒙元贵族统治者那样，有意划分“蒙古”、“色目”、“汉人”、“南人”的民族等级，制造对立和仇视。凡此种种，都造成了隔阂、歧视和仇恨，使各族人民不可能实现真正平等和亲密无间的关系。

再来看看历史事实。历代汉族统治阶级对待其他少数民族的政策，无例外地都把“内诸夏而外夷狄”③，作为奉行不渝的原则。采取的具体措施，就是“服则怀之以德，叛则震之以威”④。与此相对应，各少数民族对待汉族统治者，也是“弱则畏服，强则侵叛”⑤。这就使得历史上剥削阶级统治下各民族国家之间，不断爆发冲突和战争。这类事例，史不绝书，毋庸列举。不仅如此，即使被上述同志着意赞誉的“和亲”，尽管增添了一层姻亲的色彩，形式上显得融洽，但同样也并不存在什么“平等”的关系。以汉与匈奴的和亲为例，也大体可分为两种类型：西汉前期，匈奴强大，

① 翦伯赞：《怎样处理历史上的民族关系和阶级关系》，刊 1962 年 5 月 18 日《文汇报》。

② 《晋书》卷 56，《江统传》。

③ 同上。

④ 《通鉴纪事本末》卷 2 下，《匈奴和亲》。

⑤ 《晋书》卷 56，《江统传》。

连年入侵，由于当时“天下初定，士卒疲于兵，未可以武服”，才被迫与冒顿和亲，目的是“冒顿在固为子婿，死则外孙为单于。岂尝闻外孙敢与大父抗礼者哉？可无战以渐臣也”[①]。讲得直截了当些，就是从近期说可以消弭边患；从长远说可以兵不血刃，使其累世臣服。武帝而后，汉王朝国势强大，“万夷慑服，莫不惧震”，元帝却仍与呼韩邪和亲，则是因为他，“向风驰义，稽首来宾，愿守北藩，累世称臣”[②]。总之，不论前者或后者，这种“和亲”的实质，正如后来班彪所说：“汉乘威仪，总率万国，日月所照，皆为臣妾，殊俗百蛮，义无亲疏，顺服者褒赏，叛逆者诛罚”[③]。又如，氐族前秦政权的统治者苻坚，在谈到对待其他少数民族时也说：“羁縻之道，服而教之，示以中国之威，导以王化之法”[④]。可见，不仅汉族统治者如此，各少数民族统治者也都不例外。正因为这样，历史上的和亲政策，很少有达到预期目的的。如“汉与匈奴和亲，率不过数岁，即复背约”[⑤]。当然，应该指出，其中有些在一定时期内确实也起了缓和民族矛盾的作用，有利于社会安定和生产发展。尽管这只是一种客观效果，但还是要予以应有肯定，而不能一笔抹杀的。

在阶级社会里，各民族国家和各民族人民之间的关系，归根到底是受当时的阶级关系和社会制度所制约，而不决定于人们的意志和愿望。真正的和平共处和平等联合，各民族人民真正变成“一个民族大家庭的成员”，只有在从根本上消灭了产生民族歧视和压迫根源的社会主义和共产主义社会，才能实现。在此以前，这种完全新型的民族关系，是不可能出现的。

---

① 《通鉴纪事本末》卷 2 下，《匈奴和亲》。

② 《通鉴纪事本末》卷 4 上，《匈奴归汉》。

③ 《通鉴纪事本末》卷 7 上，《两匈奴叛服》。

④ 《晋书》卷 114，《苻坚载记下》。

⑤ 《通鉴纪事本末》卷 2 下，《匈奴和亲》。

二　在中国历史上，作为敌对的民族和国家经常进行残酷的斗争。我们不能否认他们当时是敌对民族或敌国

在剥削阶级统治下的各民族和国家间，根本不存在“和平共处”和“平等联合”，已如上述。那么，对于那些相互对立或战争的国家之间的关系，应该怎样看待呢？这是我国民族史研究和讲述中又一个存在意见分歧的问题。不少同志主张，“我国自古以来就是一个统一的多民族国家，汉族和许多兄弟民族都是这一个民族大家庭的成员，决不能因为他们不曾处于当时汉族王朝统治下，或曾建立过自己的、与汉王朝并存的独立政权或国家，就把他们算作外族或敌国”① 与此相反，范老则明确指出：既然“作为敌对民族和国家经常残酷地进行过斗争”，我们就“不能否认它们当时是敌对民族或敌国”。我赞同范老的观点，而不同意前者的主张，因为它是建立在“我国自古以来就是一个统一的多民族国家”这样一个缺乏科学性的论据之上的。

关于“我国自古以来就是一个统一的多民族国家”的提法，是在五十年代就曾开展过争论的老问题，它是从如何处理我国历史上历代疆域问题而引起来的。当时主要有如下两种意见：一种是“以我国历史上历代王朝的疆域为历代国土的范围，因王朝统治的范围不同而历代国土有所变更伸缩”（“一论”）。另一种是以今天中华人民共和国的领土为范围，由此上溯研求自有历史以来在这土地上所有各少数民族的活动。其具体论点是：“既然中国历史是今天中华人民共和国国境线以内今天和历史上各族人民的历史，那么，当我们说到中国时，它的范围就不应该只是历史上当时在中原地带立国的王朝，而且还应当包括当时是在中原王朝疆域以外而今

① 参阅 1962 年 5 月 3 日《文汇报》。

天却是中华人民共和国国境以内的各族和各地区。匈奴、契丹、女真、蒙古在当时虽然不属于汉宋王朝，但他们活动的地区，却是在今天中华人民共和国领土以内的，他们的历史是中国历史的一部分”。正是从这个前提出发，他们得出结论说：“今天我们讲中国史，应该把他们看成中国历史上存在过的一些国家，他们和当时王朝的对立和战争，只是中国历史上一些国家间的对立和战争，而不是外国或外族入侵中国”①。

这种意见的错误是十分明显的。致误的关键，在于它抽掉了我国形成为一个“统一的多民族国家”的历史过程，混淆了历史上的“当时”和当代的“今天”两个绝然不同的时间概念。如所周知，任何一个国家和民族，都有其形成和发展的历史，而不是、也不可能是一开始就成为一个万古不变的“定型”，更不能用千百年后今天的领土范围，去括套千百年前历代王朝的领土范围。以我国的疆域来说，在春秋战国之前，还局处于黄河中下游和江淮流域部分地区。后来经过秦、汉、唐、元、明、清等历代各个民族的融合，才形成今天这样辽阔广大的疆域。正如范老在谈到这点时所说：“从历史上看，汉族好像是一座融化各民族的大熔炉，春秋战国时期是一次大融化，十六国南北朝也是一次，唐朝又是一次，辽、金、元、清四朝融化的规模大小不等，多少都增加了汉族的数量。汉族之所以成为一个巨大的民族，是由于几千年来不断吸收附近各民族的缘故”。因此，当我们今天讲述中国历史时，自然应该以中华人民共和国的疆域为范围，凡在今天中华人民共和国境内的各族人民以及这个疆域内历史上各族人民的历史，均为中国史的范围和中国史讲述的对象。这是因为，我们是处在我国早已完成了形成统一的多民族国家历史过程的今天，祖国境内各少数民族，早已成为祖国民族大家庭的组成部分了。但是，当我国还未完成形成统一的多民族国家的历史过程以前，显然是不能把当时一些还作为独

① 参阅“一论”附注。

立的民族国家，如匈奴、突厥、契丹、女真和蒙古等，划为汉、唐、宋、明等王朝的组成部分，说成同属一个国家，都是一个民族大家庭的成员的。

总之，历史上汉族王朝与其他少数民族的关系是否外族和外国，只能根据当时的实际状况决定：当时已经与汉族融合或归入汉族王朝版图的，就属于国内性质；反之，就是外族和外国。抛开建立在严格时间观念之上的这个正确标准，而以今天中华人民共和国疆域的范围来判断数百、以至几千年前汉族王朝与其他各少数民族国家的关系，那就如同根据今天甲男与乙女是否结婚而决定甲乙两家在几百年前是、或者不是姻亲一样，显然是不可能的。不仅如此，如果用今天中华人民共和国的领土范围去括套历史上中国的疆域，不但犯了用今天领土的范围决定各个历史时期中国疆域的错误，而且势必取消了中国历代疆域的变更和伸缩。这样，一方面就要把各代历史当时还处在中原王朝领土范围以外但却在今天中华人民共和国领土范围以内的独立的少数民族国家，强行剥夺了当时作为独立主权国家的资格，划归中原王朝统治。另一方面，又要把今天虽不在中华人民共和国领土范围以内但在历史上曾经属于中国的版图割裂抛弃掉。显然，这样做，不但是错误的，而且是有害的。

三　既然侵略者凭借武力扩张，就要承认出来担当起抵御外来侵犯责任的历史人物是民族英雄

同上一个问题直接关联的是历史上汉族王朝与周围少数民族国家之间，存不存在侵略和被侵略的关系？某些发动和领导反抗外来侵略的历史人物，算不算民族英雄？范老对这个问题的答案，是非常明确的。他不但肯定指出有“侵略者”，有“武力扩张”，而且提出反问道：像岳飞、文天祥这些“担当起抵御外来

侵犯的责任”的历史人物，“为什么不算是民族英雄呢?”与此相反，有些同志却完全作了否定的回答。他们说：我国“历史上各民族之间的关系，是一国之内的问题，各民族之间的斗争和战争是国内性的，没有侵略与反侵略的性质，只有正义与非正义、进步与反动的区别”①。由此出发，他们不但否认有民族英雄，也否认有民族败类，认为“称秦桧为卖国贼，称岳飞为民族英雄，都是长期以来不很精确的称呼”②。这些同志之所以在这个本应不成问题的问题上犯下这样明显的错误，是不难理解的。因为他们既然把“中国自古以来就是一个统一的多民族国家”这个违反科学的提法作为论据，并且又用今天中华人民共和国的领土范围作为判定历史上中国疆域的尺子，从而就不得不把今天虽然处在中华人民共和国疆域之内、而在历史上却是独立存在的各民族国家，都说成是“中国民族大家庭的成员”。按照这种逻辑推理下去，“家庭成员”之间的战争，自然不能算是侵略与被侵略，于是，当然也就不存在民族英雄和民族败类。这样，所谓卖国贼是“长期以来不很精确的称呼”，也就成了尽管谬误却又无法避免的结论了。

应该承认，这些同志强调“中国自古以来就是一个统一的多民族国家”，强调这个统一的多民族国家以内的各个民族历史上就是同一个“民族大家庭的成员”，目的都在于贯彻历史研究为社会主义现实服务的精神，出自增进民族友好团结的良好愿望。但结果却是适得其反：其一，把只有在社会主义和共产主义制度下才能实现的“民族大家庭”，提前到封建社会、甚至奴隶社会。不管愿意与否，实际上不能不贬低以至否定了社会主义民族政策的优越性；其二，否认民族英雄和民族败类的存在，把两者都说成是“长期以来不很精确的称呼”。不论是否意识到，实际上是泯灭了两者的

① 1962年5月3日《文汇报》。

② 1962年5月3日《文汇报》，参阅“二论”。

界限。

为什么善良愿望之花，结出的却是适得其反之果呢？原因之一就在于这些同志对历史研究为社会主义现实服务的原则，缺乏正确的理解。我们说，历史研究必须为社会主义现实服务，这个原则是必须坚持，不容有任何怀疑的。但坚持这个原则，强调历史研究的政治性，决不等于允许忽视科学性。相反，是既要强调历史研究为无产阶级政治服务，又要严格尊重历史事实，即把政治性与科学性统一起来。具体到民族史的研究上，首先强调民族史必须为当前现实服务，即要运用各民族一律平等的原则，来处理当前和历史上的民族关系问题。但正如翦伯赞同志所说："用民族平等的原则来处理历史上的民族关系，并不是用一种简单的方法把不平等的民族关系从历史上删去，或者从那些不平等的民族关系中挑选一些类似平等而实际是不平等的史实来证实这个原则在中国古代已经实现，更不是把历史上的不平等的民族关系，说成是平等的关系，以此美化封建社会，而是要揭露历史上的不平等的民族关系，用历史唯物主义的观点，批判的态度，指出那些不平等的民族关系的历史根源和历史实质"①。这样，才会必然地得出只有在社会主义制度下才能实现各民族间真正平等、友爱、亲密、团结的科学结论；这样，才能使各族人民从过去不平等的民族关系所造成的痛苦不幸的回忆对比中，更加感到今天党的民族政策带来的和平友好生活的可爱，更加感激制定并认真实施这一平等的民族政策的英明的党；也只有这样，才能达到研究民族史为社会主义政治服务的目的，从而真正起到加强和促进当前民族友好和团结的作用。而那种把历史研究的政治性与科学性对立起来，为了强调政治性而忽视科学性，虽出自良好的动机，结果却只能南辕北辙，把问题引向错误的境地。

---

① 1962年8月2日《文汇报》。

四　汉族统治阶级尽管“不能自强，丧失抵御外侮能力”，但当它受到外敌侵略时，仍然必须“替他们呼喊”，“并且谴责侵略者”

上面列举了范老对中国历史上各民族间是否出现过真正平等的民族关系，在阶级社会历史上是否存在过敌对民族或敌国，发生在各民族国家间的战争是否具有侵略与被侵略的性质，以及某些担当起抗御外来侵略责任的历史人物算不算民族英雄等问题的论点，史实确凿，分析透辟，并坚持了尊重历史事实、实事求是的精神，充分体现了政治性与科学性相统一的原则，不论对当时澄清民族史研究中的现代化倾向，或者对当前肃清林彪、“四人帮”在民族史研究中的极左流毒和影响，都是具有重要指导意义的。与此同时，应当指出，范老在文章中也提出了一些可以探讨的问题。如在谈到应该怎样对待历史上的侵略者时写道：当汉族王朝“完全失去抵御外来侵犯的作用，仅仅是一部剥削机器的时候”，就“应该由民众起来予以消灭。民众自己不起来，强大的邻国进来消灭它，那是很自然的”，“不值得替他们呼喊，说是受了侵略，并且谴责侵略者”。就是一个例子。特别值得指出的是，近年以来，类似这样的观点，还并非偶见。如黄烈、徐扬杰两同志在论证淝水之战的性质[①]时，根据“前秦政权已经封建汉化”，与东晋对比“正处在生气勃勃的时候”为理由，断定这是“南北封建统治集团之间的一场兼并统一战争”，“前秦方面是统一中国的正义战争，而东晋方面是保卫士族地主腐朽统治的不正义战争”（徐文）。并认为“在一些著作中赋予淝水之战以民族战争的性质，纳入侵略反侵略的框

① 黄烈：《关于前秦政权的民族性质及其对东晋的战争性质问题》，刊《中国史研究》，1979 年第 1 期；徐扬杰：《淝水之战的性质和前秦失败的原因》，刊《华中师院学报》，1980 年第 1 期。以下引用时，只注明“黄文”或“徐文”。

框，这是值得商榷的”（黄文）。显然，这些说法，都使人难以同意，有必要认真加以讨论。我以为，只要着重弄清以下几个问题，是不难辨明是非的。

第一，关于侵略战争、兼并统一战争和非正义战争的区别问题。从上引范老和黄、徐两同志的论述中可以看出，他们对以上三个概念是有所区分的。如范老正确指出：“敌对民族或敌国的外来侵犯”，就是“侵略”。“黄文”则说淝水之战不是“民族侵略战争而是一次兼并统一的战争”（我认为凡是兼并战争，都有可能带来统一的后果。所谓“兼并统一战争”，虽然加了“统一”两个字，其实仍是兼并战争）。“徐文”更明确地把“兼并统一战争”，说成是“正义战争”。显然，黄、徐两同志的这种区分，是不正确的。尤其是把兼并统一战争，说成“正义战争”，更是十分错误的。因为，尽管就战争的类型说，大家一般把同一个民族国家间的战争称为兼并战争；而把外族和外国的侵犯称为侵略战争，对两者有所区别。但并不是说在兼并战争中，就不存在侵略与被侵略的问题了。如“徐文”是把苻坚进攻东晋之战，作为“兼并统一战争”的（我们认为是民族侵略战争）。但也明确承认：“他主观上当然是为了‘地’和‘人’，即扩大剥削地盘和攫取剥削对象”。既然如此，当然就是掠夺性的。从这个意义上说，兼并战争与侵略战争，虽然形式和名称有异，但就其性质来说，并无不同，都是非正义的战争。

第二，关于判断战争性质的标准问题。关于判断战争性质的标准，马克思主义曾经指出，战争是某一阶级以暴力手段来施行的政治的继续，“是该国战前所推行的国内政策的反映”①。根据这一原理，判断战争的性质，只能依据某一国家为实现战前国内政治而发动的战争的目的。具体到前秦政权上，它在战前是统治镇压各族人民的阶级压迫工具。从而对外政策的原则，也就是“宜先抚谕，

① 《列宁选集》第4卷，第96页。

征其租税；若不从命，然后讨之"[1]。用"徐文"的话说，就是"扩大剥削地盘和攫取剥削对象"，它的非正义性，本来是洞若观火，显而易见的。那么，黄、徐两同志为什么会得出如上显然错误的结论呢？原因在于他们离开了上述马克思主义的基本原理，而把"客观效果"当成了判断战争性质的根据。例如"徐文"说：苻坚发动战争，"主观上当然是为了'地'和'人'，即扩大剥削地盘和攫取剥削对象；但从客观上看，确实是济民水火的'义举'"。甚至还进一步断言："如果前秦消灭了东晋，实现了国家统一，比较来说，江南人民只能生活得更好些，而不是更坏些；汉族的先进经济文化，只会得到发展繁荣，而不是遭到蹂躏摧残"。我认为，且不说以"客观效果"为根据，不符合马克思主义判断战争性质的标准。而且更成问题的是，当时这个"客观效果"实际上并不存在。因为由于战争的失败，苻坚统一南方的目的，并未能够实现，而且很快就崩溃灭亡了。所谓"比较说来，江南人民只能生活得更好些……汉族的先进经济文化只会得到发展和繁荣……"等等，都不过是建立在"如果……"之上的推论而已。而当时的历史现实，却是苻坚连续十三四年发动大规模兼并战争所造成的生产破坏、社会动荡和人民大批流离死亡的灾难。这一点，连"黄文"也不得不予承认：在"前秦统治下，各族人民在强迫从戎，苛征繁敛的沉重压榨下，是多么悲惨的一幅图景"！既然在前秦政权统治下的人民，都陷身于苻坚穷兵黩武造成的民不聊生的水深火热之中，又有什么根据推论他"实现了国家统一"，"江南人民只能生活得更好些"，"汉族的先进经济文化只会得到发展繁荣"呢？抛开触目惊心的历史现实，而用"如果……"推论出来的美好想象证明苻坚发动的侵略战争是正义性的，不仅无以服人，而且在方法论上也是违反科学的。

第三，关于如何对待侵略战争的问题。应当如何对待侵略战争

---

① 《晋书》卷114，《苻坚载记下》。

呢？马克思主义从“战争是以暴力进行的政治的继续”这一基本原理出发，揭示一切侵略战争都是发动战争的国家在国内推行的剥削与掠夺政策的反映，因而判定这种战争是非正义性的，并给以断然的谴责。范老原则上同意这个论点，但也有异议，认为当一个国家还能起到保护社会共同利益，免遭内部和外部侵犯的积极作用时，如果遭到侵略，才应当给以“同情”；反之，就“不值得替他们呼喊，说是受了侵略，并且谴责侵略者”。黄、徐两同志的观点，也大致相同。他们明确地赞扬前秦发动的战争是“济民水火的‘义举’”，而谴责“东晋方面是保卫士族地主腐朽统治的不正义战争”。为什么会产生这样显然不妥的说法呢？究其原因，主要有以下几点：其一，模糊了政治目的与客观效果的关系，错把后者当成了判断战争性质的标准。其实，这两者有时固然可以统一起来，有时却又互相背离。不论在何者情况下，判断战争性质都只能以前者、而不能以后者为标准。因而，凡是以压迫掠夺为目的的战争，就是非正义的，就应当进行谴责。当然，我们也不否认有些非正义的战争，有时客观上也会带来某些有益的后果，从而给予应有的肯定。但应指出，客观效果同政治目的绝不是一回事；客观效果再大、再好，也不能改变前此战争的性质，更不能据此把侵略战争赞扬为“济民水火的‘义举’”。其二，绝对化了社会制度先进性的意义，错把社会制度的先进与落后，同战争性质的正义与非正义，画了等号。同一切客观事物都处在发展变化中一样，人类社会也是随着生产力的发展而不断由低级阶段向高级阶段发展的。并且，由于种种原因的影响和制约，各民族的发展总是不平衡的，总会形成先进和落后的差别。这是历史唯物主义的一条基本原理，也是为亿万年来人类社会发展实践证明了的客观事实。因此，马克思主义者一般把同情给予先进的新的社会制度，予以肯定和赞美。但是，在阶级社会，各种社会制度的先进和落后，并不是绝对的，都是相对而言。以封建制度为例，同奴隶制度对比，是先进的；同资本主义制度对比，便成为落后的了。就每种社会制度本身来说，都有过自己的先进时代，都应该给予肯定。但这种肯定，只是承认它对它所由产生的特定的时代和条件来说，有其存在的理由，即“暂时的历史正当性”①，而不能任意夸大这种“正当性”，从肯定“先进性”出发去肯定它的一切，以至把处在这一阶段的国家所发动的侵略战争，也肯定为“正义的”，赞扬它是“济民水火的‘义举’”。原因是，随着社会历史的发展，这种“暂时的历史正当性”，必然逐渐趋于消失。而且，即使它还处在具有“正当性”的时期，也不能把它的社会制度的先进性与战争的正义性画等号。因为，如果按照这种理论推论，那么，不管愿意与否，必然要得出如下的结论，即：同是封建国家，“正处在比较生气勃勃时候”的一国，侵略腐朽衰弱的一国，都是合理的、正义的。至于封建制国家侵略奴隶制国家，资本主义制国家侵略封建制国家和奴隶制国家，就更是“济民水火”、“开发落后”的“义举”了。这种论点，不仅严重错误，而且是十分有害的。其三，忽略了是否“完全失去抵御外来侵略的作用”，并不是由被侵略国单方面的腐朽和衰弱决定的，而是取决于双方力量的对比。道理非常明显：同一个国家，遭逢的是一个占绝对压倒优势的强大敌国，就会完全失去抵御能力；反之，面对的是一个比自己弱小的敌国，就不但完全有力量抵御侵犯，甚至还可以反过来侵犯这个弱小的敌国。总之，“抵御外患的作用丝毫也不存在”、绝对成为“单纯的剥削机器”这样的国家是不存在的。因而，面对一个强大敌国侵犯以至灭亡一个弱小国家的时候，采取“对来侵略者不必过分憎恨”，对丧失抵御能力的被侵略的弱小国家“丝毫不能引起我们的同情”的态度，是很不应该的。恰恰相反，马克思主义者的态度，倒是必须坚决支持被侵犯的弱小国家，严厉谴责侵略者！其四，缩小了侵略的含义，错误地当成单纯对某一国家统治王朝的侵犯。但实际上则完全不是这样。首先，任何侵略者把战争强加于被侵略国家，根本目的主要不

① 《马克思恩格斯全集》第21卷，第558页。

是为了进攻以至颠覆这个国家的统治王朝，而是为了侵占领土和人民，即“扩大剥削地盘和攫取剥削对象”。这一点苻坚讲得十分明确：“宜先抚谕，征其租税；若不从命，然后讨之”。就是说，如果肯于乖乖地听从“征其租税”，就可以“抚谕”有加；反之，“若不从命”，就要兴师“讨之”。这里，把讨伐的矛头，指向被侵略的王朝，不过是表面现象，实际目的则是因为这个王朝“不从命”；为了扫除“征其租税”的障碍，所以必须把它消灭掉。这就是为什么金灭北宋以后，又先后建立了以张邦昌为傀儡的楚王朝和以刘豫为傀儡的齐王朝的原因所在。错误地用侵略者侵犯统治王朝的表面现象，掩盖了其“扩大剥削地盘和攫取剥削对象”的真实目的，片面地对腐朽王朝“不能自强”表示义愤，而无视在侵略者铁蹄下遭受蹂躏屠杀的，实际上是广大人民，说什么“丝毫不能引起我们的同情”，“不值得替他们呼喊，说是受了侵略，并且谴责侵略者”，显然是极不妥当的。其次，历史事实也充分证明了从来不存在侵略者对腐朽王朝的单纯侵犯。如西汉初期，匈奴贵族侵略者“连岁入边杀掠人民畜产”的记载，史不绝书。其中单只在文帝后元二年那次入侵云中、辽东两郡，被杀的就各达“万余人之多”①。北宋末和南宋初，金贵族统治者连年入侵，纵兵杀掠，单只1127年那次进犯，就不仅在开封搜刮了金三十万八千两，银六百万两，帛一百万匹，而且还把附近州县的“子女玉帛”洗劫一空，弄得“民无遗类，地尽抛荒”。至于明末清贵族统治者制造的“扬州十日”、“江阴洗城”和“嘉定三屠”，杀戮之惨，更是骇人听闻。仅只扬州一地，在十天屠杀中，就死人八十万以上。这些事实都清楚说明，侵略者的屠刀所向，从来是玉石俱焚，而不会区别对象的。这中间，汉、宋、明各代王朝，固然受到惨重打击以至灭亡，但广大人民却更是首当其冲，遭到了尤为深重的苦难。因此，像“仅仅是一部剥削机器的国家，应该由民众起来予以消灭

---

① 《通鉴纪事本末》卷2下，《匈奴和亲》。

(这是对的);民众自己不起来,强大的邻国进来消灭它,那是很自然的”,甚至“赞成有人出来打倒它”这样的话,就不但显得过于偏激,而且容易导致“不能自强,理应灭亡”这种“侵略有理”的结论。这当然不能被认为是正确的。

(原刊《历史研究》1980 年第 5 期)

正确处理历史上民族关系的几个问题

——兼与奚介凡同志商榷

我国是一个多民族国家。正确处理历史上的民族关系，不但具有重要理论意义，而且具有重大现实意义。因而，这个课题长时期来受到大家重视，开展了研究和讨论，取得了可喜的进展。但也有一些论点，明显不够正确。如继“中国自古以来就是一个统一的多民族国家说”之后，最近奚介凡同志提出的所谓“国内性是我国历史上民族关系的基本特点”的说法①，就是很值得商榷的。下面结合其中一些论点，略陈管见，供研究探讨。

一　从“中国自古以来就是一个统一的多民族国家说”谈起

建国以来，在我国这个统一的多民族国家形成的问题上，主要有两种说法：一种是“逐渐发展形成说”。即认为它的形成，有一个比较漫长的历史过程，是通过各族之间长时期的经济、文化相互交流和战争、统一、分裂、再统一而最终完成的。另一种是“自古以来就是说”。即否认历史发展的过程，认为“中国自古以来就是一个统一的多民族国家”。其理论根据是：“既然中国历史是中

---

① 《我国历史上的民族关系问题》，刊《北方论丛》1982 年第 2 期。以下简称“奚文”。

华人民共和国国境线以内今天和历史上各族人民的历史，那么，当我们说到中国时，它的范围就不应该只是历史上当时在中原地带立国的王朝，而且还应包括当时在中原王朝的王朝疆域以外而今天却是中华人民共和国国境以内的各族和地区”。所以主张“应该以今天中华人民共和国国土的范围为标准，由此上溯去括套过去历史时期的疆域”。并从而认为历史上“汉族和许多兄弟民族都是这个民族大家庭的成员，决不能因为他们不曾处于当时汉族王朝统治下，或曾经建立过自己的、与汉族王朝并存的独立政权国家，就把它们算作外族或外国，而排斥在中国的疆域之外”。否则就是“大汉族主义思想的反映，实质上是以汉族史代替统一的多民族国家的历史，以王朝史代替中国史”[①]。这种观点，因为适应了极左思潮美化拔高古代民族关系的需要，被誉为体现了史学研究为现实服务和各民族一律平等的原则，长时期来，成为民族关系史研究中占统治地位的“定论”。

然而，这个“定论”，却是值得商榷的。关键的问题，在于它很不科学。因为它不仅背离了历史发展的科学原理，采用简单化的方法来处理复杂的历史问题，否认了我国统一的多民族国家形成的历史过程；不仅混淆了历史上的“过去”和现在的“今天”的不同的时间观念，用“今天”的框子去括套“过去”历史上的疆域和民族，否认了我国历史上疆域范围的变迁和各民族间分离、统一、同化与融合的变化。而且颠倒了历史发展的顺序，强迫千百年前历史上的民族和国家之间，都要按照“今天”中华人民共和国疆域的范围，来确定相互之间不是外族和外国，而是平等友爱的一个民族大家庭的成员和兄弟。显然是不正确的。关于这些，我从六十年代初以来，就曾连续撰文提出商榷，进行过比较详细

① 《中国古代史教学中存在的一个问题》，刊1959年7月5日《光明日报》。并参阅《历史研究》，1961年第3期，“国内史学动态”：《四川省中国历史学术讨论会概况》及吕振羽《史论集》：《中国民族关系发展的历史特点》和《关于历史上的民族融合问题》等文。

的分析①，此处不再赘论。特别是去年在北京召开的民族关系史座谈会上，绝大多数同志一致对“自古说”提出了异议。据此，翁独健同志在总结发言中综合大家的意见，明确指出：“‘中国自古以来就是一个统一的多民族国家’的说法，不够确切。今后是不是可以提‘我国的多民族国家开始于秦汉，经过两千年的变化，到清王朝基本奠定，到中华人民共和国最终完成”。至此，这个长时期占统治地位的“定论”，才开始动摇了。可以说，这是从三中全会以来学术界贯彻实事求是精神的胜利成果，也是民族关系史研究的一个重大进展。

当然，学术问题的是非，是不能根据简单的多数或少数判断的。从而，也不能说这个问题已经作出最后结论，今后不容许再讨论了。更不是说所有“自古以来就是说”的主张者，都已经同意上述结论，放弃了原来的观点。相反，这个问题还应该继续讨论下去，并且已有同志提出了新的“中原民族外迁说”。认为“有些民族，原来在中原居住，后来迁到边疆去了”。因而，“他们的祖先和内地民族的祖先是兄弟关系，是亲属关系”。这种说法，虽然避开了混淆历史上的“过去”和现在的“今天”以及“颠倒历史发展顺序”的错误，有着优于“上溯说”的一面，但所持的理由，却同样是站不住脚的。因为，就是这位同志也不得不承认，“有的民族确实是外来的。如俄罗斯族，就是外来的民族。若说自古以来就有俄罗斯族，当然不对”。其实，何止俄罗斯族，在我国五十五个少数民族中，除了族源比较复杂，一时不易弄清者外，起码像回族、朝鲜族等族，尽管今天都是我国民族大家庭的成员，是我们的民族兄弟，但却很难说他们“原来在中原地区居住，后来迁到边疆去了”，很难说“他们的祖先和内地民族的祖先是兄弟关系，是

---

① 《中国古代史中有关祖国疆域和少数民族的问题》，刊 1961 年 11 月 4 日《文汇报》；《再论中国古代史中有关祖国疆域和少数民族的问题》，刊 1962 年 8 月 2 日《文汇报》；《处理历史上民族关系的几个重要准则》，刊《历史研究》1980 年第 5 期。

亲属关系"。既然这个论据本身都不能成立，那就非但无法支持"自古以来就是说"，而且，按照只有"原来在中原地区居住，后来迁到边疆去了"的民族的祖先，才"和内地其他民族的祖先是兄弟关系，是亲戚关系"，才在今天成为"同一个民族大家庭的成员"和亲密的"民族兄弟"的逻辑推理，必然得出至少把上述俄罗斯等兄弟民族排除在外的结论，显然是错误的和有害的。

二　"国内性是我国历史上民族关系的基本特点说"质疑

继"中原民族外迁说"之后，奚介凡同志又提出了"国内性是我国历史上民族关系的基本特点说"，这是值得欢迎的。但由于它根据的也是那个违反科学性的"自古以来就是说"，所以，不但同样站不住脚，而且还充满了许多矛盾和讹误。

奚文所谓的"国内性"，是指我国历史上"各民族间的关系"，"不同于一个国家和另一个国家间的关系"，"应该和必须把它作为一个国家内部的问题，而不能看成是各独立国家间相互关系问题"。换句话说，就是要"把中国境内各民族看成是一个国家内部的成员"。并强调这种"国内性应作为我们处理我国历史上各民族间关系的一个根本原则"。应当承认，这种旨在"牢牢把握各民族一律平等原则"的提法，愿望无疑是良好的。问题却在于它不但并未提出令人信服的论据，即并未回答为什么"应该"和"必须"把历史上中国境内各民族，"作为一个国家内部的问题"，"看成是一个国家内部的成员"。相反，其基本提法不仅证明了这种所谓"国内性"，仅仅是建立在"良好愿望"的基础上，毫无实际的根据。而且还从反面对"国内性"的观点，自我作了否定。例如，为了避免重蹈错误的覆辙，奚文既摒弃了"上溯说"，也未采取"中原民族外迁说"，而是承认了"各民族历史发展的客观进程"，承认了历史上各"少数民族地区与发达的中原地区的联结存在着密切程度和先后的不同”。并具体论述了我国多民族国家的形成，大体上是“从商、西周、春秋战国时居住在黄河和长江中下游的华夏族与四周被称为‘夷’、‘蛮’、‘戎’、‘狄’等族相融合形成的新华夏族开始，经过秦、汉、南北朝时期，匈奴、羯、氐、羌、鲜卑、山越等先后相继移入内地，从而加强了与汉族间经济文化的交流，有的并逐步走向融合，至隋唐时已初步奠定了我们统一的多民族国家的基础。隋唐以后，由于汉族、突厥、回纥、吐蕃、契丹、党项、女真、蒙古等各族间相互联系又有了进一步发展，从而逐步形成和确定了我们这个多民族国家的疆域”。

最浅显的常识告诉我们：几个民族要融合成一个，必须同处杂居，至少也要临近别居。反之，相隔千百万里，老死不相往来，就根本谈不到融合；若干个国家要联结成一个，必须统而为一，至少也要发生隶属关系。反之，各有领土疆域，各具独立主权，也就根本谈不到一国。奚文既然承认各“少数民族地区与较发达的中原地区的联结存在着密切程度和先后的不同”，那么，人们要问，当那些少数民族地区与离开千百万里的比较发达的中原地区在历史上还未发生联结的时候，根据什么“把各民族看成是一个国家内部的成员”呢？奚文既然承认到隋唐时才“初步奠定了我们统一的多民族国家的基础”，那么，人们要问，在隋唐以前“我们统一的多民族国家的基础”还没有“初步奠定”的时候，根据什么把不同的独立的民族国家“作为一个国家内部的问题，而不能看成是各独立国家间相互关系问题”呢？奚文既然承认在隋唐之后更晚的时候，才“逐步形成和确立了我们这个多民族国家的疆域”。那么，人们又要问，在“我们这个多民族国家的疆域”还没有形成和确立以前，又以什么范围为标准，作为限定“国内性”的疆域呢？这些，显然都是奚文无法回答的。而不来正确地和具体地回答这些问题，那么，所谓“国内性是我国历史上民族关系的基本特点”和“国内性应作为我们处理我国历史上各民族间关系的一个根本原则”云云，也就不能不成为扑朔迷离的空泛议论了。

我们还不妨把问题提得更具体一些。比如，以汉代与西域的关系来说，武帝以前，对西域基本上是一无所知、或知之极少的。后来经过张骞三次出使西域，才大体知道了有所谓“三十六国”。如其中有今天在我国境内而当时称为疏勒、龟兹、焉耆、莎车、于阗和楼兰等国，有今天在中亚地区而当时称为大宛、乌孙、大月氏、大夏、康居和安息等国。但对以上这些国家，在当时既没有、也不可能作出国内或国外的区分，所以一概称之为“外国”。如同《史记》所载：“大宛之迹，见自张骞”。“于是西北国始通于汉矣。然张骞凿空（指‘开通’），其后使往者皆称博望侯（张骞封号），以为质（‘信’也）于外国”①。对于这样具体的问题，恐怕奚文同样也是无法回答的。事实再一次证明，不论“上溯说”、“外迁说”或者“国内性说”，要维护“自古以来说”这个显然错误的说法，都是无能为力的。

三　对一些“原则分歧”问题的商榷

正如奚文所说，因为在承认不承认“国内性”“这样一个基本点上存在着相反的看法，所以自然就出现了一系列的原则分歧”。既然是“原则分歧”，那么，弄清孰是孰非，就是非常必要的了。

第一，关于如何看待我国历史上各时期所建立的“王朝”与“中国”的关系问题。

奚文不同意“与汉族融合或归入汉族王朝版图的就属于国内性质，反之就是外族和外国”的观点。认为这是“把以中原地区为中心由汉族所建立的‘王朝’和‘中国’之间画上了一个全等号”，“是用汉族史代替中国史，因而是不正确的”。但他自已却没有作出正确的解释。相反，许多提法，倒是充满了这样那样的问题，以至明显的讹误。

① 《史记》卷123，《大宛列传》。

例如，奚文说："'中国'，实质是个地域概念，而不是我们所说的国家概念"，就是缺乏根据的武断。无须否认，"中国"这个词，在一些场合，确实是作为一个"地理概念"出现的。但却不能绝对化，否认在另外一些场合，确实又是作为我们所说的"国家概念"出现的。空谈无益，还是让我们举几个例子。如汉宣帝五凤三年，太子太傅肖望之在议论接受呼韩邪单于朝贺时曾说："外夷稽首，称藩中国"。元帝初元五年，匈奴郅支单于遣使奉献，谷吉上书言："中国与夷狄，有羁縻不绝之义"①。公元382年，前秦苻坚命吕光征西戎，嘱之曰："西戎荒俗，非礼义之邦，羁縻之道，服而赦之，示以中国之威，导以王化之法"②。贞观五年，唐太宗谈到治国时曾说："今中国幸安，四夷惧服"③。宋嘉祐八年，欧阳修反对谋取辽国，说："中国待夷狄，宜以信义为本"④。元至元二年，徐世隆对忽必烈说："陛下帝中国，当行中国事"⑤。太平天国起义对"回民布告"中，有满洲贵族统治者"占据中国之土地，挟制中国之人民"⑥ 的话。义和团运动中，曾提出一个口号："大清亡，中国强"⑦。不难看出，以上所提"中国"一词，显然都不是"地域概念"，而是"国家概念"。类似的例子，俯拾皆是，就无须更多赘举了。

奚文又说，"我们所说的'中国'，实际是和我们经常用的'祖国'概念相同，而'王朝'则不一样"。也是有问题的。其一，他在前边刚刚说过"中国"实际是个"地理"概念，接着却又说什么是"祖国"概念。这样一会儿说东，一会儿说西，证明他自

① 《通鉴纪事本末》卷3，《匈奴归汉》。

② 《晋书》卷114，《苻坚载记下》。

③ 《资治通鉴》卷193，《唐纪·太宗皇帝上之中》。

④ 《欧阳永叔集·附录》卷5，《先公事迹》。

⑤ 《元史》卷120，《徐世隆传》。

⑥ 《绍天福朱绛天福陆告四方士民亟早投诚各安生业诲谕》，刊《太平天国文书汇编》，第136页。

⑦ 胡思庸：《驴背集》。

己对这些概念，也是没有搞清楚的。其二，并不像奚文所说那样，仅仅“中国”一词，而且也包括“王朝”一词在内，在很多场合是“和我们经常用的‘祖国’概念相同”的。因为，我们通常说的“祖国”，是对我们伟大中国在漫长历史阶段中的泛称。但在每一个特定的历史时期，又必然是具体的。如“隋末，中国人多没于突厥”①。这里的“中国”，显然就是“隋”的等义词；又如“洪福元，其先中国人。唐遣才子八人往教高丽，洪其一也。子孙三世贵于三韩”②。这里的“中国”，显然又是“唐”的等义词。可见，所谓“‘王朝’则不一样”，也是缺乏根据的。

奚文还说，“中国”或者“祖国”，“其范围应该和必须是包括我国境内各民族及其活动的整个区域”，而“王朝”则“是随各统治集团势力的浮沉不断更替，其各自的统辖范围也随‘王朝’及其各不同时期的盛衰形势而变更和伸缩。虽然也曾有过和整个中国疆域大体相等的时候，但更多的时候则是不相等，有时大于、而更多的时期是小于整个中国的疆域”。更是充满矛盾和问题的。首先，不仅各个“王朝”的统辖范围会随着不同时期的盛衰形势“而变更和伸缩”。而且，由于“祖国是一个历史的概念”③，所以，她的范围尽管相对稳定一些，但也绝非不变动。例如，在汉武帝通西域以前和以后的不同时期里，汉代人对祖国范围的理解，就肯定会随着它的实际变化而有所变化的。把相对稳定性，绝对化为凝固不变，显然是不正确的。其次，奚文在前面既然承认了“各民族历史发展的客观进程”，承认了各“少数民族地区与较发达的中原地区的联结存在着密切程度和先后的不同”，并且具体论述了我国怎样“逐步形成和确定了我们这个多民族国家的疆域”。在这里，却又说有一个不随着王朝变更伸缩的、固定的“整个中国疆

① 《资治通鉴》卷193，《唐纪·太宗皇帝上之中》。

② 《元史》卷154，《洪福源传》。

③ 《列宁全集》第35卷，第238页。

域”。这不是自相矛盾吗？最后，奚文没有明确指出这个所谓“整个中国疆域”的具体的范围。而只是说“其范围应该和必须包括我国境内各民族及其生活的整个区域”。但这个“整个区域”，同样也是没有具体范围的。如此含糊其辞，不着边际，并非奚文不知道应该回答什么具体问题，而是他碰到了无法回答的难题。因为，如果以今天中华人民共和国的领土为范围，那就重犯了“上溯法”的错误。可是除此而外，却又找不到另外一个固定不变的“整个中国疆域”，于是就只得这样支吾搪塞一番了。

第二，关于如何看待我国历史上各民族间战争性质以及有关人物评价的问题。

奚文不同意从“这些民族各自都是独立的民族国家”的论据出发，从而“用侵略和反侵略来说明其战争性质”的观点，而主张“不应以只适用于国家与国家间战争的、即用侵略与反侵略来说明，而是应从国内性的特点出发，用正义的、进步的和非正义的、反动的来说明。在此基础上通过对战争进行全面的考察和分析，从而作出客观和公允的评价”。并说什么，“问题很清楚，不用侵略和反侵略、用非正义和正义来说明其性质，其区别的根据和目的就在这里”。但正是由于这些观点也建立在“国内性”这个本身都站不住脚的“根据”之上，因此同样并没有，也不可能达到“作出客观和公允的评价”的“目的”，而是适得其反。

众所周知，马克思主义基本原理明确指出：“任何战争都不过是政治的继续”。因而，判断战争的性质，首要的就是“对每一次战争，都要确定它的政治内容”[①]。而这种政治内容，最主要的就表现在压迫与反压迫、侵略与反侵略上。正是据此，斯大林作出了两类战争的明确的定义：“（一）正义的、非掠夺性的、解放的战争。其目的或是保卫人民抵御外来侵犯及奴役人民的企图，或是把人民从资本主义奴隶制下解放出来，或者在把殖民地和附属国从帝

① 《列宁全集》第23卷，第199页。

国主义压迫下解放出来；（二）非正义的、掠夺性的战争。其目的是在侵略或者奴役别的国家，奴役别国的人民"[①]。十分清楚，斯大林是把"抵御外来侵犯"和"侵略或奴役别的国家"及其"人民"作为判断正义与非正义战争的重要依据的。与此相反，奚文却硬要"不用侵略和反侵略"，而另外作出如下的表述，即"不论战争是出现在哪个民族中间，凡是为了反抗和解除民族奴役和民族压迫、以达到反对来自其他民族的杀戮和对社会经济文化的掠夺与摧残所进行的战争，都是属于正义的性质，反之则是属于非正义的性质"。也十分清楚，这基本上是斯大林那个定义的复述，并无任何新的东西。唯一不同的是有意回避了"侵略"、甚至"侵犯"的字样，而改说成"杀戮"和"掠夺"了而已。尽管奚文极力声称这样做"根本不存在企图抹杀战争具有是非的问题"。但事实却证明，这样做的结果，客观上确实起了这种作用，不仅混淆了某些战争的是非，甚至把这种是非完全颠倒过来了。比如，当前正在讨论中的淝水之战问题，有的同志居然把苻坚发动的侵略战争，说成正义的战争，而把东晋反抗侵略的战争，说成非正义的战争，就是明显的一例。值得注意的是，造成这种是非颠倒的根本原因，恰恰也是由于这些同志偏离了马克思主义有关战争的基本原理，认为"对正义、非正义的定义、内涵、衡量标准等理解不尽相同，没有必要纠缠进去"。从而不同意"给前秦扣上'侵略'、'非正义'的帽子"。说什么"还不如一分为二，既谈它正确的一面，又谈它错误的一面比较符合实际"[②]。把这些联系起来，就可以发现，奚文和上述同志所以发生错误，都不是偶然的，而是有其共同性的原因。这个严峻的殷鉴，是值得认真记取的。

与坚持"不用侵略与反侵略"来判断民族间战争性质的主张相联系，奚文在评价与这些战争有关的历史人物方面，也是难免导

① 《联共（布）党史简明教程》，1953年莫斯科中文版，第208页。

② 《民族融合与淝水之战》，刊《中国史研究》1981年第4期。

致讹误的。其一是，他一方面不同意如果否认“侵略与反侵略”，就必然导致否认民族英雄和民族败类。同时，却实际上否认存在民族英雄和民族败类。比如，他在文章中谈到岳飞、文天祥和石敬瑭、秦桧等的时候，只提“应当肯定”或“应当否定”的人物，而不提“民族英雄”和“民族败类”的字样。这当然不是出于疏忽，而是有意回避。因为，这样提的话，就要同他主张“不用侵略与反侵略”的说法自相矛盾了。其二是，他一方面否认这种做法“实际上是泯灭了两者的界限，客观上起了否定民族英雄和为民族败类开脱罪行的作用”。说什么“这种指责显然也是毫无根据的。因为迄今为止，在我们讨论这个问题的同志中间，还不曾出现有把应当肯定和应当否定的人物加以混淆甚至颠倒的情况”。但是，实际却在客观上明显起了为民族败类开脱、或者起码是减轻罪行的作用。比如，他对有人提出“历史上称秦桧为‘卖国贼’是‘不很精确的称呼’”的说法，公然表示支持，并为此提出了如下的“理由”，即“出于防止人们把宋和金之间的关系混淆成为一般国家与国家间的关系的考虑”。可是很清楚，说“不很精确”，言外之意，不就是认为“搞错了”或者起码是“搞重了”吗？至于那个“理由”，更是十分离奇：难道宋与金的关系，不是由它们客观实际的性质来决定，而是由怎样称呼一个人来决定的吗？显然不是。

问题还不止此，奚文所说“迄今为止，在我们讨论这个问题的同志中间，还不曾出现有把应当肯定和应当否定的人物加以混淆甚至颠倒的情况”，“更不存在‘替秦桧翻案’”等等，显然也是无视事实的。除了前面举的淝水之战那个把发动侵晋战争的苻坚说成正义战争的化身的例子外，还有人论述蒙古贵族发动的侵宋战争时，在极力赞美蒙元统治集团“有力量、有生气”、“有资格成为全国的统治民族”的同时，反过来把民族英雄陆秀夫、张世杰等反抗侵略斗争的壮烈牺牲，不无快意地说成“南宋残余力量至此全部被消灭”，不都是十分典型的例证吗？至于“替秦桧翻案”，尽管还没有人甘冒天下之大不韪，如此明目张胆地去做。但客观上实际起了这种作用的例子，还并非绝无仅有的。除了前揭的“不甚精确说”而外，不妨再来分析一下奚文在这个问题上的观点：一，他支持“不甚精确说”，并代为提出了上面那个所谓的“理由”；二，他既不同意称秦桧为“卖国贼”，也不同意称之为“民族败类”。这不仅因为他在整个论述秦桧的过程中，绝口不提“卖国贼”和“民族败类”的字样，而且还强调指出：“秦桧所出卖的是宋朝，而不是‘中国’，卖给的是金，而不是‘外国’”。所以，他是“和近代资本帝国主义侵略中国以来出现的那些卖国求荣的民族败类（按：这当然不是指秦桧）不同的”；三，虽说他接着又追加了一句“当然也同样得不出二者谁好一点的问题”，但最后加给秦桧的“精确的称呼”，实际上却只是“被否定的人物”罢了。而这个评价，同“卖国贼”和“民族败类”比较，分量的轻重，大家都是不难掂量出来的。总之，不管承认不承认，客观事实是：“卖国贼”的帽子摘掉了，“民族败类”的帽子摘掉了，秦桧这个如山的铁案翻过来了。至于那个所谓“被否定的人物”云云，至多不过是遗留了一条无关重要的小小“尾巴”而已。这大概是奚文非始料所及的吧？

从以上对奚文的分析中，使我们得到了一个重要的启迪，就是要真正使民族史的研究，为现实服务，单凭良好的愿望不行。而是必须坚持以马克思主义的基本原理为指导，尊重事实，实事求是，才能得出科学的正确结论。否则，不仅难以达到预期目的，甚至难免会事与愿违，走向反面。

（原刊《北方论丛》1982 年第 4 期）

民族关系史与爱国主义教育

我国是一个多民族的国家。正确阐述祖国的历史，特别是民族关系的历史，不但对促进民族团结，而且对于进行爱国主义教育和推动社会主义现代化建设，都具有重大的现实意义。建国以来，在这方面已经取得了统一认识，并做出了明显的成绩。但是，由于种种原因，在研究中也经历了曲折，碰到了困难，存在着意见分歧。其中一个比较突出的问题，就是如何把如实讲述民族关系史同爱国主义教育统一起来。有的论者对这个问题持怀疑态度，认为进行爱国主义教育，只能对“鸦片战争以后帝国主义对我们的侵略，应大写特写”。而对于像岳飞、文天祥、史可法等人，就“应该尊重我们民族构成的现实，有所避讳”。否则就“会变成挑拨民族关系，使民族之间互相不和睦。这对于国家的发展，社会主义的发展和各民族的关系，都没有好处”。不难看出，论者的愿望是良好的。但提法和原则都是值得商榷的。下面试从几个方面略陈管见，希讨论匡正。

各独立民族“互为外国”是客观存在的历史事实

论者主张对岳飞、文天祥、史可法等人应该“有所避讳”。根据是中国历史上各独立民族国家，都“是一个国家”，并不存在“互为外国”的问题。因而指出，西湖岳庙里“还我河山”四个大字，“没有什么道理”，“我就不懂，把什么河山交给岳飞?”并反过来批评“某些同志讲爱国主义，往往振振有词。其实他们的国，无非是周国、秦国、汉国、唐国、宋国、明国。元国就不算了，清国也不算了。它们都算‘外国’，不应该爱的”。很明显，这些说法，同历史事实是不相符合的。

首先，确凿的史实证明，我国历史上各个独立民族国家，在各该当时，并非一个国家，而是“互为外国”的。例如公元484年，“高丽王琏遣使贡于魏，亦入贡于齐。时高丽方强，魏置诸国使邸，齐使第一，高丽次之”①。又如，唐开元之时，“吐蕃自恃兵强，每通书疏，求为敌国之礼”，并多次要求划定国界。经过多年争执，终于在开元二十二年“分界立碑”②。用今天的话说，“诸国使邸”，就是“各国大使馆”；“齐使第一，高丽次之”，说明魏是把齐国与高丽同样当作外国对待的；“分界立碑”，就是划定国界。这都说明，上述国家，都有着各自的领土、民众和主权，形成了各自的疆域，以一个独立的民族国家而存在。它们之间“互为外国”的关系，是既往的历史事实，因而是无法否认和更改的。

那么，论者是怎样把上述“互为外国”的各个独立民族国家，说成了“是一个国家”呢？原来，是他在对待“历史问题”上，把“回到历史”与“用今天的观点来看”对立起来，根据后者推理出来的。实则这两者既不能对立，也不能代替，而是应该结合起来。例如，综观论者全文的论述，所谓“用今天的观点来看”，实际上是指从今天的角度，看作为中国史研究对象的空间范围。这样，当然“应该以今天中华人民共和国的疆域为范围，凡处在今天中华人民共和国国境以内的各族人民以及这个疆域内历史上各族人民的历史，都属于中国史的范围，都是中国史应该讲述的对象”③，而不存在“外国”的问题，更不存在“元国就不算了，清

---

① 《资治通鉴》卷136，《齐纪》武帝永明二年。

② 《旧唐书》卷196，《吐蕃上》。

③ 拙作《中国古代史中有关祖国疆域和少数民族的问题》，刊1961年11月4日《文汇报》。

国也不算了，它们都算‘外国’，不应该爱的”的问题。就拿林则徐来说，不仅被论者赞为“近代爱国主义典型人物”，广大史学工作者同样也从无异议。而他所爱的“国”，也正是指“清国”而言。

所谓“回到历史”，则是指从历史上各该当时的角度，看各个民族国家的相互关系。这样，就不能“以今天中华人民共和国的疆域为范围”，而“应该以历史上各该民族国家当时的疆域为各自国土的范围，并因其统治范围的不同而有所变更和伸缩”。理由很清楚：当时中华人民共和国还没有成立，我们今天既不能把中华人民共和国的疆域范围，告诉给千百年前那些独立的民族国家；而千百年前的那些独立的民族国家，也不可能预知1949年将成立一个中华人民共和国及其疆域的范围。从而，只能根据当时各个民族国家的实际疆域范围和有无相互隶属关系，确定他们是否“互为外国”或属于一个国家。不顾这些既往的历史事实，硬要千百年前的独立民族国家按照今天中华人民共和国疆域的范围，确定各该当时彼此之间的关系，不但背离历史事实，而且从道理上也是讲不通的。

弄清楚了以上这些问题，那么，岳飞手书的“还我河山”四个大字，就不会使人“不懂”，更不是“没有什么道理”，而是十分明确的、义正词严的誓言——誓死收复被金国侵夺去的大好河山！那么，就会明白，从今天的角度讲，对作为中国历史组成部分的元国和清国，都不能视为“外国”，都是“应该爱的”。正是由此出发，我们才反对帝国主义对清国的侵略，赞誉林则徐为我国杰出的爱国主义者和民族英雄。而从宋、金之际和明、清之际各该当时的角度看，宋与金和明与清，就只能是“互为外国”。对于被侵略的一方的人民来讲，就只能爱自己的宋国和明国，并赞誉誓死反抗侵略的岳飞、文天祥、史可法等为杰出的爱国主义者和民族英雄。反之，对于进行侵略的金国和清国，不但是“不应该爱的”，而且是要严厉谴责和坚决反抗的。不论有意无意，混淆了过去和今天不同时间的差异，要求当时遭受残暴侵略的宋、明人民去爱发动侵略的金、清贵族统治者，只能模糊正义与非正义战争的界限，造成不应有的混乱。

由此可见，作为中国史研究对象的空间范围，与历史上各独立民族国家当时的实际疆域范围，并不是一回事。为了正确阐述民族关系的历史，应该把两者结合起来，而不能对立起来，或者混为一谈，用一个代替另一个。

“避讳”不是原则

对于“避讳”，可以有不同的理解：一种是从“尊重我们民族构成的现实”出发，在讲述诸如宋元、元明、明清之间的民族关系时，对曾经发生过的一些相互歧视、隔阂以至纷争仇杀等史实，在判明其正义、非正义性质的前提下，尽量“少利用一些”，甚至“能不写的就不写”。这样，有利于各民族的团结友好，意愿是可取的，或者起码说是无可非议的。但由于它缺乏科学性，不可能真正从根本上解决问题。所以，不能作为正确处理民族关系的原则。另一种是加以粉饰和掩盖，甚至根本否认历史上各独立民族国家“互为外国”的关系，而把它们说成“是一个国家”。这样，即使同样是从“尊重我们民族构成的现实”的良好意愿出发，但由于既背离了历史事实，又违反了实事求是的原则，所以是不正确的，不足取的。

从论者所说“少利用一些”或“能不写的就不写”的话来看，他主张的“避讳”，似乎属于前者。但综观全文，实际上却是后者。因为，像所谓“还我河山”“没有什么道理”，“不懂把什么河山交给岳飞”等等，就是以否认宋金“互为外国”为前提的：宋金既然在当时就是“一个国家”，那么，“河山”自然应该属于双方共有，不分你我，也就不存在“还”给谁的问题了。这种把结论建筑在虚假史实基础上的“避讳”，非但不可能有利于真正的民族团结，而且还难免事与愿违，带来一些不利的副作用。例如，由于“避讳”了历史上各独立民族国家之间“互为外国”的关系，把它们说成同一个民族大家庭的国家，就会模糊了两国之间侵略与反侵略战争的性质，模糊了民族英雄与民族败类的界限，从而把岳飞说成只是“对宋朝很忠诚”的“好人”，否定了他为“还我河山”而抗战的正义性质。不但如此，有时还会把是非颠倒过来，如赞扬《四郎探母》“是一场好京戏”，杨四郎虽然“投降了辽人”，也不算“不爱国”。只要“剧情紧凑，唱腔优美，哪里管得着什么杨延辉。拿出大民族的气度，就让这个冒充将门子弟的辽驸马（?）去大唱几段西皮慢板吧”。还有的文章说石敬瑭把燕云十六州割让给契丹贵族侵略者，只能说是“内部归属问题”，断言所谓“石敬瑭出卖燕云十六州的结论是错误的”。个别文章甚至不但否定岳飞、文天祥、史可法等是民族英雄，并且反过来赞扬“兀术对金的发展壮大，多铎对清的向南发展，作出了贡献，可以分别称为金和清的民族英雄”。不难看出，这里所说“对金的发展壮大”和“对清的向南发展”，实际上指的就是对南宋和明的侵略。把进行这种战争“作出了贡献”的兀术和多铎，赞扬为民族英雄，这就不是进行爱国主义教育，而是客观上宣扬了“侵略有理”、“侵略有功”了。得出如此明显讹误的结论，似难理解，实则并不奇怪。因为逻辑具有逼人的力量，既然站在了理论的斜坡上，就无法避免身不由己地向下滑。

此外，有的同志还提出另一种意见，主张：当前，在各族人民对民族和民族歧视、压迫产生的社会根源还缺乏了解，还不懂得这是阶级社会必然产物的时候，对过去各民族间发生的这样的往事，应该采取“避讳”、甚至“粉饰”的办法。与此同时，要向各族广大人民广泛深入地进行历史主义、阶级观点和马克思主义民族观基本原理的教育，以提高他们对有关民族、民族关系社会根源和阶级实质的认识。当他们懂得了这些道理时，然后，把事实真相告诉他们。这种意见的愿望，无疑是良好的。但不论是否意识到，这实际上却是一种“欺骗”性的手法，而这与我们党所倡导的“共产党人只靠科学吃饭，决不靠吓人和骗人吃饭”的一贯主张，是完全背道而驰的。况且，即使采用了这种做法，对于暂时还缺乏马克思主义民族观基本原理知识的人们，也许可能“收效”于一时，但对于并不缺乏这方面知识的人们，又将产生怎样的影响呢？不但如此，按照论者“广泛深入地进行教育”的意见，等到那些暂时缺乏马克思主义民族观基本原理的人们，通过学习而提高了认识的时候，他们对过去那些“避讳”和“粉饰”的话，岂不要产生“虚假”、甚至感到受了“欺骗”么？可见，这种办法，虽然用意良苦，但十分有害，更是要不得的。

关于“算旧账”问题

有的同志曾经提出反诘：不应避讳，难道应该算旧账？那岂不真正“会变成挑拨民族关系，使民族之间互不和睦”？回答是，对于“算旧账”，不能简单看待，也要有个正确的认识。按我的理解，“算旧账”可以分为两类：一类是不分青红皂白，把各族统治阶级进行侵略和压迫的罪行，写在广大劳动人民名下，向他们讨还旧债。这当然“会变成挑拨民族关系，使民族之间不和睦”。这种算糊涂账的做法，必须切实防止。另一类是对历史上各民族间发生的事件和有关人物的活动，在弄清事实真相的基础上，分清是非功过，作出科学的评价。这种“算旧账”，不但应该做，而且是我们史学工作者的重要课题和严肃使命。回顾建国三十多年来，在民族关系史研究中存在的问题，其中相当一部分恰恰是由于一些糊涂的旧账没有算清而造成的。就拿担心如实承认历史上独立民族国家间“互为外国”和矛盾斗争的事实“会变成挑拨民族关系”来说，便是由于没有算清所有扩张掠夺的战争“无论何时何地总是由剥削者、统治者和压迫者阶级挑起的"[①] 这笔账而引起来的。反之，如果算清了这笔账，正可以明确，挑起扩张掠夺战争和压迫奴役的罪责，不在各族人民，而在某一民族国家的统治者，从而作出严峻的历史评价，予以揭露和谴责，又怎么"会变成挑拨民族关系"呢？

当然，民族问题，具有全民的性质。民族对民族的压迫，固然首先和主要表现在压迫民族中占少数的统治阶级压迫其他民族的广大劳动人民。但在压迫民族与被压迫民族的劳动人民中间，同样也不同程度地存在着。这笔账，要不要算？要算的话，又如何避免"会变成挑拨民族关系"呢？回答是，这笔账，既然是客观存在的事实，当然也应该算。只是与上述简单地清算和谴责统治阶级的罪行不同，而是要更深刻地揭示出在各民族间、包括在不同民族劳动人民中间产生压迫与被压迫的种种根源，如社会和阶级根源，即民族问题产生的根源，是剥削制度。只有"民族内部的阶级对立一消失，民族之间的对立关系就会随之消失"[②]。如民族差别根源，即由于不同的民族在语言、文化、风俗习惯、心理状态和经济生活等方面存在着差异，因而易于滋生歧视、不信任和纷争……。再如政治根源，即统治阶级为了转移阶级斗争的视线，"惯于用散布民族偏见、制造民族歧视和隔阂，挑起民族纷争"[③]，"唆使各族互相残杀，利用一个民族压迫另一个民族"[④]。弄清楚了这些，既揭示了民族问题的实质及其产生的社会和阶级根源，又揭露了各族统治阶级挑拨制造民族纷争和压迫的罪行。同样不但不"会变成挑拨民族关系"，而且有利于从以往那些亲痛仇快的历史事件中，总结经验教训，深刻理解今天我国各族人民平等、团结、互助、亲如手足的社会主义民族关系，

① 《列宁全集》第 8 卷，第 531 页。

② 《马克思恩格斯选集》第 1 卷，第 270 页。

③ 《列宁全集》第 20 卷，第 232 页。

④ 《马克思恩格斯选集》第 1 卷，第 304 页。

如何来之不易，从而更加珍惜它、爱护它，使它不断得到巩固和发展！

简短的小结

根据以上的分析，我认为，进行爱国主义教育与正确阐述祖国的历史，包括民族关系的历史，不但不相抵牾，而且完全可以统一起来。具体做法，不是要有所“避讳”，而是要广泛深入地进行马克思主义民族观的教育和社会主义民族政策的教育，提高各族人民对民族问题实质的认识，明确区分开一切阶级社会与社会主义社会两种不同的民族关系的本质区别。这样，虽然也如实地承认了历史上既经存在的各民族间纷争和压迫的事实，却“不但不会影响、而且适足以增进当前各族人民的友好与团结。原因是，由于我们揭示了历史上不平等民族关系的社会根源与历史实质，科学地阐明了在过去历史阶段中真正平等的民族关系根本不可能出现。从而，就必然地得出了只有在社会主义制度下，才能实现民族间真正平等、友爱、亲密、团结的伟大结论来。这样，各族人民从过去不平等的民族关系所造成的痛苦不幸的回忆对比中，就会更加感到今天由社会主义的平等民族政策所带来的友好幸福生活的可爱，就会更加感激缔造、并认真实施这一先进的平等民族政策的英明的党。这样，也才真正达到了民族史研究为当前政治服务的目的，对当前的民族友好和团结，真正起到了推进和巩固的作用”①。这是我在二十多年前提出的浅见。今天，在进行爱国主义教育涉及历史上民族关系的一些问题时，我认为其中提及的马克思主义民族观的一些基本原理，仍然是必须认真遵循的。“会当凌绝顶，一览众山小”。只有站在马克思主义理论的高度，才能正确处理民族关系史研究中革命

---

① 拙作《再论中国古代史中有关祖国疆域和少数民族的问题》，刊1962年8月2日《文汇报》。

性与科学性统一的关系，也才能把历史研究同现实结合起来，启迪各族广大人民，不但热爱历史上的祖国，而且更加热爱今天社会主义的祖国。

（原刊 1984 年 6 月 27 日《光明日报》）

主体民族　统治民族　大民族主义

一

每个多民族国家一般总有一个主体民族，这几乎是一种带有普遍性的历史现象。

所谓主体民族，是区别于同一个多民族国家中其他非主体民族的民族而言。它一般应具备以下几个条件：一，在人口数量上占有这个多民族国家总人口的大多数或者绝大多数——这一点是最主要的；二，居住在比较广阔富饶的区域；三，生产力、社会经济发展较高；四，社会制度处于比较先进的阶段。如果下一个简明的概念的话，那就是：主体民族是某个多民族国家中人口占绝大多数，生产力、经济、文化和社会制度的发展相对先进，对该多民族国家的发展贡献最大，起着主导的、核心的作用的民族。

主体民族的形成，不决定于某一民族的主观愿望，而是各种复杂的自然条件、社会环境、民族同化、融合和历史曲折发展的结果，其中，自然环境在人类早期尤其具有较为明显的作用。以汉族前身的华夏族而言，最早发祥于黄河中下游，这一地区地处我国北温带，当时，气候温和、雨量充沛、森林茂密、草泽丰盛，林果、禽鸟、鱼贝、兽类等天然资源比较丰富，人们通过采摘、捕捞、狩猎等，相对易于满足日常生活的需要，有利于繁衍，特别由于黄河中下游一带，土质肥沃，易于开垦，使得华夏族得以较早地进入了农业生产，促进了生产力的较大发展，加快了社会文明前进的步伐，进一步走到了周边地区那些单纯依靠逐水草而居，进行单一的、落后的游牧生产的民族的前面。

主体民族既经形成，便具有相对的稳定性，但也不是绝对的。例如，在碰到大规模战争的冲击、民族的大迁徙和国家的分裂的情况下，也会引起变化。当然，历史上也不乏主体民族既经形成，就始终保持稳定，未发生变化的例子，汉族就是其中一个代表性的典型。原因就在于汉族始终保持了作为主体民族的人口众多、居住地区广阔富饶、生产力发展、社会制度先进等几个重要基本因素。

主体民族虽然通常以一个族称为名称，实际上却极少有纯粹的单一的民族，而绝大多数是由众多的民族同化、融合形成的。以汉族为例，汉族的前身是处于黄河中下游先秦的华夏族，周代以前，以夏、商、周三族为主体。春秋时，又加入许多古老民族，被称为“诸夏”。到战国时期，不但“诸夏”，融而为一，连中原以外的吴、越、楚、蜀等也几乎全部融合于华夏族之中。到了汉朝，才开始改用这个王朝的名称作为民族的名称。这以后，又经过十六国、南北朝、隋、唐、五代、辽、金、元、清等多次融合，更使汉族不断发展壮大，经济文化也日益繁荣昌盛，才逐渐形成今天这样一个辽阔的疆域。正像范文澜同志所说：“从历史上看，汉族好像一座融化各民族的大熔炉，春秋战国时期是一次大融化，十六国南北朝也是一次，唐朝又是一次，辽、金、元、清四朝融化的规模大小不等，多少都增加了汉族的数量。汉族之所以成为一个巨大的民族，是由于几千年来不断吸收附近各民族的缘故。”① 这好比滚雪球，开始是一个小球，后来越滚越大，作为最早内核的小球，就是华夏族，而作为整体的大球，则不只是汉族，并且包括融合进汉族中的其他许多少数民族。如元代时的汉族，不但指汉人和南人，还包括了早被征服了的西夏、辽、金等各族人民，尤其在元末陶宗仪的《南村辍耕录》卷一《氏族·汉人八种》中，更把契丹、高丽、女

① 《中国历史上的民族斗争与融合》，刊《历史研究》1980 年第 1 期。

真、竹因歹、术里阔歹、竹温、竹赤歹等少数民族，都称为“汉人”。这说明，作为主体民族的汉族，并不是由单一的华夏族繁衍而来，“汉族人口多，也是长时期由许多民族混血形成的。”①

二

关于汉族是中国主体民族的提法，长时期来，在中国史学界和民族史学界，大家的认识是比较一致的。近几年来，有的同志提出了不同的意见，引起了人们的兴趣。但是，经过认真分析，这些意见却大多是不能成立的，而且，有的还存在着某些明显的问题，有必要提出来做些分析和探讨。

论者是从两个方面，不同意汉族是中国主体民族的观点的。

一方面，他从“我国的历史实际”，也就是从领土、政治和文化三个方面，论证了不应该说汉族是中国的主体民族：

关于领土，他说：“目前我国领土的百分之五十到六十是少数民族地区。而历史上，我国少数民族地区更加广大，除现存的几个民族聚居地区之外，陇右河西、松辽平原、岭南丘陵、云贵高原等，在历史上都曾经是我国少数民族聚居之区。因此在历史上，汉族人口虽然始终占多数，但在地区方面，却一直是少数民族占多数。他们长期开发和保卫了中国大多数领土，为塑造中国的基本面貌，起了不可替代的作用。”然而，如同大家共同认定的那样，判断是否主体民族，主要的依据应该是这个民族在各民族中所占人口比例的大小，而不是地区的广狭，把后者当成主要依据，显然是本末倒置的。

关于政治，他说：“少数民族的活动也构成我国历史极其重要的一部分，对创造我国历史，绝不占次要地位。例如，主要由少数民族建立起的十六国南北朝，统治我国北方将近三百年；西夏、

① 《毛泽东选集》第5卷，第278页。

辽、金统治中国北方又是三百多年；元、清两代统治全国三百四五十年；蒙古族、满族曾一度主宰过中国历史，并对形成今天的中国，起着重大的作用。这些都是中国历史的重要篇章。……历史上没有这许多少数民族的政治活动，中国的面貌就不可能是现在这种情况。因此，中国历史是中国各民族共同创造的。如果仅仅把汉族说成是中国的主体，说成是中国历史的主体，就不可能正确、全面认识中国的历史。”这也是缺乏说服力的。毋庸否认，“少数民族的活动也构成我国历史极其重要的一部分”，“中国历史是中国各民族共同创造的”，“历史上没有这许多少数民族的政治活动，中国的面貌就不可能是现在这种情况”。这些，绝大多数的研究者的认识都是一致的。但是，说“中国历史是中国各民族共同创造的”，并不等于说，各族在创造中国历史的作用上，半斤八两，不分轻重，而是像论者也承认的那样，“汉族在与其他各族共同缔造伟大祖国的活动中，贡献最大，作用最突出，也可以说起了主导的、核心的作用”。肯定这些客观存在的确凿事实，不仅不会否定“中国历史是中国各民族共同创造的”，而且，根据各民族各自作出的不同贡献，恰恰可以“正确、全面认识中国的历史”。否则的话，像论者那样，一方面承认汉族“贡献最大，作用最突出，起着主导的、核心的作用”，同时，又说少数民族“对创造我国历史绝不占次要地位”。这就不但难以自圆其说，而且是自相矛盾的，这种理由显然是不能成为支持否定汉族是中国主体民族观点的根据的。

关于文化，他说：“历史上汉族地区以农业为主，为文化高度发展提供了良好的条件。同时，我国少数民族的文化也曾在中国历史上占有光辉灿烂的一页。我国少数民族的舞蹈、音乐、美术等在中国历史上曾风靡一时，对中原地区的艺术的发展，起了重大的推动作用。各种文字著作，由于历史原因保留下来的不多，但从现存的看，不论是文艺作品还是政治、历史、宗教著作，都非常丰富多彩。其他如医学、天文学、建筑技术等，都具有很高水平。正因为如此，所以汉族和少数民族之间有着长期的、密切的文化交流，汉族文化中包含了大量少数民族文化，少数民族文化是中华民族文化宝库中一块光辉夺目的瑰宝”。诚如上文所说，“我国少数民族的文化也曾在中国历史上占有光辉灿烂的一页”，“汉族和少数民族之间有着长期的、密切的文化交流，汉族文化中包含了大量少数民族文化，少数民族文化是中华民族文化宝库中一块光辉夺目的瑰宝”，这些都是有目共睹，毋庸否认的。但是，以此为根据，否定汉族是中国的主体民族，却没有抓住问题的关键所在，同样是缺乏说服力的。

另一方面，论者还从另外一个角度，论证了把汉族当成中国主体民族的错误和危害性。譬如，说：“历史上的汉族统治阶级，向来把汉族和内地看作根本，把少数民族和边疆看作枝叶，把汉族居住的地区叫‘中国’，把少数民族居住的地区称‘藩属’，汉语被称为国语，汉族的统治被看作正统等。而汉族是主体的思想的基本点，就是把中国民族分为主次，而且既然是‘主体民族’，那么这个民族就具有某种特殊地位。这与历史上的大汉族主义思想就很难划清界限了。而且如果现在用汉族是主体这个观点来研究中国历史，那么历史上的那些大汉族主义的行为和思想，不就可以在很大程度上得到解脱了吗？这显然是不行的”。因此提出“我们要改变那种以汉族为中国主体民族的看法，坚持各民族共同开发、共同建设、共同缔造了中国的观点”。又说，虽然说“汉族在与其他各民族共同缔造伟大祖国的活动中，贡献最大，作用最突出，也可以说起着核心的、主导的作用，然而在地位上，我们必须实行各民族一视同仁，一律平等，不能有主要地位和次要地位之别”。应该承认，论者提出的以上意见，愿望是良好的，关于坚持各民族一律平等，与历史上的大汉族主义思想划清界限等，也都是非常重要的，问题却在于论者虽然提出了“容易引起误解”、“很难与大汉族主义划清界限”，但并未进行深入的论证，缺乏坚实可信的根据，而且在论证中又缺乏严格的科学规定性，只是含糊其辞，而并没有具体说明为什么“容易引起误解”，为什么“很难划清界限”，更没有说明如何必然“引起误解”和“很难划清界限”。显然，这种仅仅以“容易”或“很难”等可能性为理由，来否定汉族是主体民族，是既缺乏说服力，也不够妥当的。不仅如此，由于论者在上述论证中，还提出了许多不够确切、甚至比较明显严重的问题，还给这个课题的研究，客观上造成了某些认识上的模糊，以至混乱。从而，不但没有达到“与大汉族主义划清界限”的预期目的，反而模糊了大汉族主义产生的社会根源和历史根源，使人们一方面误以为我们今天以汉族为主体民族的现实，就是、或者是产生大汉族主义的原因；另一方面，又妨碍了正确认识今天汉族作为主体民族所肩负的在平等、团结、互助原则下，帮助各少数民族发展经济、文化，共同开发，并肩前进，齐心协力建设伟大的中国社会主义和统一的多民族国家的重大的历史职责，这显然是很不利的。

三

以上这些明显的问题的产生，原因是很复杂的，但主要可以从以下几方面得到说明：

首先，对“各民族一律平等”理论的理解不够全面。“各民族一律平等”，诚然是马克思主义的一条重要原则，也是我们党的民族政策的重要准则，但是，“各民族一律平等”，主要是指各民族在政治、社会地位、民主权利和经济文化等方面的平等，而并非是指把不分大小的各民族在建设祖国的作用、贡献等各方面都一律拉平，全都半斤八两，不分轩轾，并认为只有这样，才算贯彻了“各民族一律平等”的原则。显然，这完全是一种误解。因为，如所周知，一切客观事物，都是在不断运动、变化、发展之中的，但由于主、客观条件的不同，各事物的变化发展又是不平衡的，有的快一些，有的慢一些，有的高一些，有的低一些。因此，它们之间就出现了大与小、先进与落后的区别。一切客观事物如此，各民族的发展也不例外。正如同前面所讲的，汉民族之所以成为主体民族，是由于客观条件的优越和长时间滋生、繁殖以及与各少数民族同化、融合形成的。承认汉民族是中国的主体民族，只是承认了几千年来存在的客观事实，这与各民族一律平等原则是丝毫不相背离的。

其次，逻辑概念模糊不清。例如，论者是把主体民族汉族作为专章论述的，但除了提到汉族“人口众多，活动地区广而富饶，生产力和文化水平都比较高，因此在中国历史的发展中，确实起过主导和核心的作用”而外，并没有给主体民族汉族下一个明确的概念，相反，正如同论者所说，以上这些“仅仅是指汉族的作用而言”，然而，“作用”至多只能说是主体民族汉族这个概念的内涵之一，而不是、也不可能代替这个完整的概念。正是由此，所以论者在解释主体民族汉族时就脱离了严格概念的内涵，作了任意的解说。例如，不是根据这个概念最主要的内涵——“在各民族中人口最多”，而是根据“少数民族地区比汉族地区广阔”、“少数民族的政治活动，也构成我国历史极其重要的一部分”，以及“少数民族文化是中华民族文化宝库中一块光辉夺目的瑰宝”等次要的因素，来否定汉族是中国的主体民族，从而流于轻重错位和本末倒置。

不仅如此，论者在这方面，还采取了不少任意解释以至转换概念的做法，如，在多数情况下，也说“汉族是主体民族”，有时却说“汉族是中国的主体”，又说“汉族是中国的历史的主体”，并进而引申说：“汉族是主体的思想的基本点，就是把中国民族分为主次，而且，‘既然是主体民族’，那么，这个民族就具有某种特殊的地位”，“然而在地位上，我们必须实行各民族一视同仁，不能有主要地位和次要地位之别”。从以上的分析不难看出，并非如论者所说，“大汉族主义正是那个‘以汉族为主体的思想’推论的必然结果”，相反，在很大程度上，倒是由于论者任意解释、转换概念和随意引申引起的混乱所造成的。显然，据此否定“汉族是主体民族”和提出“我们必须实行各民族一视同仁，不能有主要地位和次要地位之别”的批评，是既不妥当，也很不公允的。

这里顺便再提两点问题：其一，论者一方面，肯定“汉族在与其他各民族共同缔造伟大祖国的活动中，贡献最大，作用最突出，也可以说起着主导的、核心的作用”；另一方面，却又说“少数民族的活动对创造我国的历史，绝不占次要地位”。其二，在论及“要改变那种以汉族为主体民族的看法”时，还提出“我们既然认为中国各民族的历史都是中国历史的一部分，那么，中国各民族及其先民所居住的地区，在历史上当然也是中国历史上的疆域的一部分”。很明显，前者在肯定汉族“贡献最大，作用最突出”的同时，又说少数民族对创造我国历史的作用“绝不占次要地位”，对双方同样使用了全称肯定，明显地违反了不矛盾律，陷于自我矛盾；后者的大前提是“中国各民族的历史，都是中国历史的一部分”，然而，在进行推理时，却把“中国的历史的一部分”改说成“中国历史上的疆域的一部分”，明显犯了转换概念的错误。以上，也都反映了论者在逻辑概念方面是欠周严的。

第三，对大民族主义及其产生的社会根源和历史根源缺乏深刻的理解。毋庸讳言，主体民族与大民族主义的产生是有着一定的联系的。因为，主体民族在人口、政治、经济和文化等各方面，都处于比其他少数民族优先的地位，因而，容易产生民族优越感，而这就是产生大民族主义的思想基础之一。但必须指出，这只是问题的一个方面，而且，不是主要的方面。主要的方面则是要看这个民族是不是这个国家众多民族中的统治民族。所谓统治民族，也就是这个民族建立了强大的政权，能对各民族进行统治，并凭借掌握的国家机器，得以享有政治、经济和文化等种种特权，在各民族中处于特殊的地位，从而，产生歧视、压迫和奴役其他民族的大民族主义思想。这可以说是一种带有世界性的社会现象，如在俄国有大俄罗斯主义，在德国有大日耳曼主义，在英国有大盎格鲁撒克逊主义，在我国则有大汉族主义、大蒙族主义（元）、大满族主义（清）等等。然而，主体民族则与大民族主义思想仅有一定的却并无必然的联系。例如，在我国历史上，当汉族建立政权成为统治民族时，就会产生大汉族主义思想。但当建立政权的不是汉族，而是少数民族的时候，同样作为主体民族的汉族，不但不能享有种种特权和特殊地位，而且，还要成为被歧视、被压迫和被奴役的民族，当然，也无由产生大汉族主义思想了。相反，某些非主体民族，但建立了强大政权，成为统治民族的少数民族，却在政治、经济、社会上处于特殊地位，享有种种特权，并产生了大民族主义思想。如在中原建立统治的北魏拓跋族政权，就称南朝的齐梁为“边蛮”；统治了北方的前秦氐族政权，就称东晋为“岛夷”，而他发动南侵战争的原因，就是声言因为东晋“未沾王化”，都十足地表现了强烈的大民族主义；又如，在元代，作为少数民族的蒙古人、色目人，处于统治地位，而作为主体民族的汉人和南人，却处于被统治地位，更是明显的例证。类似的例子尚多，无须一一赘举。尤其在今天社会主义社会制度下，作为主体民族的汉族，不但更不具有任何特权和特殊地位，而且，与“任何资产阶级在民族问题上都打算使本民族取得特权、或者使本民族获得特殊利益不同”，无产阶级则“反对任何特殊地位”①。由此可见，论者在这个问题上的讹误，明显是混淆了“主体民族”与“统治民族”的区别，把两者画了等号，并进一步片面地把主体民族说成大汉族主义产生的原因，这显然是与历史事实不相符合的。

当然，在我国，即使在今天，也不能说已经全然不存在大汉族主义思想了，所以，我们至今也在继续强调反对大汉族主义，如同毛泽东同志所说，处理好民族关系“这个问题的关键，是克服大汉族主义”②。“地方民族主义也要反对，但那一般的不是重点”。③

① 《列宁选集》第2卷，第521页。

② 《毛泽东选集》第5卷，第386页。

③ 同上书，第277页。

但必须着重指出，这种大汉族主义思想，乃是历史原因遗留下来的残余，加以在历史上，汉族建立政权的时间最长，作为统治民族的时间最久，统治的地区也最广，所以遗留下来的这种残余影响也越明显。但并非单纯因为汉族是主体民族所产生，特别在今天，更不是社会主义制度的必然产物。基于以上，与论者的意见相反，我们认为，在我们社会主义中国，不是"要打破那种把汉族说成是中国的'主体民族'的观点"，而是要认真区分"主体民族"与"统治民族"的区别，明确作为主体民族的汉族肩负的历史使命和社会职责，进一步发挥凝聚、团结各民族的核心作用，帮助他们开发建设，发展生产，繁荣经济文化，提高生活水平，逐步改变他们长时期来由于地理环境和历史条件等所造成的、客观存在的事实上不平等的现状，以尽可能快的速度走上富裕康乐的道路，以便在新的基础上，进一步加强各民族的团结，共同为社会主义物质文明和精神文明建设，不断做出新的贡献。

（原刊《东岳论丛》1987 年第 1 期，
1992 年本文被收录出版时，作者作了较大补充。）

以民族平等的原则处理历史上不平等的民族关系

我国是一个统一的多民族的社会主义国家。各民族一律平等，是我国民族政策的根本原则，也是处理历史上民族关系的重要准则。但在实践中却并没都能正确地做到这一点。因而不可避免地出现模糊认识，存在着某些讹误以至混乱。对历史上的民族关系问题，应该进行深入探讨，求得较好的解决。

民族平等是社会主义民族关系的特征之一和优越性的重要表现，在剥削阶级占统治地位的阶级社会是不可能真正实现的

建国以来，经过长时间的研究讨论，这个论断，虽已得到大多数同志的赞同，但仍有少数论者存在模糊、甚至相反的看法。因而还有从史实和理论上进一步深入说明的必要。

阶级社会民族关系的不平等，几乎反映在统治民族与被统治民族之间政治、经济、法律、军旅、科学、宗教、道德和社会生活等所有的方面。历代史籍，这类记载不胜枚举。例如，公元 451 年，北魏拓跋焘进攻南朝刘宋的盱眙城，在致其将领的信中说：“吾今所遣斗兵，尽非我国人。城东是丁零与胡，南是三秦氐羌。设使丁零死者，正可减常山、赵郡贼；胡死，正减并州贼；氐羌死，正减

关中贼；卿若杀丁零胡，无不利。"[①] 不仅以被统治民族为"贼"，并要借刀加以杀戮。又如公元1130年冬，金太宗完颜晟命粘罕南犯，"密谕诸路，大索两河之民，应容户并籍入官，刺其耳为'官'字，锁之云中，及散养民间，立价鬻之。或驱之于回鹘诸国以易马。"甚至，"以散米赈济为名，诱三千人出城，令甲兵坑杀之"。[②] 不但把被统治民族视同牛马，而且残酷地进行屠杀。又如，元代蒙古贵族统治者除了同样以暴力手段进行征服外，还把蒙古人、色目人、汉人、南人分成四个等级。法律规定：蒙古人享有种种特权，如蒙古人因斗殴或醉酒打死汉人的，除征"烧埋银"外，只断罪出征。汉人打伤蒙古人，则罪可致死。甚至还规定："蒙古人殴打汉人不得还报，指立证见，于所在官司陈诉。如有违犯之人，严行断罪。"[③] 而且官司在受理"陈诉"时，也"必择蒙古官断之。"[④] 实际上，非但不允许汉人有任何反抗，连最起码的自卫权力也被剥夺了。不难推知，在以上民族压迫如此严重的情况下，是根本不可能有什么民族平等的。

前一段时间，一些论者以唐太宗讲过"夷狄亦人耳，不必猜忌异类"，和"自古皆贵中华，贱夷狄，朕独爱之如一"的话为根据，认为他的民族政策"是平等的"。这是与历史真实不相符合的。由于唐太宗的家族与少数民族有着血缘关系，再加他正处在唐初鼎盛时代，国富兵强，许多少数民族酋长慑于大唐声威，共尊之为"天可汗"，所以，比较而言，他的民族歧视心理，相对淡薄一些，处理民族关系，也相对开明一些。然而，全面评价唐太宗，不能片面听信他一时一地的自我表白。因为，他固然讲过"不必猜忌异类"、"爱之如一"等等，但另外还讲过与此完全相反的话。例如贞观四年，"给事中杜楚客进曰：'北狄人面兽心，难以德怀，

---

① 《宋书》卷74，《臧质传》。

② 《大金国志》卷6。

③ 《通制条格》卷28。

④ 《元史》卷102，《刑法志》。

易以威服'……太宗嘉其言。"[①] 他自己也亲口说过："中国根本也，四夷枝叶也，割根本以奉枝叶，木安得滋荣。"[②] 甚至还恶毒辱骂："戎狄人面兽心，一旦微不得意，必反噬为害。"[③] 不仅如此，他还利用分化瓦解威服征伐的手段，使许多少数民族酋长"匍匐稽颡，惟我所欲不敢骄慢"。[④] 事实说明，唐太宗的目的是："际天所覆，悉臣而属之，薄海内外，无不州县。"[⑤] "为天下主"。[⑥] 即臣服各族，实现对其君臣、上下、尊卑的从属关系，是没有什么平等可言的。

各族统治阶级之间的关系，没有什么平等可言，已如上述。那么，各族劳动人民之间的关系，又是怎样的呢？对此，一方面要指出，与各族统治阶级之间不同，各族劳动人民之间，在阶级关系上，各自都是被剥削被压迫者，因而，有着共同的利益。但另一方面也要看到，在民族关系上，却因为具有统治民族与被统治民族的区别，又有着利益不一致、甚至对抗的一面，从而使民族问题形成了带有全民性的特点。例如，在俄国沙皇统治下，因为"对其他民族的民族压迫是空前残酷和野蛮的"，所以，广大被统治民族人民，不但对俄国沙皇"积下了深仇大恨"，而且，由于他们缺乏觉悟，不会把压迫民族的统治阶级与被统治阶级区别开来，因而，也把这种仇恨"扩大到全体大俄罗斯人身上"。[⑦]

在阶级社会，不但比较"开明"的唐太宗，即使惯于标榜民主、平等的资产阶级，都不能实行真正平等的民族政策，并非偶然。因为这种可能性，并不决定于某个人的意志和愿望，而是有着深刻的历史的、社会的根源。如同革命导师所说："民族压迫政策

---

① 《贞观政要》卷9，《安边》。

② 《资治通鉴》卷195，贞观十三年六月。

③ 《资治通鉴》卷197，贞观十七年六月。

④ 《资治通鉴》卷197，贞观十七年闰六月。

⑤ 《资治通鉴》卷198，贞观二十一年六月。

⑥ 《册府元龟》170，《帝王部·来远》。

⑦ 《列宁全集》第26卷，第322页。

是专制制度和君主制度的遗产。”[①] “现存的所有制关系是造成一些民族剥削另一些民族的原因”。[②] 具体来说，民族问题是随着阶级问题的产生而产生的。在阶级社会，民族矛盾，实质上是阶级矛盾在民族关系方面的表现形式；对外的民族压迫，不过是对内阶级压迫政策的反映和延续。比如，封建社会的统治阶级，他们凭借占有土地和国家机器，榨取农民的血汗，满足豪奢腐朽生活和维护对农民的特权——封建剥削秩序。为此，他们不但要侵夺本民族农民的土地和财物，还要凭借作为国家机器重要组成部分的军队，侵夺其他各族人民的土地和财物。对内实行阶级压迫的国家机器，同时也就是对外进行民族征服和压迫的工具；其他民族遭受的奴役和压迫，也就是外加了一层民族压迫的阶级压迫。同样，在资本主义社会，作为统治阶级的资产阶级，出于其贪婪的阶级本性和民族利己主义，“在民族问题上，都打算使本民族取得特权，或者使本民族获得特殊利益”。[③] 而他们对殖民地各族人民的掠夺和压迫，也就是在压迫本国人民基础上进一步的扩大。正是从这个意义上，马克思和恩格斯着重指出：“人对人的剥削一消灭，民族对民族的剥削就会随之消灭；民族内部的阶级对立一消失，民族之间的敌对关系就会随之消失。”[④] 我国的历史事实充分证明，正是由于新中国的成立，消灭了剥削阶级，废除了剥削、压迫制度，一种崭新的平等、团结、互助的社会主义民族关系，才得以确立并在继续加强，各族人民，才能够在亲密友爱的民族大家庭里，同心协力，建设祖国，共同创造幸福的新生活。民族压迫只能随着阶级的消灭而消灭。那种认为在封建社会人对人的剥削、民族对民族的剥削和民族内部的阶级对立都没有消失的情况下，会出现民族平等关系的说法，不论从史实还是在理论上，都是站不住脚的。

---

① 《列宁全集》第 29 卷，第 269 页。

② 《马克思恩格斯选集》第 1 卷，第 287 页。

③ 《列宁选集》第 2 卷，第 521 页。

④ 《马克思恩格斯选集》第 1 卷，第 270 页。

坚持民族平等原则，不能单凭良好愿望，对不平等的民族关系美化拔高。否则，往往事与愿违，适得其反

早在六十年代，翦伯赞同志在谈到处理历史上民族关系问题时就曾指出："用民族平等的原则来处理历史上的民族关系，并不是用一种简单的方法把不平等的民族关系从历史上删去，或者从那些不平等的民族关系中挑选一些类似平等而实际上是不平等的史实来证实这个原则在古代中国已经实现，更不是把历史上不平等的民族关系，说成是平等的关系，以此美化封建社会。"① 这些精辟的科学论断，当时就受到了广大史学工作者的赞赏，并一直影响到现在。但遗憾的是，由于种种原因，翦老所批评的那种非科学性的现象，至今仍未绝迹。值得作一番认真的探讨。

先说一下翦老提出过批评的问题：

第一种情况。这方面最有代表性的就是所谓应当"回避"的说法。主张在讲述诸如宋元、元明、明清之间的民族关系时，对曾经存在过的相互歧视、隔阂以至纷争和侵略等史实，"少利用一些"，"能不写的就不写"，甚至根本否认我国历史上历代各独立民族国家"互为外国"的关系，而把他们说成"同一个民族大家庭的兄弟"，"同一个国家的成员"。这些说法都建立在"中国自古以来就是一个统一的多民族国家"这个错误的论据之上，随着这个论据的错误日益被广大史学工作者所认识，这些说法的错误，也不言自明，兹不赘论。②

第二种情况。比如，有的论者以汉元帝与呼韩邪和亲为例，说

① 《翦伯赞历史论文选集》，人民出版社 1980 年版，第 104 页。

② 参阅拙作：《开创中国民族关系史研究的新局面》，刊《晋阳学刊》1985 年第 3 期。

当时西汉强大，匈奴衰弱，汉元帝仍与呼韩邪和亲，体现了平等精神，并誉为汉匈"甘泉宫联盟"和"平等大联合"。其实，这只是一种未窥实质的表象之见。汉元帝时期，汉匈力量对比，确已发生了"汉强胡弱"的根本变化。如果说汉初的和亲，汉王朝是被迫的，那么，这次和亲，呼韩邪则成了被迫的一方。原因是，在匈奴五单于混战后，呼韩邪在与其兄郅支单于争夺帝位的战争中，又遭到惨败，陷于汉军与郅支南北夹击的危局，他清醒地认识到"事汉则安存，不事则危亡"的严峻形势，才以"愿守北藩，累世称臣"[①] 为条件，率众归附，"自言愿婿汉氏以自亲"的。倘把这次和亲与汉初的和亲作一比较，还可以看出，汉初嫁的是高贵的公主，这次却是"赐单于待诏掖庭王嫱"，即一个身份低下的宫女。这说明，这次和亲，从呼韩邪方面来说，是以朝觐称臣、牺牲政治独立为代价的。从汉王朝来说，则是笼络他充当臣仆，护卫北部的边防。显然既非"联盟"，更不是什么"大联合"。

第三种情况。如有的论者说，前秦苻坚的统治，"对汉族和氐族都不存在民族压迫"，也"不存在对汉族的歧视"。所以，"汉族人民是不感到民族歧视之苦的"。甚至认为苻坚发动的淝水之战，"不是对汉族进行'种族奴役'为目的的民族战争"，而是要"完成中国的统一，从而推行'王化'和'大同之业'"。但事实究竟怎样呢？只摘引同一论者另外几段话，就足够清楚说明问题。如他说："在前秦统治下，各族人民在强迫从戎、苛征繁敛的沉重压榨下，是多么悲惨的一幅图景！"又说，北府兵"许多人的先代或者本身，就是在少数民族统治集团蹂躏中原的时候逃亡出来的，直接间接遭受过民族压迫的痛苦"。大家知道，北府兵是谢玄在东晋太元二年（公元 377 年）在彭城招募因"中原丧乱、民离本域"[②] 的南渡人民组建的。当时，苻坚早已统一了整个北方。所以，这里指

① 《通鉴纪事本末·匈奴归汉》。

② 《世说新语》卷 3，《政事》注引檀道鸾《续晋阳秋》。

的“蹂躏中原”使广大汉族人民“遭受民族压迫痛苦”的“少数民族统治集团”，不是别人，正是以苻坚为首的前秦政权。这说明，在苻坚统治下并非氐汉平等而是存在“民族压迫”的事实，连这位论者本人也是否认不了的。

以上所举“把历史上不平等的民族关系，说成平等的关系”的几个例子，赞誉的对象都是最高统治主，不论是否意识到，客观上不能不说是起了“美化封建社会”和“封建帝王”的作用。

再谈谈走得更远的一些观点：

例一，有的论者认为，当“汉族建立的国家完全失去抵御外来侵犯的作用，仅仅是一部剥削机器的时候”，“强大的邻国进来消灭它，那是很自然的”。“不值得替他们呼喊，说是受了侵略，并且谴责侵略者”。理由是“这种外来侵犯”，“今天看来，不过是兄弟阋墙，家里打架”，甚至是“小兄弟用武力打倒老朽残暴的大哥，替大哥管理家务”，“是一件好事”。有的论者更进一步强调：“少数民族内进中原，不仅是家内事，而且有资格主持家务”。

例二，有的论者声言，石敬瑭虽然把燕云十六州割让给契丹侵略者，但“不能指责为‘出卖’行为，只能说是内部归属问题”。因而认为说石敬瑭“出卖燕云十六州的结论是错误的”。有的论者还进一步说：既然事实已经形成，后来也“没有理由要求一定把燕云十六州置于宋朝的管辖之下”。

例三，有的论者把俺答汗借口“求贡”发动的入侵，说成“顺应了蒙汉人民要求和平贸易的强烈欲望”，“代表了人民的利益”。只是“由于明朝执行了错误的对蒙政策，才迫使俺答汗不得不经常以武力敲叩通商贸易的大门”。并把反抗入侵的明政府斥为“鼠目寸光的民族歧视者”。

例四，有的论者赞扬“兀术对金的发展壮大，多铎对清的向南发展，作出了贡献，可以分别称为金和清的民族英雄”，反过来却否定岳飞、文天祥、史可法等是民族英雄，甚至连现行中学历史课本，也改称岳飞是“抗金将领”，文天祥是“抗战派将领”，而取消了民族英雄的称号。

例五，还有的论者认为，说汉族是中国的主体民族，就“与历史上的大汉族主义思想很难划清界限”，因而提出“要打破那种把汉族说成中国的主体民族的观点”。

类似的例子，还有许多，就不再一一列举了。

应当承认，上述两部分种种说法的出发点，有的是强调祖国的统一，有的是赞美民族的平等，有的是歌颂民族的团结，有的是批判“内华夏而外夷狄”的思想，消除大汉族主义的影响，愿望都是良好的。但由于采取了简单化的方法，离开了科学性，因而，非但捉襟见肘，破绽百出，无法自圆其说，来能达到目的，反而事与愿违，适得其反。更严重的是，这些说法，还会产生以讹致讹的连锁反应，派生出许多有害的观点，造成种种不良的影响，例如：

既然断言“中国自古以来就是一个统一的多民族国家”，那么，从道理上讲，“国无二主”，于是有的论者就把统治中原地区的政府，称为“皇朝”，而把边疆地区的独立民族国家，称为“地方政权”或“割据政权”。这种做法，虽然主观上在于强调国家的统一，客观上却宣扬了大国主义，贬低了独立民族国家的地位，损伤了他们应有的尊严。

既然断言“中国自古以来就是一个统一的多民族国家”，那么，顺理成章，就必然一概取消了历史上各该当时各个独立民族国家的领土、主权和人民的界限，因而，契丹侵占燕云十六州，就成了“归属问题”。以后也“没有理由要求一定把燕云十六州置于宋朝的管辖之下”。甚至“只要条件具备，谁都有资格在中原地区建立王朝”。而这里所说的“条件”，其实就是“进行屠杀征服的强大武装力量”，只是“回避”了使用这个充满杀气的字眼而已。

既然“中国自古以来就是一个统一的多民族国家”，那么，理所当然，各族人民就必然“自古以来就是同一个民族大家庭的兄弟”。而“兄弟”之间的关系，也必然是“平等、团结、亲密、友爱”的。这就不能不在客观上混淆了阶级社会与社会主义社会两种不同民族关系的本质区别，贬低、以至否定了社会主义社会民族关系的优越性。

既然各族人民“自古以来就是同一个民族大家庭的兄弟”，那么，“兄弟”之间，当然不会有剥削与压迫和被剥削与被压迫。因而，即使苻坚的统治使汉族人民“直接间接遭受民族压迫的痛苦”，甚至发动为“扩大剥削地盘和攫取剥削对象”的战争，汉族人民也会“不感到‘民族歧视’之苦”。这就不能不在客观上颠倒黑白，起了为侵略压迫者辩护的作用。

既然各族人民都是“同一个民族大家庭的兄弟”，那么，即使相互间发生了战争，也不会存在侵略与被侵略，而都是“兄弟阋墙，家里打架”。甚至“小兄弟用武力打倒大哥”，也“不仅是家内事，而且有资格主持家务，有权力参与中国历史的创造”。

既然“小兄弟用武力打倒大哥”，“有资格主持家务”，那么，根据“不能厚此薄彼，强调民族的不同而偏袒一方”的原则，反过来，军事力量更强大、统治经验更丰富的汉族“老大哥”，当然更可以“用武力征服小弟”，更“有资格主持家务”，更有权力参与中国历史的创造了。这样，像汉武帝后期为获取大宛汗血马而发动的掠夺战争，唐太宗后期进行的“恃功业之大，长傲纵欲，无事兴兵，问罪远夷”[①] 的战争，自然成了“杰出帝王对边疆的开拓”，更“是一件好事”了。这就不能不在客观上为大汉族主义提供了理论根据。

既然“小兄弟用武力打倒大哥”，“替大哥管理家务”，“是一件好事”，那么，阻碍干这种“好事”的岳飞、文天祥、史可法等，当然不配称为民族英雄。而干这种“好事”的急先锋金朝的兀术和清朝的多铎等，当然应该戴上民族英雄的桂冠。甚至连帮助干这种“好事”的洪承畴、吴三桂以及他们的前辈石敬瑭、秦桧等，自然也就成了“投身到统一全国的历史洪流”、“作出了历史

① 《新唐书》卷97，《魏征传》。

贡献”、“应该充分肯定”的有功人物了。这更是把是非黑白，完全颠倒了。

既然各民族国家都不存在各自的领土、主权和人民，因而，明朝就无权拒绝俺答汗“要求和平贸易的强烈欲望”。否则，俺答汗不但有权“经常以武力敲叩通商贸易的大门”，而且，这种行动还是由于明朝“鼠目寸光的民族歧视者”“执行了错误的对蒙政策”，才“迫使”俺答汗不得已而为之的。这种客观上宣扬侵略有理的论调，会得到什么人喝彩，也是不言而喻的。

既然要坚持民族平等原则，就“不能厚此薄彼，强调民族的不同而偏袒一方”，这当然是正确的。但真理是有界限的，越过界限，不顾事实，“要打破那种把汉族说成中国主体民族的观点”。这样，不仅不能消除大汉族主义，还必然助长了狭隘民族主义，是十分错误的。

从以上种种说法中可以看出，存在问题是大量的，错误是多方面的。而最突出的则是客观上宣扬了“弱肉强食”、“侵略有理”的论调，尤其是混淆了阶级社会与社会主义社会两种不同民族关系的本质区别，客观上美化了封建社会，贬低、以至否定了社会主义社会民族关系的优越性，是十分错误的。造成这种错误的原因，主要有二：一是不顾历事史实，主观臆造出一个所谓“自古以来就是一个统一的多民族国家”和“同一个民族大家庭”，把自己陷进自相矛盾的泥淖中，不能自拔。二是背离了马克思主义关于民族和战争问题的基本原理，否认民族压迫是阶级社会的必然产物，否认“战争是政治的继续”①，否认“战争分为两类：侵略战争即非正义战争，解放战争即正义战争”。② 甚至公开说什么“对正义、非正义战争的定义、内涵、衡量标准等理解不尽相同，没有必要纠缠进去”，加以一笔勾销。其结果正如列宁所说：“不区别战争的类型，

① 《列宁全集》第23卷，第23页。

② 斯大林：《论苏维埃伟大卫国战争》。

在理论上是错误的，在实践上是有害的。”①

以马克思主义为指导，坚持实事求是的原则，严格尊重历史事实，进行科学分析，是正确坚持民族平等原则的前提

通过以上史实和理论证明，民族压迫是私有制的产物，在阶级社会，真正平等的民族关系，不可能出现。企图用美化拔高或回避的办法为现实服务，往往事与愿违，适得其反。那么，应该怎样正确坚持民族平等的原则呢？就是应该以马克思主义为指导，坚持实事求是原则，严格尊重历史事实，在此前提下，进行科学的分析和研究，而不是美化、拔高和回避。历史是既往的事实，已经成为一种客观存在。美化、拔高，既难掩饰；遮盖、回避，也改变不了。因而，对于严肃的史学工作者来说，就要严格尊重历史，讲真话实话，阶级社会的民族关系，既然是不平等的，就应该老实承认下来。这不仅是个科学态度问题，而且是由工人阶级的特点决定的。如同恩格斯所说：“科学愈是毫无顾忌和大公无私，就会愈加符合工人的利益和愿望。”② 当然，老实承认，并不是夸张渲染。

一些同志表示赞同采取科学态度，但担心承认这些不愉快的事实，会影响当前的国家统一和民族团结，甚或“会变成挑拨民族关系，使民族之间不和睦”。对此，早在二十多年前，拙论就曾指出，这样做“不但不会影响，而且适足以增进当前各族人民的友好与团结。原因是，由于我们揭示了历史上不平等民族关系的社会根源与历史实质，科学地阐明了在过去的历史阶段中，真正平等的民族关系根本不可能出现。从而，就必然得出了只有在社会主义制度下，才能实现民族间真正平等、友爱、亲密、团结的伟大结论

---

① 《列宁全集》第35卷，第184页。

② 《马克思恩格斯选集》第4卷，第254页。

来。这样，各族人民从过去不平等的民族关系所造成的痛苦不幸的回忆对比中，就会更加感到今天由社会主义的平等民族政策所带来的友好幸福生活的可爱，就会更加感激缔造、并认真实施这一先进的平等民族政策的英明的党。这样，也才真正达到了民族史研究为当前政治服务的目的，对当前的民族友好和团结，真正起到了推进和巩固的作用”。[①] 这个观点，在当时引起了重视。其后，特别是党的十一届三中全会以来，随着党的实事求是路线的恢复，和马克思主义理论水平的普遍提高，明确表示赞同的同志，越来越多，并进一步作了补充，如胡如雷：“关键的问题不是不讲民族关系史上的阴暗面，而是要用历史唯物主义的基本理论武装各族人民，让大家能够正确地对待这些不愉快的往事。只有各族人民真正普遍掌握马列主义的民族理论和阶级观点，我们的民族团结才能建立在非常坚实的基础之上。”[②] 田继周：“只有以今日民族平等的观点去研究历史上的不平等的民族关系，把历史的真实告诉各族人民，揭露历史上民族压迫的事实和产生的根源，才能使各族人民分清是非，才能了解社会主义的民族关系与历史上的民族关系的根本区别，从而认识到社会主义民族平等关系的可贵，也只有这样，才能真正加强民族团结。”[③] 崔新民：“不必忌讳本民族历史上曾有过的忧患和屈辱。本民族遭到更强大民族的蹂躏和奴役，也是会有的。但不能把这种民族仇恨转嫁到发动侵略战争的民族的人民身上。因为各族人民当时都处于被奴役的地位。更不能把账算到其子孙后代身上。那种历史罪过只能由当时挑起侵略战争的当权者来承担，只能将仇根倾注在他们身上。今天各族人民谁也不应回避历史，而应该从这些大量的、丰富的历史事实中吸取经验教训，发扬爱国主义精神，激

---

① 《再论中国古代史中有关祖国疆域和少数民族的问题》，刊 1962 年 8 月 2 日《文汇报》。

② 《唐太宗民族政策的局限性》，刊《历史研究》1982 年第 6 期。

③ 《我国民族史研究中的某些理论性问题》，载《中国民族关系史研究》，中国社会科学出版社 1984 年版。

发各族人民同仇敌忾反抗一切外来的侵略者。”①

回顾中国民族关系史的研究，虽然经历了坎坷和曲折，但从党的十一届三中全会以来认识上的不断深化，逐渐澄清了许多模糊和混乱的历程来看，终于峰回路转，走上了健康发展的科学轨道。理论是实践的先导。随着各族人民马克思主义民族理论和民族政策水平的日益提高，可以预见，我国平等、团结、互助的社会主义民族关系，必将得到进一步加强和发展。

（原刊《长沙水电师院学报》1990 年第 1 期）

① 《如何看待我国历史上的民族战争》，刊《理论月刊》（北京），1985 年第 3 期。

建国以来中国民族关系史若干理论问题研究评议

中华人民共和国是一个统一的多民族国家。如何处理好当前和历史上的民族关系，是一个具有重大现实意义的重要理论问题。建国以来，广大史学工作者本着各民族一律平等和促进各民族团结互助的原则，进行了深入地研究和讨论，取得了可喜的成绩。与此同时，由于我们马克思主义水平的限制和极左思潮的影响，特别是十年浩劫的干扰破坏，在研究工作中也存在着这样那样一些问题、甚至明显的讹误和混乱，值得引起重视和进一步深入探讨。下面试对其中若干主要的理论问题，略陈管见。我想，通过深入讨论，加深认识，不断提高研究水平，在新的起点上继续前进，将会不无裨益的。

一　关于我国统一的多民族国家形成的问题

这是中国民族关系史研究中一个重要的也是争议最大的根本性问题。由于在这个问题上的看法不同，因而在其他许多问题上，如历史上的中国疆域和民族问题，历史上各民族国家间战争性质的问题，关于民族英雄和民族败类问题，关于历史上民族关系的主流问题，关于我国主体民族问题以及民族关系史研究如何为现实服务问题等，也必然产生歧异的见解。其中最具代表性的说法，主要有以下两种：

第一种说法，认为“中国自古以来就是一个统一的多民族国家”。建国以来，最早提出这一说法的，是白寿彝同志，他在《论历史上祖国国土问题的处理》[①] 一文中指出：“对于本国史上祖国国土的处理，是有两个办法。一个办法是，以历代皇朝的疆域为历代国土的范围，因皇权统治范围的不同而历代国土有所变更或伸缩。又一个办法是，以今天中华人民共和国的国土为范围，由此上溯，研求自有史以来在这土地上的先民的活动。”并断言，“用皇朝疆域的观点来处理历史上的国土问题，是错误的办法；用中华人民共和国的国土范围来处理历史上的国土问题，是正确的办法。我们应该消灭前一种办法。我们应该建立后一种办法。”其后，何兹全同志又作了补充论证，指出：“既然中国历史是今天中华人民共和国国境线以内今天和历史上各族人民的历史，那么，当我们说到中国历史时，它的范围就应该不仅只是历史上当时在中原地带立国的王朝，而且还应该包括当时是在中原的王朝疆域以外而今天却是中华人民共和国国境以内的各族和各地区。”[②] 这种观点，以后被简称为“自古以来就是说”。

另一种说法与此相反，认为在处理历史上中国的疆域时，不能根据今天中华人民共和国国土的范围上溯，而要“以我国历史上历代皇朝的疆域为历代国土的范围，因皇权统治范围的不同而历代国土有所变更或伸缩。”理由是“任何一个国家和民族都有其形成和发展的历史，而不是、也不可能是从一开始出现就成为一个永远不变的‘定型’”。相反，“今天我们伟大祖国疆域的这样辽阔广大，是在长时期历史发展过程中逐渐形成的。”[③] 这种观点，后来被简称为“逐渐发展形成说”。

两相比较，“自古以来就是说”的讹误，是十分明显的：首

---

① 1951 年 5 月 5 日《光明日报》。

② 1959 年 7 月 5 日《光明日报》。

③ 拙作《中国古代史中有关祖国疆域和少数民族的问题》，刊 1961 年 11 月 4 日《文汇报》。

先，它背离了历史发展观的科学原理，采用了简单化的“上溯法”来处理复杂的历史问题，从而否定了我国统一的多民族国家的形成，有着一个历史发展的过程。其次，它混淆了历史上的“过去”与现在的“今天”的不同时间观念，试图用“今天”的标准来处理“过去”历史上不同时期的疆域和民族，从而否定了我国疆域范围的变迁和民族之间分离、统一与融合的变化。最后，由此还“必然导致另外一个讹误，即颠倒了历史发展的顺序，强迫几千年前的国家和民族之间，都要按照他们确定的‘今天’那个‘框子’作标准来办事，这无异于说我国今天这个统一的多民族国家，是从‘自有历史以来’就用今天中华人民共和国国土范围的框子事先圈定下来的”[①]。不但违反科学性，而且也是不合乎逻辑推理的。

为什么会造成如此明显的错误？根源在于混淆了两个性质不同的问题。一个是作为中国史研究对象的空间范围问题。从这方面讲，当然应该以今天中华人民共和国的疆域为范围，由此上溯，凡处在今天中华人民共和国国境以内的各族人民及其先民、以及这个疆域内历史上各族人民的历史，都属于中国史的范围，都是中国史应该讲述的对象。这是因为，“我们现在是处在我国早已完成了形成统一的多民族国家历史过程的今天，中国境内的各少数民族，已经成为中国疆域内中华民族的组成部分，成为新的平等、互助、和睦、团结的民族大家庭。因此，我们必须为他们编写新的历史，并作为中国历史不可缺少的一部分”[②]。另一个是历史上中国疆域的空间范围问题。从这方面讲，则不能搬用“上溯法”去括套，而应以我国历史上历代王朝的实际疆域为历代国土的范围，因王朝统治范围的不同而历代国土有所变更和伸缩。这是因为，在历史上，特别是早期，作为统一的多民族国家还没有形成，初步形成后又不

① 拙作《再论中国古代史中有关祖国疆域和少数民族的问题》，刊1962年8月2日《文汇报》。

② 拙作《中国古代史中有关祖国疆域和少数民族的问题》，刊1961年11月4日《文汇报》。

断分裂，中华人民共和国更尚未建立，各该当时许多少数民族政权，还作为独立的民族国家而存在。因而，就不能因为他们是居住在今天中华人民共和国的疆域以内，便把他们说成是中国民族大家庭的组成部分，说成同属一个国家的。总之，作为中国史研究对象的空间范围与历史上中国疆域的空间范围，是两个既有联系又不相同的概念。“以今天中华人民共和国国土的范围为标准”，由此上溯，研求我国今天和历史上各民族活动的历史，是正确的。但同样以此为依据，判定我国历史上历代王朝的疆域，就是错误的了。关于这一点，就连最先提出“上溯法”的白寿彝同志，也早就作了自我订正①，史学前辈这种尊重科学、服从真理的严肃态度，是值得称赞的，也是我们应该认真学习的。

近年来，随着党的实事求是思想路线的恢复和研究的逐步深入，“自古以来就是说”的讹误已被越来越多的同志所认识。特别是在 1984 年 12 月广州的“中国古代民族关系史学术讨论会”上，不但有田继周、吴量恺、王佩环、欧阳熙等许多同志都表示赞同我就这个问题的发言②，而且翁独健同志在闭幕式的发言中，也明确指出：“‘我国自古以来就是一个统一的多民族国家’的说法，是不够科学的。”③ 这是中国民族关系史研究的重大收获，标志着大家对我国统一的多民族国家形成的问题，取得了进一步统一的认识。

二　关于我国历史上的“外族”和“外国”的问题

这是与上述问题有着直接紧密联系的问题。意见分歧的焦点，

---

① 1951 年 5 月 19 日《光明日报》，着重号是引者加的。以下凡未注明“原有”者，均同。

② 发言题为《开创中国民族关系史研究的新局面》，刊《晋阳学刊》1985 年第 3 期。

③ 以上均见李晋槐、杜绍顺：《中国古代民族关系史学术讨论会综述》，刊《华南师范大学学报》1985 年第 2 期。

主要是如何看待我国历史上各民族国家之间的关系。更具体地说，从今天的角度看，我国历史上各个民族国家的历史，都属于中国史的范围。但在过往的各该历史时期，它们之间是否曾经存在过“外族”和“外国”的关系？讨论中相持不下的，主要有以下三种说法：

第一种持否定意见。理论根据是“自古以来就是说”。但由于“上溯法”的错误，日益被认识，已经极少有人赞同。因而又提出了另外一些论据。不过这些新的论据，同样是经不起推敲的。

其一，是“中原民族外迁说”。认为“今天中国境内的各族，基本上在过去也可以说是中国的民族。”“其中有些民族，原来在中原地区居住，后来到偏远地方去了，到边疆去了。”“我们讲历史，还得看到他们的祖先和内地民族的祖先是兄弟关系，是亲戚关系。”这种说法，虽然避开了混淆历史上的“过去”和现在的“今天”的错误，不同于“上溯法”，但所持的理由，同样是站不住脚的。因为，就是这篇文章也不得不承认：“有的民族确实是外来的。例如俄罗斯民族，就是外来的民族。若说自古以来就有俄罗斯族，当然不对。”其实，何止俄罗斯族，在今天我国五十多个少数民族中，除了族源还不够清楚的哈萨克、塔吉克、塔塔尔、乌孜别克和克尔克孜等族外，起码还有回族和朝鲜族等，尽管今天都是我国民族大家庭的成员，是我们的民族兄弟，但却并非“原来在中原地区居住，后来迁到边疆去了”，很难说“他们的祖先和内地民族的祖先是兄弟关系，是亲戚关系。”既然这个论据本身不能成立，那就非但无法支持“自古以来就是说”，而且按照只有“原来在中原地区居住，后来迁到边疆去了”的民族的祖先，才“和内地其他民族的祖先是兄弟关系，是亲戚关系”，才在今天成为“同一个民族大家庭的成员”和亲密的“民族兄弟”的逻辑推理，必然得出至少把上述俄罗斯等兄弟民族排除在外的结论，显然是错误的和有害的。

其二，是“国内性是我国历史上民族关系的基本特点说”。认为所谓“国内性”是指我国“各民族间的关系，不同于一个国家和另一个国家间的关系。”强调“应该和必须把它作为一个国家内部的问题，而不能看成是各自独立国家间相互关系的问题。”简言之，就是要“把中国境内各民族看成一个国家内部的成员”，为了避免重蹈错误的覆辙，这篇文章既摒弃了“上溯法”，也未采取“中原民族外迁说”，但所持理由，却是自相矛盾，无法自圆其说的。例如，他承认我国历史上“少数民族地区与较发达的中原地区的联结，存在着密切程度和时间先后的不同。”那么，人们要问：当那些少数民族地区与离开千里、甚至万里以外比较发达的中原地区的王朝，在历史上还未发生联结的时候，根据什么“把各族看成是一个国家内部的成员”呢？又如他具体论述了我国多民族国家的形成，大体上是从“华夏族开始，经过秦、汉、南北朝时期，至隋、唐已初步奠定了我国统一的多民族国家的基础。”那么，人们要问，在隋、唐以前“我国统一的多民族国家的基础”还没有“初步奠定”之前，又根据什么把各个不同的独立的民族国家，“作为一个国家内部的问题，而不能看成是各个独立国家间相互关系的问题”呢？再如，他承认我国从“隋、唐以后，由于汉族、突厥、回纥、吐蕃、契丹、党项、女真、蒙古等各族间的相互关系又有了进一步发展，从而逐步形成和确定了我们这个多民族国家的疆域。”那么，人们又要问，在“我国这个民族国家的疆域”还没有“逐步形成和确定”之前，又以什么范围为标准作为限定“国内性”的疆域呢？这些，显然都是无法回答的。而不能正确地具体地回答这些问题，所谓“应该和必须把它作为一个国家内部的问题”，以及“国内性是我国历史上民族关系的基本特点”云云，也就只是一句空话而已。以上两点在拙作《正确处理历史上民族关系的几个问题》中，已作过详细分析，此处从略。

其三，是“完整的中国观念说”。主张“‘中国’这个概念，它的完整的意义，是我们今日理解的中国。它的领域包括台湾在内的九百六十万平方公里，它的居民是居住和生活在这一领域的所有民族。”认为“只有从完整的中国含义出发，从我国的多民族出发，才能正确地研究和反映我国的历史和民族关系史。”并举例说，匈奴与汉王朝虽然是互为敌国，“而对中国来说则同样是中国人”。这种说法，同样也充满矛盾，无法自圆其说。因为，他既然明确主张“‘中国’这个概念，是我们今日理解的中国”，也就是中华人民共和国。可是，远在两千多年前的匈奴和汉王朝，根本不可能“理解”和“从完整的中国含义”出发——因为它们都不可能预知1949年将会成立中华人民共和国以及它们将会同处在中华人民共和国的疆域以内，因而，在当时，它们的关系，除了只能是“外族”和“外国”而外，又依据什么说“同样是中国人”呢？

总之，理论和确凿的史实，都充分证明，不论“上溯说”、“外迁说”、“国内性说”还是“完整的中国观念说”，要维护“自古以来就是说”这个显然讹误的观点，否定我国历史上实际存在过的“外族”和“外国”的关系，都不仅无能为力，而且不免陷入新的矛盾和混乱。

第二种持肯定意见。理论根据是“逐渐发展形成说”。认为我国统一的多民族国家的形成，有一个比较漫长的历史过程。“当我国还未完成统一的多民族国家历史过程以前，显然是不能把当时一些还作为独立的民族国家，如匈奴、突厥、契丹、女真和蒙古等，划为汉、唐、宋、明等王朝的组成部分，说成同一个国家，都是一个民族大家庭的成员的。”史实根据是，“中国”这个概念的内涵，是随着时代不同而不断发展变化的。如在周代，齐、莒、莱、㠱等曾被称为“东夷”，秦曾被称为“西戎”，楚、越曾被称为“南蛮”，战国、秦、汉而后，才被看成中国的组成部分。又如从汉代与西域的关系来看，武帝以前，对“不与中国通”的西域，是毫无所知的。后来，经过张骞三次出使西域，才逐渐知道了有所谓三十六国或五十五国。这其中，既有今天在我国境内而当时称为疏勒、龟兹、焉耆、莎车、于阗、楼兰等国。也有今天在我国境外的中东地区而当时称为大宛、乌孙、大月氏、康居、大夏、安息等国。以上这两部分国家，除后来已经内属并设都督府统辖者外，当时是一概都称之为“外国”的。如《史记·大宛列传》：“大宛之迹，见自张骞。”于是“西北国始通于汉矣。然张骞凿空，其后使往者皆称博望侯（张骞封号），以为质于外国。”又如从汉与匈奴的关系来看，秦汉之前，匈奴是“世世自相君臣，不禀中国正朔。”① 汉武帝时，虽然“深入穷追二十年，匈奴震怖，然而未肯称臣也。”② 到东汉末，匈奴内部大乱，五单于争立，“呼韩邪单于失其国”，才“入臣于汉”。所以有的文章正确指出：冒顿时期，匈奴“完全是一个独立的民族国家。说这时的匈奴民族就是中国民族，匈奴就是中国的一部分，是不符合历史实际的。”后来从“呼韩邪单于的南部匈奴归附西汉王朝起，开始了匈奴归入中国版图的进程。到公元48年（按：应为50年，即光武帝建武二十六年）比单于的南匈奴归附东汉王朝，匈奴正式成为中国的一部分，匈奴族正式成为中国的一个民族。”③ 又如从唐与吐蕃的关系来看，史载：“吐蕃在吐谷浑西南，土宇广大，未尝通中国。”④ 开元之时，“自恃兵强，每通书疏，求为敌国之礼。”并多次要求划定国界。经过数年争执，唐朝终于在开元二十二年“遣将军李佺于赤岭与吐蕃分界立碑”⑤。“求为敌国之礼”，就是要求保持独立；“分界立碑”，划定国界，当然就是“外国”了。再从《二十四史》有关《外国传》的记载来看：《旧五代史·外国传》是把契丹、回鹘、渤海、靺鞨、党项等与高丽、新罗、占城等同列的；《宋史·外国传》是把夏国、吐蕃、大理、龟兹、于阗、高昌、渤

① 《晋书》卷97，《四夷·北狄匈奴》。

② 《汉书·匈奴传》。

③ 刘先照、韦世明：《中国历史上的民族与疆域》，载《中国民族关系史研究》，中国社会科学出版社1984年版。

④ 《资治通鉴》卷194，太宗八年十一月。

⑤ 《旧唐书·吐蕃传上》。

海国、党项等与大食、天竺、拂林、高丽、日本等国同列的；《明史·外国传》是把鞑靼、瓦剌等与朝鲜、日本、暹罗、爪哇、满剌加、苏门答腊、意大利亚等国同列的。这说明，以上各代，在当时，不但把一些今天处于中华人民共和国国境以外、而且也包括一些处在国境以内的独立民族国家，同样都称作“外国”的。这是很自然的，也是很必然的。因为，在历史上五代、宋、明等各该当时，中华人民共和国还没有诞生，它们也不可能预知到1949年中华人民共和国将会诞生。所以必然、而且也只能以当时各独立民族国家的实际疆域为各自的国界。

既然有“外族”和“外国”，自然也就有“外族人”和“外国人”了。可以举两个例子：其一，苻坚的季弟苻融，谏阻苻坚发动侵犯东晋的战争，说：“且国家本戎狄也。”① 其二，原匈奴休屠王太子金日磾，后归降西汉，很得武帝信任。武帝病危，拟使霍光“辅少主。光让日磾。日磾曰：‘臣外国人，且使匈奴轻汉。’于是遂为光副。”② 说明他们自己也认为是“外族人”和“外国人”的。

第三种持“中间”意见。既“同意少数民族政权‘外国’说”，但又肯定“它们还是我国国内的民族”。认为“说匈奴、突厥、辽、金等是外国，并不意味着它们不是我国国内的民族。所谓外国，乃是就特定的历史时期而言，在历史上说汉朝是中国，与它相对的匈奴便成了外国，依此类推，唐和宋是中国，突厥、辽、金等国便成了外国。若从匈奴、突厥、辽、金等国的角度说，汉、唐、宋等也可以称为它们的外国。”接着并指出：“不过，这儿所谓外国，还应有一定的界限，因为它们还是生活在我们今天的国土上，和那种始终在我国领土之外的外国，就要有所不同。”这种说法，表面看来，类似“中间”意见，实际上仍然是否定说。诚然，

① 《资治通鉴》卷104。

② 《汉书》卷68。

匈奴、突厥、辽、金等与“始终在我国领土之外的外国”，的确有所不同。但划分这种“界限”，并不能证明当时“它们还是我国国内的民族”。因为正如论者所说：“所谓外国，乃是就特定的历史时期而言”，如汉与匈奴，唐与突厥，宋与辽、金等各该历史时期。“所谓‘国内’，是就今天的国土而言，凡是在这个境界内生活着的民族，就都是国内民族。”可是，在上述各该“特定的历史时期”，中华人民共和国还未诞生，还没有“今天的国土”可言。因而，在历史上各该“特定的历史时期”，要求汉、唐、宋把匈奴、突厥、辽、金等与其他“始终在我国领土之外的外国”区别开来，实在是逻辑混乱，令人费解的。

三　关于我国历史上各民族国家间战争性质的问题

基于对上述两个问题的看法不同，对这个问题，也必然认识各异。争论涉及多方面，核心则是我国历史上各民族国家间的战争，是否具有侵略与反侵略的性质？

我们对这个问题的回答，是肯定的。理由是：从今天来看，我国是一个统一的多民族国家，汉族和其他五十多个少数民族，都是祖国民族大家庭的成员。但是，在历史上，即当我们还没有完成形成统一的多民族国家的过程以前，有些在各该当时曾经作为外族和外国而存在的独立的民族国家，它们与汉族以及其他少数民族国家之间的战争，便会具有侵略与反侵略的性质。

另外一些论者则持否定意见。但因为提出的论据站不住脚，甚至明显错误，所以都是无法成立的。兹就其中具有代表性的说法，作些分析：

第一种说法，从否定民族矛盾出发，根本上否定民族战争的性质。有的说：“既然是一家人，就不能说谁侵犯谁。因此，清兵入关并不是满族侵犯汉族，只是改朝换代而已。”有的说：“在阶级社会内，甲民族上台，乙民族下野，正像资本主义国家的资产阶级在野党与执政党一样，不存在谁侵犯谁的问题。”有的结合具体史实，以“前秦统治集团不是氐族单一的、而是氐汉相结合的”为理由，断言这个政权非但“对汉族和氐族都不存在民族压迫”，“不存在对汉族的歧视”，而且“汉族人民是不感到民族歧视之苦的”。这些说法的错误是显而易见的。致误的原因，不仅是离开了“现存所有制关系是造成一些民族剥削另一些民族的原因”①，和只有“人对人的剥削一消灭，民族对民族的剥削就会随之消灭。民族内部的阶级对立一消失，民族之间的敌对关系就会随之消失”②这些马克思主义的基本原理，而且完全无视在漫长的阶级社会中，一直存在着民族压迫的事实。元代蒙古贵族统治者划分蒙古、色目、汉人、南人四个民族等级，清代满洲贵族统治者入关后施行剃发和圈田等，固无庸论。就以前秦政权来说，对各族歧视压迫的史实，也所在多见。不必旁征博引，就连前文的作者，也不得不承认：“在前秦统治下，各族人民在强迫从戎、苛征繁敛的沉重压榨下，是多么悲惨的一幅图景!”怎能说“不存在民族压迫”，“汉族人民是不感到民族歧视之苦”呢?

第二种说法，从否认存在“外族”和“外国”出发，否定历史上各民族国家间的战争具有侵略与反侵略的性质。有的说：“历史上的汉族王朝和其他少数民族国家，既然都是中华民族的成员在中国境内建立的国家政权，那么，他们之间的战争，就不同于中华民族反对外来侵犯势力的斗争，不带有侵略反侵略的性质。”有的说：“侵略和反侵略战争，只能发生在国与国之间，一个国家之内的民族战争，是不存在侵略、反侵略战争的前提的。”有的还对民族战争，作了分析，指出，“在我国历史上，战争的记载，充斥史册，有的发生在我国与邻国之间，有的发生在我国各民族之间，有

---

① 《马克思恩格斯选集》第1卷，第287页。

② 同上书，第270页。

的则发生在同一民族的不同阶级和政治力量之间。这里要谈的是我国民族之间的战争。”这些说法的错误，同样是显而易见的。致误的原因，是站在了“自古以来就是说”的理论斜坡上，不得不沿着错误一步一步向下滑，认为既然我国自古以来就是“一个统一的多民族国家”，所以，不但在今天，而且“自有史以来”也都是“一个民族大家庭的成员”，是“一家人”，从来都不曾存在过“外族”和“外国”的关系，因而导致出否定侵略与反侵略的结论。关于“自古以来就是说”理论上的错误，前面已作过较详细的剖析，兹不赘论。这里只想结合上边提到的西域三十六国，并以疏勒和大月氏为例，进一步进行具体的阐明。按疏勒位于今新疆西部的疏勒县境，大月氏位于今克什米尔和阿富汗北部境内，两处是接壤的。但在汉武帝以前，两国都“不与中国通”，对它们不仅没有任何联系，而且一无所知。当时，对疏勒和与它毗邻的大月氏，根本无法作出内、外的区分，而只能以汉王朝的实际疆域为界限，判定它们同样是“外族”和“外国”，从而肯定与它们之间的战争，同样会具有侵略与反侵略的性质。因为，在当时，作为“上溯”依据的中华人民共和国尚未诞生，汉王朝与疏勒、大月氏彼此之间，当然更不可能预知未来的中华人民共和国疆域的范围，从而分别区分为“中国”和“外国”的。后来，经过长时期历史的发展，特别是中华人民共和国的成立，情况发生了变化：原来的大月氏国的疆域，今天处于我国境外的克什米尔和阿富汗境内，疏勒则进入中国版图，成为我国社会主义民族大家庭的成员。相应的，它的历史，也成为中国历史的组成部分。但它在汉武帝以前，曾经作为一个独立的民族国家、即曾经作为“外族”和“外国”而存在过的事实，以及由此决定它与中国之间的战争会具有侵略与反侵略的性质，却不会因此而改变的。如果不是这样，而是以今天中华人民共和国疆域的范围为依据，把汉武帝以前对之一无所知的疏勒，硬说成是“一个国家之内的民族”，把对它的战争，硬说成“一个国家之内的民族战争”，就不仅犯了混淆作为中国史研究对象的空间范围与历史上中国疆域的空间范围的错误，而且按照这种逻辑推理，还必然导致如下的理论错误，即随着某些民族国家疆域的改变，过往历史上的民族关系，国家关系，从而战争的性质，也要随之改变。例如，到了共产主义社会，随着国家、政权、民族的消亡，现今世界上所有的民族国家，都将变成“一家人”；一切民族国家之间的战争，包括帝国主义、法西斯发动的战争，也岂不都将变成“兄弟阋墙，家里打架”，都不再具有侵略与反侵略的性质了吗？

第三种说法，从理论上找根据，证明所谓“国内”民族战争，不具有侵略与反侵略的性质。但由于没有认真遵循，而是离开了马克思主义有关的基本原理，因而，不但未能证明，反而混淆、以致颠倒了两种不同战争的性质。根据“战争是政治的继续”这一基本原理，马克思主义明确指出：“决定战争性质的是战争所继续的是什么政治，战争是由哪一个阶级进行的，是为了什么目的进行的。”① 这是被大家一致公认的判断战争性质的最基本的原理。然而，有些同志只在口头上表示赞同，实际上却没有严格遵循，从而必然流于这样那样的错误：

其一，以社会制度的先进或落后为标准，判断战争的性质。理由是：“先进国家进行的战争，有利于破坏反动落后的制度，促进社会进步，推动经济、文化等的发展。落后国家进行的战争，手段都是野蛮的、残酷的，会给各族人民生命财产造成很大的损失，给社会生产造成严重的破坏甚至倒退。”这种把先进社会制度绝对化的观点，显然是不正确的。同一切客观事物都处在发展变化中一样，人类社会和各民族，也是随着生产力的发展而不断由低级阶段向高级阶段发展的。并且，由于种种原因的影响和制约，各民族的发展总是不平衡的，总会形成先进与落后的差别。这是历史唯物主义的一条基本原理，也是人类社会发展实践证明了的客观事实。因此，马克思主义者一般把同情给予先进的新的社会制度，予以肯定

---

① 《列宁选集》第3卷，第167页。

和赞美。但是，在阶级社会，这种社会制度的先进与落后，并不是绝对的，而是相对而言的。以封建制度为例，同奴隶制度对比，是先进的；同资本主义制度对比，便成为落后的了。再就每种社会制度本身说，也都有过自己的先进时代，都应该给予肯定。但这种肯定，只是承认它对它所由产生的特定时代的条件来说，有其存在的理由，即“暂时的历史正当性”①，而不能任意夸大这种“正当性”。原因是，随着社会历史的发展，这种“暂时的历史正当性”，必然逐渐趋于消失。而且，即使它还处在具有“正当性”的时期，也不能把它的社会制度的先进性与战争的正义性画等号。因为，如果按照这种原则推理，就必然要得出如下的结论：即同是封建国家，“正处在比较生气勃勃的时候”的一国，侵略腐朽衰败的一国，都是合理的，正义的；至于封建制国家侵略奴隶制国家，资本主义国家侵略封建制和奴隶制国家，就更是“开发落后，传播文明”的“义举”了。这种观点，不仅明显错误，而且是十分有害的。

其二，以客观效果为依据，判断战争的性质。但表现形式有所不同。如对于“战争是政治的继续”这个基本原理，有的表面赞同，实际上并未认真遵循。一方面说：“对于民族战争，要深入地分析‘战争所继续的是什么政治，战争是由哪一个阶级进行的，是为了什么目的进行的’”。紧接着却又说：要“分析战争的后果和影响，从而判明其正义与非正义、进步与反动的不同性质，作出恰当的评价。”有的则明确表示不赞同。如说：“认为在战争中掠夺人民、破坏经济和文化，或者采取民族压迫政策就是非正义的反动的，这种光着眼于战争手段来决定战争性质的说法，是值得商榷的。”理由是：“虽然他们在战争中给社会生产和各族人民生命财产造成很大的损失和破坏，但他们把本民族和中原地区较为先进的民族联系起来，使本民族社会经济得以发展，并采取一系列措施，

① 《马克思恩格斯全集》第21卷，第558页。

使整个中原地区在遭到破坏以后，很快得到恢复，且较前期有所发展。”这些论点，同样也是不正确的。首先，它模糊了战争的政治目的与客观效果的关系，错把、甚至只把后者当成了判断战争性质的唯一标准。其实，这两者有时固然可以统一起来，有时却又互相背离。不论在何者的情况下，判断战争的性质，都只能以前者、而不能以后者为标准。因而，凡是以压迫掠夺为目的，“在战争中掠夺人民、破坏经济文化或采取民族压迫政策”的战争，就是非正义的，根本不存在什么“值得商榷”的问题。当然，我们也并不否认有些非正义战争，有时客观上也会带来某些有益的后果，从而给予应有的肯定。但要指出，战争的客观效果与其性质绝不是一回事。客观效果再大、再好，也不能改变前此战争的性质，更不能据此把非正义的战争赞扬为正义的战争。不仅如此，按照“客观效果”的观点，一切统治阶级发动的战争，在其进行的初期和过程中，都无法区分正义与非正义，只有在战争结束后几年、十几年甚至几十、几百年，根据被破坏的经济“得到恢复、且较前期有所发展”，才有可能作出判断。这样，表面上虽然也承认战争确有正义与非正义之分，实际上却是把这种区分，从根本上、起码是在战争的初、中期加以取消了。这种提法，不但理论上讹误，实践上也很有害。因为它可以为发动侵略战争的一方提供这样的口实：战争双方的政治目的无须分辨，而正义与否则要等几年、十几年甚至几十、几百年以后的“客观效果”来判断。尤其值得指出的是，为了支持自己的论点，把明明是某些民族的统治者通过“侵犯和掠夺中原地区先进民族的人口财产以壮大自己”，说成“他们把本民族和中原地区较为先进的民族联系起来，使本民族社会经济得以发展”的做法，更是不足取的。

其三，以“统一战争”为标准，判断战争的性质。也是片面强调“统一”的客观效果，而无视战争的实质。如有的说：“统一战争，一方面，从封建王朝统治者的主观动机来说，是为了扩大剥削地盘和榨取对象，兵刀至处，往往玉石俱焚，带有强烈的掠夺性，对此，应该予以揭露和谴责。但另一方面，战争结果实现了全国的统一，客观上又有利于我国多民族国家的发展和巩固。这种客观的有益作用，显然应该予以肯定。”这是表面“辩证”，实为折中，通过含糊其辞的“两点论”，抹杀、起码是混淆了战争的侵略性与反侵略性。有的把前秦对东晋的兼并战争，说成“兼并统一战争”，并断言“兼并战争与侵略与反侵略、压迫与反压迫没有直接联系”。这是用“统一战争”修饰与美化兼并战争的性质，以便把它排除于正义与非正义战争之外。但是，列宁早就阐明过，“兼并”“含有暴力的概念（强迫吞并）”和“异民族压迫的概念（合并‘异族’地区等等）。”并着重明确指出：“它是民族压迫形式之一。”[①] 怎么能够否定它的侵略与非正义的性质呢？还有的一方面说：苻坚进攻东晋，“主观上当然是为了‘地’和‘人’，即扩大剥削地盘和攫取剥削对象。”结论却是：“淝水之战的性质，前秦方面是统一中国的正义战争，而东晋方面是保卫士族地主腐朽统治的不正义战争。”理由是“如果前秦灭了东晋，实现了国家统一，比较来说，江南人民只能生活得更好些，而不是更坏些；汉族的先进文化，只会得到繁荣，而不是遭到蹂躏摧残。”这是直接把“统一战争”与正义战争画等号了。以上几种说法，虽然在表述上有隐晦与直接的不同，但共同的错误都在于离开了战争的政治目的，而把实现“统一”及其将会带来的后果，当作了判断战争性质的主要的、甚至唯一的标准。可是，首先，“统一战争”并非一个具有严格科学规定性的概念，而是包括了不同的含义。其中固然有正义性的，如恢复被占失地，重新实现领土完整和统一全国的解放战争等等；有进步性的，如尽管也“像一切战争一样不可避免地带来种种惨祸、暴行、灾难和痛苦”，却“有利于人类的发展，有助于破坏有害的反动的制度”[②] 等一类的战争；但还有侵略性的和反

① 《列宁全集》第22卷，第322、329页。

② 《列宁全集》第21卷，第279页。

动性的，如统治王朝和帝国主义进行的兼并、扩张、征服和侵略战争等等。对于第一类和第三类，应该分别予以全面肯定和全面否定。对于第二类，则一般只能肯定其客观的进步作用。由于一切剥削阶级的统治者无不希望由自己实现统一，而最后实现统一的，又可能或者是恢复失地的战争，或者是兼并扩张的战争，或者是征服侵略的战争，因而，对其性质，就要根据以上不同，作具体分析，而不能把作为统一战争后果的客观进步作用，等同、甚至代替战争的性质，更不能把苻坚确定为唯一合法的统一者，并以当时及其后都未曾实现的“如果前秦消灭了东晋，实现了国家的统一……”的假设，断定他发动的“扩大剥削地盘和剥削对象”的兼并扩张战争，是“统一中国的正义战争。”总之，判断战争、包括民族战争的性质，同样只能是根据“战争所继续的是什么政治，战争是由哪一个阶级进行的，是为了什么目的进行的。”离开了这个基本原理，不论用社会制度、客观效果或“统一战争”为标准，都不但无法作出正确判断，而且必然造成混乱和讹误。

第四种说法，从概念上找理由，否定历史上民族国家间的战争，具有侵略与反侵略的性质，但也都牵强乖谬，不能自圆其说。如有的说：“‘侵略’与‘反侵略’之词，是资本主义上升时期随着现代主权国家的形成而出现的用以判断它们之间战争性质的概念。”这显然与事实不符。实则这个概念，在我国古已有之。其含义“侵”即“侵犯”，“略”即“掠夺”，“侵略”就是“侵犯掠夺”的意思。如《左传》庄公二十九年：“夏，郑人侵许。凡师，有钟鼓曰伐，无曰侵。”《史记·匈奴列传》：“侵夺暴虐中国”，“侵盗代地”，“杀略人民”，“杀略甚众而去”。这是单用的。又如《后汉书·孔融传》：“曹操攻屠邺城，袁氏妇子，多见侵略”。《石匮书后集·李自成传》：“贼令严明，无敢侵略”。这是连用的。其他各书也多见，无须列举。可见，“侵略”一词，并非资本主义上升时期以后的现代概念，而是被后来沿用的。有的一方面承认：“大体说来，任何民族的统治者对其他民族实行压迫和掠夺的战争，是非正义的；被压迫民族奋起反抗压迫和掠夺的战争，是正义的。”同时却说：“历史上我国内部的民族战争，不带有侵略与反侵略的性质，只有正义与非正义的性质。”不难看出，这是把两者对立起来，搞概念游戏，并没有说明侵略与非正义、反侵略与正义有什么区别。因为从性质上说，两者本来就是相同的，否定了侵略与反侵略，正义与非正义也就变成了空话。正如斯大林所说：“战争有两种：（一）正义的、非掠夺性的、解放的战争，其目的是保卫人民抵御外来侵犯及奴役人民的企图……，（二）非正义的、掠夺性的战争，其目的是在侵略或奴役别的国家，奴役别国的人民”①。在另一篇文章里，他还进一步明确指出：“列宁把战争分为两类：侵略战争即非正义战争，解放战争即正义战争。”② 怎么能把两者对立起来、用一个否定另一个呢？有的甚至连侵略与非正义的性质，都一概否认。如在讨论淝水之战的性质时，不同意“给前秦扣上‘侵略’与‘非正义’的帽子。”理由是“对正义、非正义的定义、内涵、衡量标准等理解不尽相同，没有必要纠缠进去”，“还不如一分为二，既谈它正确的一面，又谈它错误的一面，比较符合实际。”这就更加错误了：首先，革命导师对正义性、非正义性战争，都反复作过论证，上引斯大林所作的定义，尤其明确和具体。怎能说“理解不尽相同?”其次，“一分为二”，不仅是“既谈它正确的一面，又谈它错误的一面。”并且要在辨明其主、次要矛盾方面的基础上，判断战争的性质，而绝不能只在“正确”与“错误”中间搞折中、画等号。那样的话，模棱两可，含糊其辞，非但不会分清，反而只能混淆正义与非正义战争的性质。这位论者把苻坚为“扩大剥削地盘和剥削对象”而发动的、使广大汉族人民“直接或间接遭受民族压迫痛苦”的兼并侵略战争，说成

① 《联共（布）党史简明教程》，莫斯科1953年中文版，第208页。

② 《论苏联伟大卫国战争》，人民出版社1952年版，第31页。按列宁在谈到俄国进行的战争时曾指出：“它进行的战争就是非正义的，反动的侵略战争。”（《列宁选集》第3卷，第167页。）

“但思混一六合，以济苍生”的“义举”，就是明显的例证。

总起来说，战争、也包括民族战争，是剥削制度的产物。“只要社会还分成阶级，只要人剥削人的现象还存在，战争是不可避免的。”① 关于这点，周总理曾说：“我们的国家在历史上就是一个多民族的国家，但在古代又是不完全统一的，甚至各民族彼此作战，不是你侵犯我，就是我侵犯你。民族间的互相侵犯，在我国的历史记载上是很多的。”② 而既然发生战争，一般说总要分为正义的、非侵略的或非正义的、侵略的。为此，我们就要区分这两种不同的性质，并旗帜鲜明地赞扬、支持前者，谴责、反对后者。如同毛泽东同志所说：“对于那种‘兼弱攻昧’好大喜功的侵略政策（这在中国历史上是有过的），应采取不赞同态度，不使和积极抵抗政策混同起来。为抵抗而进攻，不在侵略范围之内，如东汉班超的事业。”③ 可见，对待民族战争存在侵略与反抗的问题，一要承认这个事实，二要区分其性质，而不是掩盖或回避。对此，翁独健同志曾经提出批评：“现在有一种倾向，不敢用‘侵略’一词，似乎一用了‘侵略’，国内民族问题，似乎就成了国外问题，其实是多虑。而且在古代，民族政权之间的关系，本来就是国与国的关系么！侵，即是侵犯；略，即是掠夺。历史本来面貌就是如此。”④ 这个批评，是非常中肯的。

四　关于民族英雄和民族败类的问题

这个问题的意见分歧，同样也派生自对历史上中国疆域和民族战争性质看法的不同。主要有以下几点：

第一，关于民族英雄概念的问题。

---

① 《列宁全集》第8卷，第531页。

② 《周恩来选集》下卷，第251页。

③ 《毛泽东书信选集》，第137页。

④ 《再谈民族关系史研究中的几个问题》，刊《民族研究》1985年第3期。

基本上可以分为“狭义的”和“广义的”两种意见：前者认为，民族英雄必须与民族斗争相联系，即只有那些在反抗外来民族压迫和侵略的斗争中，忠诚坚贞、威武不屈、作出重大贡献的杰出人物，才能称为民族英雄。如我国历史上抗金的岳飞，抗元的文天祥，抗倭的戚继光，抗英的林则徐，和少数民族中抗辽的完颜阿骨打、抗明的努尔哈赤等。后者认为民族英雄不一定与民族斗争相联系，主张“范围应该扩大，凡是在历史上对中华民族、对其本民族作出杰出贡献的人，都可以称为民族英雄。因此，在我国历史上值得褒扬于史册的民族英雄有如繁星满天，汉族有，少数民族也有。”

我们主张前者。因为，概念的内涵和外延是清楚的、明确的。如强调必须与民族斗争相联系，强调斗争的性质，必须是反抗民族压迫和侵略，是正义性的。我们不同意后者。因为，它的内涵和外延是含混的、不明确的。例如，以在历史上对中华民族、对其本民族“作出杰出贡献的人”为内涵，那么，这个概念的外延，就将无限扩大，把举凡历史上在政治、经济、军事、科学、技术、文学、艺术……等等方面“作出杰出贡献的”人物，统统列入民族英雄之林。不但无法反映“民族英雄”的本质属性，模糊了民族英雄与其他各种杰出人物的区别，必将把诸如管仲、商鞅、孙武、吴起、萧何、桑弘羊、扁鹊、张仲景、张衡、祖冲之、李白、杜甫、颜真卿、吴道子以及黄巢、李自成……等等，都一律称为民族英雄。从而实际上等于废弃了民族英雄这个概念。而且由于只从“作出杰出贡献”出发，抛弃了“斗争的性质必须是正义的”这个标准，所以有的文章就说：“金兀术率领金兵给南宋腐朽统治以重大打击，为金的发展壮大作出了贡献，多铎统帅清兵给予南明腐败的政权以致命的打击，对清的向南发展作出了贡献，他们是金和清的民族英雄。”把进行非正义的侵略战争说成“作出了贡献”，从而给他们加上“民族英雄”的桂冠，更是十分错误的。

第二，关于我国历史上是否存在民族英雄的问题。

对于我国自十六世纪以来涌现出来的反抗外来侵略的民族英雄，如戚继光、郑成功、林则徐、关天培、陈士成、刘永福、邓世昌等，在讨论中是没有异议的。但对于前此历史上民族战争中是否存在民族英雄，则有肯定和否定的两种看法。

我们持肯定论。理由是在我国历史上，由于各民族国家之间不断发生过战争。而这些战争又一般总是分为反侵略的、正义的和侵略的、非正义的。所以，在反侵略的正义战争中，就会涌现出许多民族英雄。

有一些论者持否定论。认为“我国在十五世纪以前，岳飞、文天祥等虽然站在正义的、进步的一方，为反抗民族压迫，建树过巨大历史功绩，可根据其活动与业绩，给予他们应有的历史地位，不勉强冠以‘民族英雄’称号。”理由是，中国境内各民族有的虽曾“建立强大的国家政权，”并“一度与汉族王朝互为敌国，互相斗争。”但因为“他们与汉族都祖祖辈辈生存在同一个祖国的疆土之上，并且世世代代始终保持密切的关系，即使在互为敌国的历史时期内，这种关系亦未曾中断”，并未“互为外来民族”，“并不以‘外国’相待”。它们与汉族的“对立斗争，实质上乃是封建割据”，“纯属中华民族内部事务”，因而不存在产生民族英雄的前提。不难看出，这些说法，是从“自古以来就是说”的“上溯法”推理出来的。所以，不但无法成立，而且必然导致其他讹误。如把独立民族政权间的“互相攻伐”，说成“同室操戈”，“兄弟阋墙”。甚至说什么“由部落制进入阶级社会建立国家”的民族，“从祖国边疆进入汉族聚居的内地，参与全国的政治活动，这是他们的正当权利，也是他们对祖国应尽的义务，无可非议。”而根据上下文来看，所谓“参与全国的政治活动”，实即指“这些民族的统治者把自己民族的风俗习惯和落后的制度强加于内地人民，或者对内地人民实行野蛮掠夺，从而给各族人民带来灾难。”如果说上文为了避嫌，还有意闪烁其词的话，有的文章则公然宣称：“少数民族入主中原，其性质同汉族向边疆移殖，杰出帝王对边疆的开拓相似，也都属于中国内部的事情，只要条件具备，谁都有资格在中原地区建立王朝。”看，对边疆“开拓”（实指“扩张”）的，是“杰出帝王”；“只要条件具备”（实指具有强大武装力量），谁都有资格“入主中原”（实指侵夺统治中原）。这种弱肉强食的逻辑，着实令人惊讶！但导致这种谬误的论断，却又是势所必然的。

第三，关于我国历史上是否存在各族人民共同承认的民族英雄的问题。

肯定论在一致承认历史上存在民族英雄的同时，也还有不一致的认识。即我国历史上是否存在各族人民共同承认的民族英雄？最具代表性的答案，是把我国历史上的民族英雄，分为两种：“一种是中华民族的英雄，即在反对封建主义、殖民主义和帝国主义的斗争中涌现出来的英雄人物，如戚继光、郑成功、林则徐等人。因为他们代表了中华民族各民族的利益，因而受到全国各族人民的尊敬和承认。”另一种是各个民族的英雄。如汉族的岳飞、文天祥、史可法等，女真族的完颜阿骨打、满族的努尔哈赤等。因为他们只代表各自民族的利益，而不代表其他民族的利益，所以只能被本民族所承认，而不能被其他民族所承认。对中华民族的民族英雄，已如前述，基本没有异议，兹不重论。但对“各个民族的民族英雄”能否为各族人民共同承认，则同中有异，值得深入探讨。

一种看法，持肯定意见。认为“我国自古以来就是一个多民族的大家庭，每一个民族都是我们中华民族这个大家庭中的一个成员，他们休戚相关，荣辱与共，只要一个民族英雄为本民族立下了赫赫战功，也就在某种程度上为中华民族的发展繁荣做出了贡献，为什么甲民族的英雄就不能受到乙民族的承认呢？”并举出“文天祥失败被戮”，元世祖“赠公太保、中书平章政事、庐陵郡公，设坛致祭”为例，证明他“得到了另一个民族的承认”。还有的以岳飞为例，说“他抵御女真贵族的掠夺和屠杀，对于保卫高度发展的封建生产方式和文明，做出了杰出贡献。这种种，固然符合了汉族人民的利益，同时也符合了女真族人民的长远利益和根本利益，所以称他为中华民族的英雄，是当之无愧的。这一原则，理所当然地也适用于中华民族内部任何一族的人。”

非常清楚，这些说法都是不正确的。错误也在于从“自古以来就是说”这个论据出发，模糊了“过去”和“今天”的区别。如果真的像论者所说：宋与金两国在当时就已经“都是我们中华民族这个民族大家庭中的一个成员”，并且达到了“休戚相关、荣辱与共”的程度，那就不但不会发生战争，甚至连任何民族隔阂和矛盾也不会存在了。这种完全失实的美化拔高，是绝不会有人相信的。至于元世祖对文天祥封爵致祭，他自己曾说：“好男子，不为我用，杀之诚可惜也。”① 意思很明白：一方面除掉这个具有很大号召力的反元的劲敌，以消除隐患。同时给他的臣民树立一个为他和元王朝的统治誓死效忠的榜样，这同“他得到了另一个民族的承认”，是完全不相干的。同样，以岳飞“抵御女真贵族的掠夺屠杀，对于保卫高度发展的封建生产方式和文明，做出了杰出贡献，固然符合了汉族人民的利益，同时也符合了女真族人民的长远利益和根本利益”为理由，断定他是“各族共同承认的民族英雄”，也是不能成立的。因为，岳飞进行的虽然是正义的、进步的战争，但女真族人民亲身遭受的，却只能是“不可避免地带来的种种惨祸、暴行、灾难和痛苦。”② 至于“长远利益和根本利益”，他们在当时的条件下，根本无法理解。从而也不可能承认他是女真族的民族英雄。

另一种看法，持否定意见。认为在阶级社会里，像岳飞、文天祥这样杰出的人物，既有强烈的爱国主义精神，同时，也不可避免地具有狭隘的民族感情，尤其在遭到外族侵犯掠夺的情况下，这种狭隘的感情，会变得更加炽烈。因之，他们在进行反抗斗争中，只能代表本民族的利益，而不能代表外民族、特别是敌对民族的利

① 《续资治通鉴》卷186，《元纪》4。

② 《列宁选集》第2卷，第668页。

益。从而，他进行反抗斗争的英雄业绩，只能为本民族所承认，而不可能为各个民族共同承认。

两相比较，前者讹误，后者基本正确，但也存在欠缺。原因同样是模糊了“过去”与“今天”和作为中国史研究对象的空间范围与历史上中国疆域的空间范围的区别。倘把两者区分清楚，我们认为，应该作出如下的论断：

一、戚继光、郑成功、林则徐……等一类杰出的人物，是中华民族的民族英雄。因为他们在反抗外来侵略战争中，代表了全国各民族的利益，受到了全国各族人民的共同承认。

二、岳飞、文天祥、完颜阿骨打……等一类杰出的人物，是各自民族的民族英雄。这是各族人民从“过去”、也就是从他们所处各该当时各国的“疆域范围”及由此确定的相互关系的角度来看的。例如，宋与金在当时互为外国和敌国。岳飞抗金，只代表汉族的利益而不能代表女真族的利益。所以，他只是汉族的民族英雄，只受到汉族人民的承认，而不会受到另外各族、特别是女真族的承认。其他如文天祥抗元、完颜阿骨打抗辽等，也都是这样。

三、岳飞、文天祥、完颜阿骨打……等又是中华民族的民族英雄。这是我们从“今天”，也就是从把上述杰出人物及其光辉业绩作为中国史研究对象的角度来说的。仍以岳飞为例，在当时，他虽然只能得到汉族的承认，但在今天，我国已经完成了形成统一的多民族国家的过程，原宋、金两国的疆域和两族的后裔，都处在中华人民共和国国土范围之内，与其他五十多个少数民族，都成为中华民族大家庭的成员。他们的历史，也成为中国历史不可分割的组成部分。因而，就应该承认，当时作为汉族民族英雄的岳飞，今天已经属于整个中华民族了。我们这样说，既不像“肯定论”者那样，以我国形成这样统一的多民族国家为依据，把历史上曾经互为“外国”、“敌国”的各独立民族国家，说成“休戚相关、荣辱与共”的“民族大家庭”。因为那些既存的事实，是不可能再改变的。也不像“否定论”者那样，只根据各独立民族国家当时的历史实际作判断，却不顾历史的发展和变化。而是把两者联系起来，从整个中国历史的广度，肯定岳飞，也包括文天祥、完颜阿骨打、努尔哈赤等一类杰出人物，都是中华民族的民族英雄。并且，事实上他们那种英勇坚定、威武不屈的崇高民族气节和深挚爱国精神，也已经超出各自民族的界限，成为祖国珍贵的历史遗产和精神财富，得到了全国各族人民的共同承认。

第四，关于民族败类的问题。

民族败类是民族英雄的对立面。既然对民族英雄的认识有分歧，那么，在民族败类问题上，也不可避免地存在不同看法。争论的焦点，是除了近代以来中国历史上是否存在“卖国贼”？这个问题的答案，本来是不言而喻的。但有些论者却做出了如下的回答，如说：“石敬瑭出卖燕云十六州的结论是错误的。”理由是石敬瑭“虽然把燕云十六州割让给契丹贵族侵略者，但不能指责为‘出卖’行为，只能说是归属问题。”又如说：“秦桧应该说是汉奸，但对宋朝来说是卖国，对中国来说并非卖国。”显然可见，这些说法，同样是从“自古以来就是说”那个错误论据派生出来的。因为，他们既然用今天中华人民共和国疆域的空间范围，作为判定历史上中国疆域的尺子，就必然要把今天虽然处在中华人民共和国疆域之内、而在历史上都是独立存在、互为外国的各民族国家，都说成是“中国民族大家庭的成员”。按照这种逻辑推理下去，“家庭成员”之间的战争，自然就是“兄弟阋墙，家里打架”，而不是侵略与反侵略。强占或出卖领土，自然就是“内部归属问题”，而不是吞并或卖国。这样一来，民族英雄与民族败类的界限被泯灭了，当然更不存在“卖国贼”了。应当指出，尽管这些说法十分错误，但也应承认，他们所持“只能说是内部归属问题”和“对中国来说并非卖国”等论点，猛然看来，确实也有些貌似“辩证”的理论色彩，从而得到一些粗心的同志的赞同。不过，只要根据我们揭示的“自古以来就是说”的错误稍加分析，就可以看出，它是掩盖了我国形成统一的多民族国家的过程，不管历史上各民族国家实际关系如何，一概按照它们是否处在中华人民共和国疆域的空间范围以内，断定它们当时或者是、或者不是“中国民族大家庭的成员”。具体地说，尽管宋与金在当时是互为“外国”、“敌国”的两个独立的民族国家，但因为它们今天都处在中华人民共和国疆域的空间范围之内，所以，也要判定它们在当时就是“一个民族大家庭的成员”。也就是说，它们的关系，不是由当时的实际情况决定，而只能由千百年后今天中华人民共和国疆域的空间范围决定；或者说，它们的关系，即使由当时的实际情况决定了，也必须根据千百年后今天中华人民共和国疆域的空间范围重新判断和改变。如果这种颠倒错乱的论点能够成立，那么，根据未来全人类都将进入共产主义社会、国家都将消亡来决定，当今林立世界的各国，岂不都是“一个大家庭的成员”？帝国主义与殖民地人民侵略与反侵略的战争，岂不都成了“家里打架”？汪精卫、王克敏之流汉奸卖国贼，岂不都要替他们恢复名誉？这种荒诞不经的谬论，相信连上述论者也不会赞同。但这种逻辑推理，他们却是无法拒绝的。弄清了以上貌似“辩证”论点的讹误，那些泯灭民族英雄与民族败类、卖国贼区别的错误说法，也就不攻自破了。

五　关于我国历史上民族关系主流的问题

基于对上述几个问题的意见分歧，在我国历史上民族关系主流这个问题上，也明显存在两种针锋相对的说法。

一种是“平等说”。认为“在平等基础上的相互关系，是民族关系的主流”。论据是我国“自古以来就是一个统一的多民族国家，汉族和各少数民族都是一个民族大家庭的成员”，所以，他们之间的关系，“必然是平等的”。与此相反，我们主张“不平等说”。认为在历史上根本不可能存在平等的民族关系。民族关系的主流，主要是民族间的压迫与反压迫。论据是，在阶级社会，民族矛盾实际上是阶级矛盾在民族关系方面的表现。而“现存的所有制关系是造成一些民族剥削另一些民族的原因。”[①] 只有“人对人的剥削一消灭，民族对民族的剥削就会随之消灭”；只有“民族内部的阶级对立一消失，民族之间的对立关系就会随之消失。”[②] 在我国阶级社会里，既然人对人、民族对民族的剥削和对立没有消失，所以，也就根本不可能出现“平等”的相互关系，更谈不到成为民族关系的“主流”了。

在“自古以来就是说”日益被证明为明显讹误之后，“平等说”又提出了另外一些同样站不住脚的论据：

其一：“历史上究竟存在不存在‘和平共处’、‘平等联合’的民族关系？对这个问题的回答，不能抽象地从理论上去推论，而应该根据具体的历史事实来检验。如女真族从肃慎入贡周以来，千余年间并未和中原汉族发生战争，只是到了公元十二世纪女真族兴起建立金国后，才和宋发生了战争。金亡后，元、明两代女真族和汉族基本上是和平共处的。明末女真族改称满族，建立金朝和清朝，又和明发生了战争，但建立清朝后，民族战争又较少。总的来说，女真和汉族‘和平共处’的时间较多。”不难看出，这些议论是文不对题的。这里讨论的是民族关系的主流。具体来说，是民族平等或者民族压迫占主导地位的问题，而不是战争或者和平占较多时间的问题。因为，民族战争同样是政治的继续，是民族矛盾的最高表现形式。战争比和平时间短，甚至较长时间未发生民族战争，只说明民族压迫与反压迫比较缓和，并不意味着民族平等、不存在压迫与反压迫了。即以明末入关南侵的满族统治者来说，“扬州十日”、“嘉定三屠”固无庸论。就是在北京建立政权、转入“和平”时期以后，也是实行不平等的“重满轻汉”政策，如凭借特权，肆行圈田，“圈田所到，田主登时逐出。室中所有，皆其有也。妻孥丑者携去，欲留者不敢携。”后来虽然停止，也是“乃满人圈田已

① 《马克思恩格斯选集》第1卷，第287页。

② 同上书，第270页。

尽，无复需田之人故也。”[1] 总之，他们“且恃骄贵，到处欺凌，积愤之深，不止一日。”[2] 全然是露骨的民族压迫，哪里有什么“和平共处”和“平等联合”？

其二：“历史上汉族统治者曾与各少数民族统治者‘和亲’，这种关系是平等的。”这种说法，也是惑于表象，不见实质的。拿西汉与匈奴的和亲来说，刘邦与冒顿单于的和亲，是在“胡强汉弱”的情况下被迫的。意图是：“冒顿在，固为子婿。死，则外孙为单于。岂闻外孙敢与大父抗者哉？”而更深层的目的，则是“可无战以渐臣也”[3]。元帝与呼韩邪单于的和亲，则是在“汉强胡弱”的情况下，后者是被迫的。即所谓“今事汉则安存，不事则危亡。”是以“愿守北藩，累世称臣”[4] 为政治代价的。正如恩格斯所说：统治阶级之间的“结婚是一种政治的行为，是一种借新的联姻来扩大自己势力的机会。”[5] 根本不存在什么平等关系。

其三：“在我国古代历史中民族间的‘平等联合’，表现之一是羁縻政策下的民族关系。”理由是：“羁縻政策有两个基本方面：统一和自治。”“在羁縻政策下，边疆各族对中央皇朝有一定的政治依附关系，但它主要是名义上的。实际上各族的自治权很大。这种政治依附关系是各族为保证相互间正常的经济文化交流而自愿建立的。因此，也不是民族压迫关系。”这些说法，更是难以令人首肯的。先从道理上讲，各族“为了保证相互间正常的经济文化交流”，为什么非要建立“政治依附关系”不可呢？难道说在政治平等的情况下，就无法进行“正常的经济文化交流”吗？既然羁縻政策表现为“政治依附关系”，而“依附”就是一个从属于另一个，怎么能说是“平等联合”呢？既说“在羁縻政策下边疆各族

① 史惇：《恸余杂记·圈田》。

② 《清末筹备立宪档案史料》下册，第955页。

③ 《通鉴纪事本末·匈奴和亲》。

④ 《通鉴纪事本末·匈奴归汉》。

⑤ 《马克思恩格斯选集》第4卷，第74页。

对中央皇朝有一定的政治依附关系”，又说这种关系是各族“自愿建立的”。人们要问，边疆各族为什么要“自愿”放弃独立和主权，甘心作一个政治上依附“中央皇朝”的附庸国呢？说“羁縻政策有两个基本方面：统一和自治。”既然被“统一”了，成为附庸国，又侈谈什么“自治”，不是自相矛盾吗？再来看看历史事实。就拿论者所说的“唐对突厥、回纥、吐蕃、契丹、奚、渤海、黑水等”的关系来说，唐太宗对它们的原则是“降则抚之，叛则讨之。”[①] 如敕勒诸部俟斤“相继来降”，咸云“愿得天至尊为奴等天可汗，子子孙孙，常为天至尊奴。”唐太宗大喜，为诗序其事曰：“雪耻酬百王，除凶报千古。”并“勒石”以志之。[②] 但对于“浸失臣礼”的龟兹王诃黎布失毕，则“诏使左骁骑卫大将军阿史那社尔会同铁勒十三州、突厥、吐蕃、吐谷浑连兵进讨。”[③] 不仅如此，他还把先后征服和被威慑下归服的边境各少数民族地区，设立许多羁縻州，大则置都督府，原则上虽“各以其酋长为都督刺史”。同时却又在边境各军事要地设羁縻州、都护府，由汉将任都护，以“抚慰诸蕃，辑宁外寇，觇候奸谲，征讨携贰。”[④] 如贞观二十三年正月，“以突厥车鼻可汗不入朝，遣右骁卫郎将高侃发回纥，仆骨等兵袭击之，以其地置新黎州。”[⑤] 事实说明，这种“政治依附关系”既非“自愿建立的”，也不“是名义上的”，更非“各族的自治权很大”。尽管与直接灭亡比较起来，统治相对缓和一些，实质上仍然是一种“民族压迫关系”。

其四：“历史上的民族关系，应分为各族统治阶级之间的关系和各族劳动人民之间的关系”。认为“前一种关系的主流是奴役与压迫，是不平等的；后一种关系的主流，由于各族劳动人民之间不

① 《资治通鉴》卷198，贞观二十年六月。

② 《资治通鉴》卷198，贞观二十年九月。

③ 《资治通鉴》卷198，贞观二十一年十二月。

④ 《唐六典》卷30，《都护》。

⑤ 《资治通鉴》卷199，贞观二十三年正月。

存在根本利益的矛盾，所以是友好往来，是平等的。”这种说法，虽也试图用历史唯物论说明问题，但因为理论掌握的片面性，同样也是不正确的、或者起码是不准确的。首先，在谈到劳动人民友好往来问题时，翦伯赞同志早就指出：“论述这种关系的时候，必须给予这种关系以具体的历史内容。”因为，“同样的劳动人民，他们是以不同的身份出现在不同的历史时代。在奴隶社会是奴隶，在封建社会是农奴或农民，在资本主义社会是雇佣劳动者。由于历史发展的不平衡，在同一时代，各族的劳动人民也处于不同的社会地位。在汉族是农民，在某些少数民族则是农奴、奴隶。”因此，“古代的劳动人民之间的往来，是要受到程度不同的限制的。在奴隶主统治下的奴隶和封建地主统治下的农奴或农民，首先要受到奴隶主和封建主加于他们的人身隶属关系的限制，还有地理条件的隔绝，交通不发达，生活方式不同，宗教信仰不同，甚至语言不同”，“不研究这些问题，则劳动人民友好往来云云，就是一句空话。”[①] 其次，民族矛盾和压迫，是具有全民性的。统治民族的劳动人民，对本国统治阶级来说，是被统治者。但对被统治民族来说，却是“统治民族的一分子”，享有种种特权。如元代蒙古人、色目人对汉人、南人，实际上处于奴役与被奴役的地位；清代“重满轻汉”，满族人不但均具有享受“皇粮”的特权，甚至“虽一放马厮养，鞭笞府县正官，无敢不忍受者。”[②] 所以，他们同样也存在着利害的矛盾，只是程度不同和表现得不那么直接而已。对于这种情况，革命导师都曾作过明确的论证。如马克思在《致齐·迈耶尔和奥·福格特》的信中说：“普通的英国工人憎恨爱尔兰工人，把他们看作会使自己的生活水平降低的竞争者。英国工人觉得自己对爱尔兰工人来说是统治民族的一分子，……他们对爱尔兰人怀着宗教、社会和民族的偏见。他们对待爱尔兰工人的态度大

① 《翦伯赞历史论文选集》，第 129—130 页。

② 史惇：《恸余杂记·陈于鼎》。

致像以前美国各蓄奴州的贫民对待黑人的态度。而爱尔兰人则以同样的态度加倍地报复英国工人。同时他们把英国工人看作对爱尔兰的统治的同谋者和盲目的工具。”[①] 恩格斯也说：“英国征服和压迫爱尔兰达七百年之久是现存的事实，……爱尔兰同英国的关系，就像波兰同俄国的关系一样，是不平等的。……在英国工人中间流行很广的一种观念：他们比爱尔兰人高一等，对爱尔兰人来说他们是贵族。”[②] 列宁更具体地指出：“从民族问题的角度看来，压迫民族工人和被压迫民族工人的实际地位是不是一样的呢？不，不是一样的。(1)在经济上有区别。压迫民族的资产者用一贯加倍盘剥被压迫民族工人的办法掠夺超额利润，压迫国家的工人阶级有一部分可以分享一点残羹剩饭。……压迫民族工人在一定程度上参加了本国资产阶级掠夺被压迫民族工人（和人民群众）的勾当。(2)在政治上有区别。与被压迫民族工人比较，压迫民族工人在许多政治生活方面都占特权地位。(3)在思想和精神上有区别。压迫民族工人无论在学校或在实际生活中，总是受着一种轻视或蔑视被压迫民族工人的教育。”[③] 革命导师这些精辟的论证，至少启示我们：一、民族压迫是剥削制度的产物。在统治阶级“唆使各民族互相残杀利用一个民族压迫另一个民族”[④] 和广大人民还不觉悟的情况下，各族之间产生民族歧视和压迫，是不可避免的；二、说到民族压迫，首先是指压迫民族统治阶级对被压迫民族的压迫。但在压迫民族中，劳动人民也是统治民族的组成部分；三、因而，反对民族压迫，首先是指被压迫民族反对压迫民族统治阶级的斗争。但这种压迫与反压迫的斗争，同样也存在于两族劳动人民之间。这种情况，在我国封建社会，也不胜列举。如汉族统治阶级经常散布“非我族类，其心必异”的民族偏见，施行“内华夏而外夷狄”的民族

---

① 《马克思恩格斯选集》第 4 卷，第 380 页。

② 同上书，第 2 卷，第 456 页。

③ 《列宁全集》第 23 卷，第 48—49 页。

④ 《马克思恩格斯选集》第 1 卷，第 304 页。

歧视政策。历代各少数民族统治阶级，则散布“汉人无道，奴隶蓄我”等进行煽动。元代蒙古贵族统治者更有意识地划分蒙古、色目、汉人、南人的民族等级，制造对立和仇视。既然资本主义社会的工人阶级之间，还有民族歧视和压迫，奴隶社会和封建社会的奴隶、农奴和农民，就更难以例外了。正是由此出发，我曾着重指出：“在阶级社会里，各民族国家和各族人民之间的关系，归根到底，是受当时的社会制度和阶级关系所制约，而不决定于人们的意志和愿望。真正的和平共处、平等联合，各民族变成‘一个民族大家庭的成员，’只有从根本上消灭了产生民族歧视和压迫根源的社会主义和共产主义社会才能实现。”① 那种脱离具体的历史条件，无视历史事实，从善良的愿望出发，美化封建社会各个民族“都是一个民族大家庭的成员”，“他们在平等基础上的相互关系是民族关系的主流”的说法，不但理论上明显讹误，与历史实际也是不符合的。

当然，在探讨民族关系主流问题时，把各族统治阶级之间的关系，同各族劳动人民之间的关系，加以区分，还是必要的。这起码可以明确：各族劳动人民之间，虽然也存在着不同利益的矛盾，但还有共同利益的一面，这是与对统治阶级之间的关系不同的。此外，在统治民族对被统治民族的压迫奴役中，统治民族的劳动人民，主要是受到蒙蔽和煽惑，充当了不自觉的工具。而制定民族歧视政策、压迫奴役被统治民族的罪魁祸首，则是统治民族的统治阶级。

其五：“友好合作不是主流，互相打仗也不是主流。许多民族共同创造了我们的历史，各民族共同努力，不断地把中国历史推向前进。我看这是主流。”这是在“平等说”的错误日益为人们所认识和摒弃的形势下，有的论者提出的另一种变相的“平等说”。但这些论证，显然是更加经不起推敲的：首先，这里讨论的是民族关

① 《处理历史上民族关系的几个重要准则》，刊《历史研究》1980年第5期。

系的“主流”，它回答的却是民族关系发展的趋势。是全然文不对题的；其次，这里要明确的是阶级社会民族关系的实质问题，即“平等”或“不平等”占主导地位。它回答的却是“友好合作”或“互相打仗”等根本不能反映实质问题的表面现象。是答非所问的；再次，明确民族关系主流，意在区分阶级社会与社会主义社会两种民族关系性质根本不同，揭示出只有在两种社会制度变革的条件下，不平等的民族关系才能发生质变、成为平等的民族关系的规律。它的回答既不能区别两种民族关系不同的性质，更不能揭示两种不同民族关系发生质变的条件和规律。“许多民族共同创造了我们的历史，各民族共同努力，不断把中国历史推向前进。”乍听似乎颇有“道理”，实则非但不能说明任何问题，相反，倒恰恰证明它无法回答这个实质性的问题，有意“顾左右而言他”，加以回避了而已。

六　关于中国主体民族的问题

我国自古以来是一个多民族的国家。在众多的民族中，是否存在着一个主体民族？绝大多数的同志持肯定意见，并认为我国历史上的主体民族，就是汉族。而这又是由于汉族人口众多，地处中原，物产丰富，生产力、经济、文化和社会制度等一直处于先进地位等特定的历史、地理等条件形成的。具体言之，汉族的主干，是处于黄河中下游的先秦的华夏族。在周以前，以夏、商、周三族为主体。春秋时，又加入许多古老氏族，被称为“诸夏”。到战国时，不仅“诸夏”融而为一，连中原以外的吴、越、楚、蜀等，也几乎全部融合于华夏族之中。到了汉朝，才开始改用这个王朝的名字，作为民族的名称。这以后，又经过十六国、南北朝、唐、五代、辽、金、元、清等多次融合，更使汉族不断成长壮大，经济、文化也日益发展繁荣，并逐渐形成今天这样辽阔的疆域。正像范文澜同志所说：“从历史上看，汉族好像一座融化各民族的大熔炉，春秋战国时期是一次大融化，十六国南北朝也是一次，唐朝又是一次，辽、金、元、清四朝融化的规模大小不等，多少都增加了汉族的数量。汉族之所以成为一个巨大的民族，是由于几千年来不断吸收附近各民族的缘故。”① 好比滚雪球，开始是一个小球，后来越滚越大。作为最早内核的小球，就是华夏族。而作为整体的大球，则不只是汉族，并且包括融合进汉族中的其他许多少数民族。如元末陶宗仪的《南村辍耕录》卷一《氏族·汉人八种》中，就把契丹、高丽、女真、竹因歹、术里阔歹、竹温、竹赤歹等少数民族，都称为“汉人”的。这说明，汉族并不是由单一的华夏族繁衍而来，“汉族人口多，也是长时期由许多民族混血形成的。”②

不久以前，个别论者提出了相反的意见。但列举的理由，却没有一个能够成立的。如说：“从领土来说，目前我国领土的百分之五十到六十是少数民族地区。而历史上，我国少数民族地区更加广大。……在中国历史上，汉族人口虽然始终占多数，但在地区方面，却一直是少数民族占多数。”然而如所周知，判断是否主体民族，主要的依据应该是这个民族在各民族中所占人口比例的大小，而不是地区的广狭。把后者当成主要依据，显然是本末倒置的。

如说：“从政治上说，少数民族的活动也构成我国历史极其重要的一部分，对创造我国历史，绝不占次要地位。……中国历史是中国各民族共同创造的。如果仅仅把汉族说成是中国的主体，说成是中国历史的主体，就不可能正确、全面认识中国的历史。”这也是不正确的。因为，虽然“中国历史是中国各民族共同创造的”，但不能认为各族在创造中国历史的作用上，不分大小，半斤八两。而是像该论者也承认的那样：“汉族在与其他各族共同缔造伟大祖国的活动中，贡献最大，作用最突出，也可以说起着主导的、核心的作用。”肯定这些客观存在的确凿事实，不仅不会否定“中国历

① 《中国历史上的民族斗争与融合》，刊《历史研究》1980年第1期。

② 《毛泽东选集》第5卷，第278页。

史是中国各民族共同创造的”，而且恰恰可以“正确、全面认识中国的历史”。顺便指出，该论者一方面承认汉族“贡献最大、作用最突出，起着主导的、核心的作用。”同时又说少数民族“对创造我国历史，绝不占次要地位。”这是自相矛盾的。此外，把“中国主体民族”改说成“中国的主体”和“中国历史的主体”，模糊两个不同的概念，进行争论，是不够实事求是的，起码说是逻辑混乱的。

又如说：“历史上的汉族统治阶级，向来把汉族和内地看作根本，把少数民族和边疆看作枝叶，把汉族居住的地区叫‘中国’，把少数民族居住的地区称‘藩属’，汉语被称为国语，汉族的统治者被看作正统等。而汉族是主体的思想的基本点，就是把中国民族分为主、次，而且既然是‘主体民族’，那么这个民族就具有某种特殊地位。”“然而在地位上，不能有主要地位与次要地位之别。”认为，说汉族是中国的主体民族，就“与历史上的大汉族主义思想很难划清界限”，因而提出“要打破那种把汉族说成中国的‘主体民族’的观点”。这段议论的讹误，就更加明显了。症结所在，是它混淆了“主体民族”与“统治民族”的区别，把两者画了等号。什么是“主体民族”？简言之，就是在某一国家众多民族中，人口最多（这一点是最重要的），经济、文化最发达，对整个多民族国家的发展贡献最大，起着主导的、核心的作用的民族。什么是“统治民族”？简言之，就是建立政权、掌握国家机器，能对各族进行统治的民族。两者的根本区别，在于“统治民族”凭借掌握的国家机器，享有政治、经济、文化等种种特权，在各民族中处于特殊的地位，并从而产生歧视、压迫和奴役其他民族的大民族主义思想。而“主体民族”则与上述种种特权、特殊地位和大民族主义思想等，并无必然的联系。例如，在我国历史上，当建立政权的不是汉族而是少数民族的时候，同样作为主体民族的汉族，不但不能享有种种特权和特殊地位，而且还要成为被歧视、被压迫、被奴役的民族，当然也无由产生大汉族主义思想了。相反，某些非主体民族、但建立了强大政权的少数民族，却成了享有种种特权、处于特殊地位和具有大民族主义思想的统治民族。如在元代，作为少数民族的蒙古人和色目人，处于统治地位，而作为主体民族的汉人和南人，却处于被统治地位，就是明显的例证。尤其在今天社会主义社会制度下，作为主体民族的汉族，不但更不具有任何特权和特殊地位，而且与“任何资产阶级在民族问题上都打算使本民族取得特权，或者使本民族获得特殊利益”不同，无产阶级则“反对任何特殊地位”①。当然，在我国，即使在今天，也不能说已经全然不存在大汉族主义思想了。所以，我们至今也在继续强调反对大汉族主义。但这种大汉族主义思想，只是基于历史原因遗留下来的残余，而不是主体民族、更不是社会制度的必然产物。

由此可见，“主体民族”和“统治民族”是两个不同的概念。如实地承认汉族是“主体民族”，决不“是把中国民族分为主、次”，决不意味着汉族“具有某种特殊地位”，决不否定“中国历史是中国各民族共同创造的”，更丝毫不违背“必须实行各民族一视同仁，一律平等，不能有主要地位和次要地位之别”的原则。反之，认为承认汉族是主体民族就“与大汉族主义思想很难划清界限”，从而提出“要打破那种把汉族说成中国的‘主体民族’的观点”的说法，倒是没有划清“主体民族”与“统治民族”的界限，既否定了该论者自己也承认的汉族所起“主导的、核心的作用”，也“就不可能正确、全面认识中国历史”。

七　关于民族关系史研究为现实服务的问题

民族关系史研究，同整个史学研究一样，必须为现实服务。这在学术界认识是一致的。但是，在怎样为现实服务的问题上，却存在着明显的歧异。

① 《列宁选集》第2卷，第521页。

一种是把为现实服务，简单地理解为替现行政策作注脚、找“根据”。例如，为了赞颂和增进我国各民族之间平等、团结、互助的社会主义民族关系，对历史上各民族间既经存在的隔阂、歧视、矛盾和战争等事实，或者采取粉饰掩盖的做法，主张“涉及少数民族历史问题，应该有选择，有避讳。”或者采取美化拔高的做法，把历史上的压迫民族与被压迫民族，说成“一个民族大家庭的成员”。甚至把它们之间侵略与反侵略的战争，说成“兄弟阋墙，家里打架”。为此，有的无视历史事实，如把“蹂躏中原”时使“各族人民在强迫从戎、苛征繁敛的沉重压榨下直接或间接遭受民族压迫痛苦”的苻坚统治集团，说成“对汉族和氐族都不存在民族压迫”，而且“汉族人民是不感到‘民族歧视’之苦”的。有的悖离历史唯物主义基本原理，如在判断战争性质的标准问题上，主张在“战争所继续的是什么政治，战争是由哪个阶级进行的，是为什么目的进行的”这个基本原理之外，另增加“分析战争的后果和影响从而判明其正义与非正义、进步与反动的性质作出恰当的结论”。有的甚至否定有关判断战争性质的基本原理，说什么“对正义、非正义的定义、内涵、衡量标准等理解不尽相同，没有必要纠缠进去。……还不如一分为二，既谈它正确的一面，又谈它错误的一面，比较符合实际”等等。无庸否认，这些论者的良好愿望，是无可非议的。问题是再良好的愿望，毕竟不能代替科学。事实也充分证明，这种做法，非但难以为现实服务，反而必然起到帮倒忙的作用。因为，如果真的如上述论者所说，“我国自古以来就是一个统一的多民族国家”，汉族和许多少数民族，在历史上就“都是一个民族大家庭的成员”，统治民族对被统治民族“都不存在民族压迫”，被统治民族人民也“不感到‘民族歧视’之苦”，甚至达到“休戚相关，荣辱与共”的程度，这无异于说，早在遥远的封建社会，我国就已经实现了今天“平等、团结、互助”的社会主义民族关系。这样，不但严重歪曲了历史事实，违背了实事求是的原则，而且不论是否意识到，实际上则不能不美化了阶级社会的民族关系，大大贬低、以致根本否定了社会主义的民族关系和党的民族政策的划时代的伟大意义。当然，这是事与愿违的。

另一种是把民族关系史为现实服务，建立在坚持实事求是原则和严格尊重历史事实的基础上。即从客观存在的历史实际出发，详细占有材料，在马克思主义基本原理指导下，进行科学地分析研究，揭示其实质和规律，得出符合客观历史真实的结论。这样的结论，虽然要以“严格尊重历史事实”为前提，即要承认历史上既经存在的各民族间歧视、压迫和战争的事实，但由于无产阶级与广大人民的根本利益完全一致，所以，这种历史的真实，不但不会影响、而且适足以增进当前各族人民的团结与友好，真正起到为现实服务的作用。关于这点，早在二十多年前我就指出：“由于我们以历史唯物主义的观点，揭示了历史上不平等民族关系的社会根源与历史实质，科学地阐明了在过去历史阶段中真正平等的民族关系根本不可能出现，从而，就必然地得出只有在今天无产阶级专政的社会主义制度下，才能实现民族间真正平等、友爱、亲密、团结的伟大结论来。这样，各族人民从过去不平等的民族关系所造成的痛苦不幸的回忆对比中，就会更加感到今天由无产阶级的平等民族政策所带来的友好幸福生活的可爱，就会更加感激缔造并认真实施这一先进的平等民族政策的英明的党。这样，也才真正达到了研究民族史为当前政治服务的目的。对当前的民族友好团结，真正起到了推动和巩固的作用。”① 这个观点，在当时，引起了重视。以后，特别是十一届三中全会以来，得到了越来越多同志的赞同，并进一步作了补充阐发。如说：“我们在看到历史上存在民族友好交往的同时，也揭示一些民族关系的阴暗面，不但没有害处，反而有利于加强今天的民族团结，这样做恰恰可以教育各族人民，使他们认识到中华人民共和国的建立对于民族关系的改造具有多么伟大的意义，

---

① 拙作《再论中国古代史中有关祖国疆域和少数民族的问题》，刊 1962 年 8 月 2 日《文汇报》。

使他们更加感觉到今天的民族团结是如何来之不易，使他们进一步体会到贯彻党的无产阶级民族政策是多么重要，使他们从理论上明确大汉族主义和地方民族主义是剥削阶级影响的残余，应当加以彻底清除。……关键的问题不是不讲民族关系史上的阴暗面，而是要用历史唯物主义的基本理论武装各族人民，让大家能够正确地对待这些不愉快的往事。只有各族人民真正普遍掌握马列主义的民族理论和阶级观点，我们的民族团结才能建立在非常坚实的基础之上。”① 又如说：“历史上的民族关系，不是平等的，而是剥削和压迫的关系。对历史上的民族压迫关系，不需要讳言，也不需要掩盖，而应该揭露它。如果掩盖它，就是掩盖历史上剥削统治阶级压迫各族人民的罪恶。这样做，不但不利于今日的民族团结，反会制造思想混乱。只有以今日民族平等的观点去研究历史上的不平等的民族关系，把历史的真实告诉各族人民，揭露历史上民族压迫的事实和产生的阶级根源，才能使各族人民分清是非，才能了解社会主义的民族关系与历史上的民族关系的根本区别，从而认识到社会主义民族平等关系的可贵；也只有这样才能真正加强民族团结。”② 其他类似的例证尚多，不再列举。即此也可以看出这些观点史实的确凿和理论的深度，其科学性和正确性是无庸赘言的。

列宁曾说，马克思主义理论“之所以具有不可遏止的吸引力，就在于它把严格的和高度的科学性（它是社会科学的最新成就）和革命性结合起来。”③ 同样，要使民族关系史研究真正发挥为现实服务的作用，也必须认真遵循这一原则。建国三十多年来的实践已经反复证明，对马克思主义史学来说，革命性是建立在科学性基础之上的，两者是统一的。离开了科学性，也就谈不到革命性；不

---

① 《唐太宗民族政策的局限性》，刊《历史研究》1982 年第 6 期，第 60 页。

② 《我国民族史研究中的某些理论性问题》，载《中国民族关系史研究》，中国社会科学出版社 1984 年版。

③ 《列宁选集》第 1 卷，第 81 页。

是"根据正确的和不容争辩的事实来建立一个可靠的基础"①，而是试图通过"避讳"、"掩盖"、"粉饰"、"美化"、"拔高"等歪曲古代民族关系的做法，来加强当前的民族团结和友好，实现"为现实服务"，这与马克思主义史学的革命性是毫无共同之处的。即使出于善良的愿望，也不可能达到预期的目的，而只能事与愿违，产生相反的效果，把民族关系史的研究引入歧途，造成混乱。"不仅探讨的结果应当是合乎真理的，而且引向结果的途径也应当是合乎真理的。"② 我们要深刻领会和严格遵循马克思这个教导，认真总结经验教训，切实把革命性与科学性结合起来，开创中国民族关系史研究的新局面，真正为促进当前的民族团结和祖国统一做出贡献。

(原刊《东岳论丛》1987 年第 1 期，
同年《新华文摘》第 5 期转载。)

① 《列宁全集》第 23 卷，第 293 页。
② 《马克思恩格斯全集》第 1 卷，第 8 页。

下编

试论汉武帝的对外战争

——兼与尚钺同志商榷

一

汉武帝对外战争的评价，是目前我国史学界一个存在意见分歧的问题。不久以前，尚钺同志在《如何理解历史人物、事件和现象》① 一文中，对这个问题提出了自己的看法，指明“离开了时代和条件，不但不能了解历史人物，也不能了解历史事件”。所以“想把汉武帝的征服事业给以正确的评价，首先就要搞清楚当时中国社会发展的阶段，以及其经济条件和社会内部矛盾的特点”。这是完全正确的。可以说，这是为我们今后进一步研究、并彻底解决这个问题，提供了一种科学的方法。

但应指出的是，尚钺同志并没能很好地运用他自己所提出的原则，在接触到具体问题时，反而由于不恰当地夸大了当时的“时代和条件”，得出许多值得推敲的论点。际此在学术研究上提出“百家争鸣”方针的时候，愿意谈谈自己的一得之见，和尚钺同志商榷，并请大家指正讨论。

二

尚钺同志的论文（以下简称“尚文”）是以汉武帝所处的历史

---

① 《教学与研究》，1956 年 4 月号。

时代——奴隶占有制高度发展的时代为依据，来评价他所进行的对外战争的。关于古代史分期问题，我与尚钺同志存在分歧，因不属本题范围，不去讨论。但应承认，把历史人物和事件放在一定的历史条件下进行具体的分析，这种方法的正确性，是不容置辩的。问题却在于"尚文"不适当地过分强调了历史条件，从而导致出了不够正确的结论。"尚文"这样写道：人类历史上相互更替的一切社会阶段"对它所赖以发生的时代和条件来说，都有其存在的理由，都是必然的"。汉武帝时代中国的社会性质既然"正处于奴隶占有制高度发展的时代"，那么，"这种社会经济结构就决定了西汉社会对于廉价奴隶劳动力的需要量很大，奴隶市场很繁荣，从而西汉帝国在武帝时的征服战争规模必然很大，这现象是历史地决定的"。

上述论点的问题是很明显的。它是混淆了两个不同的概念：其一，是人类社会不同阶段在历史过程中存在与交替的必然性。另一，是在一定历史阶段里所发生的战争现象。应该说，奴隶占有制作为人类历史的一个阶段出现，是合乎规律的和必然的，不承认这一点是不对的。同样，由于奴隶占有制社会的经济结构，决定了对于廉价奴隶劳动力的需要量很大，奴隶市场很繁荣，从而也就不可避免地经常爆发为大规模掠夺奴隶的战争。不承认这一点也是不对的。但能不能从这里得出结论说，这些战争的进行，都是"历史地决定的"，与某些个别历史人物的活动，全然无关呢？回答是不可以的。因为假如真是这样的话，那么，大规模的征服战争，便不会是汉武帝的时代多，他的以后少，而是应该贯串于整个奴隶占有制高度发展的时代了。而且，当时的具体史实，也证明了这种论点是不能成立的。比如，"太初三年，汉入西域者言，（大）宛有善马，在贰师城，匿不肯与汉使"。汉武帝听后，便"拜李夫人兄广利为贰师将军，发属国六千骑及郡国恶少数万人以伐宛"①。爆发

① 《汉书·李广利传》。

为一次延续了几乎两年的侵略战争。类似的例子还有许多，仅此就可以有力地说明，历史人物的活动，对于某一次战争来说，是可以起到一定的、甚至是决定的作用的。

“尚文”的这个论点，事实上牵涉了评价历史人物的原则问题，因此有必要在这里较详细地谈谈。大家知道，一切封建的、资产阶级的历史学者，都是夸大个别英雄人物在历史上的作用的。他们认为，历史人物的活动，全然可以不受当时历史条件的干涉：改良变法，只是某些贤俊卿相的主观意愿，而某些帝王的一个念头，就能够引发连年的血战。这种主观唯心论的英雄史观，和马克思主义的科学历史观，是完全背离的。但还须强调指出，马克思主义一方面反对上述封建的、资产阶级的主观唯心论的英雄史观，主张社会历史发展的进程，在最终结上决定于社会物质生活条件的发展，而不是决定于个别英雄人物的活动。可是，另一方面，也反对全然抹杀历史人物的能动作用，把历史人物的活动与历史条件对立起来，陷于另一极端。普列汉诺夫曾经批评这种人说：“这种理论上的极端性，是与热烈的主观主义者所犯的那种极端性不容宽恕的”[①]。如果按照“尚文”的论点推论，既然西汉帝国在武帝时所进行的征服战争，都是“历史地决定的”，这实际就等于取消了汉武帝这一杰出历史人物意志的作用。因而，再来讨论这个题目，也就成为毫无意义的了。

其次，由于“尚文”混淆了上述两个不同的概念，从而还导致了另一个不正确的论点。即从肯定奴隶占有制在当时“有其存在的理由，是必然的”，并且曾经是“一种大进步”出发，不恰当地肯定了汉武帝所进行的对外征服战争。他一方面说：“在这种情况下（按：指西汉经济文化空前的昌盛），我们就可以看见汉武帝的时代及其历史条件，和以汉武帝为首的贵族奴隶主统治阶级，

---

① 普列汉诺夫：《论个人在历史上的作用》，苏联外国文书籍出版局1950年中文版，第15页。

在内部，对自由民——自耕农与小手工业者——的残暴榨取，和对奴隶大众所施行的野蛮屠杀和虐待，即所谓‘专杀之威’，因为奴隶主没有这种‘制于臣民、专断其命’的特权，就不能强迫对生产毫无兴趣的奴隶为他们生产消费品”。并从而指出汉武帝对四周各民族国家进行大规模的劫掠和征服，说“只有在这里，我们才看见对外政策即对内政策的延续及其一致性”。可是另一方面却又断言，像“侵略”、亦“即屠杀和抢劫邻国的人民与财富等等，在汉武帝时代，则认为是正当的，甚至是比劳动生产更光荣的事业”。

上述这个结论，更是令人难以首肯的。第一个说法的错误是“尚文”把奴隶占有制在一定历史阶段上曾起过进步作用与奴隶主统治阶级残酷地压榨自由农民和野蛮地屠杀奴隶大众混为一谈了。然而实际上二者是截然不同的。奴隶占有制作为人类社会发展的一个阶段必然出现在历史上，并曾起过进步作用，而且，在当时条件下，由于生产水平的低下限制了人们的认识，使他们也不会看出这种制度有什么不正常之处，这都是必须承认的事实。然而，我们却不能由此就把奴隶主统治阶级对自由农民和奴隶大众所进行的残暴榨取和野蛮屠杀，也认为是“合理”的。因为，奴隶占有制是历史发展过程必有的阶段和起过进步作用，是一回事；而奴隶主统治阶级的残暴压榨屠杀行为，则是另一回事。正如马克思和恩格斯在论到资本主义制度上升时期在历史上的作用时，既肯定“资产阶级占得阶级统治地位还不到一百年，而它所造成的生产力，却比先前一切世代总共造成的生产力还要宏伟得多”①。同时也强调指出：“新出现在世界上的资本，是从头到脚每个毛孔都渗透着血和污物”。他们对“直接生产者的剥夺，是以极无情的横暴手段，在最可耻、最丑恶、最卑劣、最可厌的欲念冲动下进行的”②。经典作

---

① 《共产党宣言》，人民出版社1951年版，第38页。

② 《资本论》，三联书店版，第650—651页。

家这一论证的范例，为我们研究汉武帝的征服战争，提供了极正确的原则。那就是我们既要肯定奴隶占有制曾在历史发展过程中的某一阶段上发生过进步作用。但也必须指出，奴隶主统治阶级残酷地压榨自由农民和野蛮地屠杀奴隶大众，则是一种罪恶的暴行，不能把二者混同起来。从这里也可以明确，汉武帝的对外政策，既然是“对内政策的延续”，并有着“一致性”，因而，他的“征服政策”也便是非正义的、罪恶的，而不是如“尚文”所说，还有什么“进步作用”。在这里，他显然是把汉武帝的“征服政策”与他发动的征服战争的某些客观作用，混为一谈了。

关于第二种说法，我们认为，如果按“尚文”所说，以汉武帝为首的奴隶主统治阶级“把‘侵略’认为是正当的，甚至是比劳动生产更光荣的事业”，这并没有什么不对。因为一切侵略战争都是由他们发动的，其目的或者直接掠夺其他民族国家的土地、劳动力和财富，或者用以转移广大劳动人民的视线，缓和国内的阶级矛盾。而这些都是对他们有利的。可是，如果不加分辨地把这种看法，同样加在广大劳动人民头上，则并不符合广大劳动人民的思想感情。不难确知，在奴隶主以及一切统治阶级所发动的侵略战争中，广大人民不只不会得到什么利益，而且还必然要遭到比平时更加沉重的压榨和残酷的杀伤。所以，广大劳动人民总是要反对侵略战争。如隋炀帝侵略高丽的战争，就是在农民大起义浪潮的冲击下，遭到可耻失败的。关于这点，毛泽东同志曾说：中华民族各族人民，不但“都反对外来民族的压迫，都要用反抗的手段解除这种压迫”。而且也“不赞成互相压迫”①。所以，“尚文”把汉武帝时代的广大劳动人民，也笼统地说成把“侵略”看成“是正当的”，“甚至是比劳动生产更光荣的事业”，是缺乏任何根据的。

最后，我们更不能同意“尚文”从上述论点出发所得出的另一种不正确的说法。“尚文”在评价汉武帝的对外战争时这样写

① 《毛泽东选集》，人民出版社 1952 年版，第 593 页。

道：对汉武帝对外战争的评价，主要是应当研究它“对于当时整个中国社会起的是什么作用，而不是‘侵略’与‘非侵略’的问题”。

十分清楚，尚文的这种提法，是全然违反了马克思主义关于战争性质如下的重要原则的：“战争有两种：（一）正义的、非掠夺性的、解放的战争，其目的是在保卫人民抵御外来侵犯及奴役人民的企图……（二）非正义的、掠夺性的战争，其目的是在侵略和奴役别的国家，奴役别国人民”。并强调指出，无产阶级“拥护前一种战争”，而坚决地反对“后一种战争”[①]。“尚文”主张评价汉武帝的对外战争，主要应当研究它“对于当时整个中国社会起的是什么作用”，而不要去管它“是‘侵略’与‘非侵略”。这就在实际上否定了马克思主义有关战争性质的基本原理。这种提法的错误在于：第一，既然可以不管交战双方的“侵略”与“非侵略”，那么中国历史上一切民族之间的战争，其为正义的或非正义的，就都是不可分辨，而且也没有必要分辨的了。其次，既然交战国之间不存在正义与非正义，那么我国历史上所发生的中国与周围各民族国家之间的战争，也便都是“胡砍乱杀”的一笔糊涂账，完全没有是非曲直可言了。再次，不论“尚文”同意与否，由此也必然得出如下的结论：中国历史上广大劳动人民抗击外族、外国侵略的英勇斗争，是“毫无意义”的；同样，像岳飞、文天祥、史可法等坚决抵抗侵略、并最后献出宝贵生命的杰出历史人物，也就不成其为民族英雄了。这种论点的危害性，在于它容易为帝国主义者据为借口，当作他们进行侵略战争的理论根据。他们将会这样说：追究战争的性质属于“侵略”与“非侵略”，是全然没有必要的。主要的是应该等“将来”看它“对于整个社会起的是什么作用”。这样，就把被压迫人民反对侵略的正义斗争的意识，完全模糊了。

---

① 《联共（布）党史简明教程》，苏联外国文书籍出版局1949年版，第208—209页。

从以上的分析可以看出，“尚文”虽然提出了结合“时代和条件”研究历史人物与事件的科学方法，但由于不恰当地过分强调了前者，甚至加以代替和混淆，从而发生了许多错误的论点，也没能够正确地解决汉武帝对外战争的评价问题。

三

那么，应该怎样对汉武帝的对外战争，作出正确的评价呢？与“尚文”相反，我们认为，首先必须根据马克思主义有关战争的基本原理，确定汉武帝所进行的对外战争的性质。由于“一切战争与它从而产生的政治制度是不可分离地联系着的”①，为了了解战争发生的原因和性质，便必须从双方社会政治情况中去探求。

西汉初期，经过自秦末以来赋税徭役苛重和长期战乱的结果，人口流亡，生产萎缩，经济异常困窘，“天子不能具醇驷，而将相或乘牛车”，“民无盖藏”②。加以中间又经异姓诸侯王之乱，刘吕之争，吴楚七国的叛乱，从陈胜吴广大起义血泊中建立起来的汉刘统治政权，还是处在喘息未定、风雨飘摇之中的。与此同时，在塞外过着游牧生活的匈奴，由于金属工具的广泛使用，生产力急遽提高，有了剩余劳动和从事生产的奴隶，部族社会内部分化，形成上层统治阶级首脑——单于，出现了具有初步统一组织的国家和职业军队：“置左右贤王，左右谷蠡，左右大将，左右都尉，左右大当户，左右骨都侯。自左右贤王以下至当户，大者万骑，小者数千骑，凡二十四长，立号曰万骑”③，开始积极地企图在对外战争中捕掠大批俘虏，充当奴隶，以满足获得更多富饶地域、劳动力和扩大财富的要求。在它灭东胡王、西击走月氏，南并楼烦、白羊、河

① 转引自赫鲁斯托夫：《马克思列宁主义论战争》，人民出版社 1953 年版，第 4 页。

② 《汉书·食货志》。

③ 《汉书·匈奴传》。

南王以后，更进窥膏腴肥沃的黄河流域，挥动“风雨疲劳饥渴不患”的强劲骑射部队，弯弓跃马，指向中原。高祖刘邦时，曾经誓师北伐，但因实力相差悬殊，白登之围，险些做了冒顿单于的俘虏，以后六十年间，只有采用忍辱屈服的“和亲”，来换取暂时的苟安：“使刘敬奉宗室女公主为单于阏氏，岁奉匈奴絮缯酒米食物各有数，约为昆弟以和亲”，“冒顿乃少止”①。但是，“战争是某一国家在战前所施行的对内政策的反映”②。匈奴既然已从原始社会进入阶级社会，既然基于生产力的提高有了对劳动力的迫切追求，这样，对西汉王朝的战争，“首先是掳掠奴隶的基本手段，同时也是掠夺和征服其他民族的工具，巩固奴隶主阶级统治的手段。这些战争是决定于奴隶制生产方式的，这种生产方式需要源源不绝的奴隶作为主要的劳动力”③。因之，匈奴对西汉王朝的侵掠就不能因“和亲”而中止。“文帝三年五月，匈奴右贤王入居河南地，侵盗上郡，杀掠人民”，“十四年，匈奴单于十四万骑入朝那萧关……掠人民畜产甚多”，“后六年冬，匈奴复绝和亲，大入上郡、云中各三万骑，所杀掠甚重”，“终景帝世，时时小入盗边”④。

到文景之世，汉政权经过较长时期的休养生息，全国经济已大大恢复并发展起来：“人给家足，都鄙廪庾尽满，而府库余财。京师之钱，累百钜万，贯朽而不可校。太仓之粟，陈陈相因，充溢露积于外，腐败不可食”⑤。刘汉帝国财力充实，国势已很强大。但匈奴的侵扰，并未稍止：“武帝元朔二年秋，匈奴二万骑入汉，杀辽西太守，掠二千余人……又入雁门，杀掠千余人”。“二年冬，匈奴入上谷、渔阳，杀掠吏千余人”。“三年，匈奴数万骑入代郡，

---

① 《汉书·匈奴传》。

② 转引自赫鲁斯托夫：《马克思列宁主义论战争》，人民出版社 1953 年版，第 5 页。

③ 同上书，第 17 页。

④ 《汉书·匈奴传》。

⑤ 《汉书·食货志》。

杀太守恭及掠千余人"。"秋，又入雁门，杀掠千余人"。"四年夏，匈奴又复入代郡、定襄、上郡各三万骑，杀掠数千人"。"五年秋，匈奴万骑入代，杀都尉朱英，掠千余人"[①]。从元朔二年到五年（公元前127年到124年），匈奴没有一年不来侵扰并大量掳掠人口，"以为奴婢"。边塞的人民，几十年来一直呻吟在敌骑的铁蹄之下，忍受着深重的民族压迫的苦难。

汉武帝统治政权随着经济的恢复与发展，有力量支持大军对外作战，从元朔六年（公元前123年），开始由消极防御转而采取主动出击的政策。元狩二年（公元前121年），霍去病率军攻占河西。到元狩四年（公元前119年），又发动了更大规模的出击，卫青、霍去病率二十万骑，北渡瀚海沙漠，予匈奴单于以致命打击，使匈奴在以后较长时期内无力南犯。从这些次对匈奴发动战争的原因看，汉武帝是站在被侵略的立场，为了抗击匈奴奴隶主掠夺奴隶的侵略战争而斗争的。他的主要目的，固然是为了保卫其统治政权免遭摧毁，但由于这些战争把广大人民从胡骑的践踏下解救出来，符合了人民的要求，就超出了维护刘汉统治阶级利益的狭隘范围。虽说在战争中，汉族人民也遭受了惨重的损失，如元狩四年（公元前119年），卫青、霍去病合攻匈奴，"所杀掳八九万，而汉士物故者亦数万，汉马死者十余万匹"[②]，可是这些牺牲是有代价的，它给广大人民消除了严重的灾祸，换来了较为长久的安宁。因此，这种战争是反侵略的、求解放的和正义的。

扩大剥削对象，扩充自己的财富，是阶级社会中任何统治阶级的必然要求。统治阶级所领导的反侵略战争，几乎成了一个规律：当他们在反侵略战争中获得胜利，社会经济渐趋繁荣，军事力量逐渐强大的时候，随着就产生了向外扩张领土和势力范围以及掠夺财富的要求。于是把从前他们所曾经反对过的侵略战争，强加在别的

① 《汉书·匈奴传》。

② 同上。

弱小的民族国家头上。正如列宁所说："战争的性质与目的可以因战争发展的政治局势之变化，而发生实质上的变动。历史上曾有过这样的事实：由于交战国的国际与国内局势的变动，由于政治势力之新的配合的形成，而使正义的战争变成了非正义的战争"①。代表大地主阶级利益的刘汉政权，也为这个规律所决定，加上汉武帝的"好大喜功"，于是在击败匈奴之后，就向四周各少数民族国家，如东方的朝鲜、东胡，南方的三越、西南夷，西北方的西域诸国，展开了侵略和掠夺的战争。如元封二年（公元前109年），武帝遣使招降朝鲜，朝鲜王右渠不奉诏。就在翌年海陆进军征服朝鲜，"夷其地为真蕃、临屯、乐浪、玄菟四郡"②。又如，武帝在太初三年（公元前103年），听说"（大）宛有善马，匿不肯与汉使"，便"拜李夫人兄广利为贰师将军"，发动了征服大宛的战争。经过多次挫折，终于"取其善马数十匹，中马以下三千余匹"③。从这两个战争的例子来看，武帝发动对外战争的原因，不外是"降抚四夷，以彰国威"和掠取财货。而所付出的代价和取得的收获，则是通过对朝鲜与大宛的征服，提高了统治阶级的威望，满足了勒索贡赋的欲念，和掠取了大量的财富。而这些，却是劳师动众，历数年之久，牺牲包括汉兵和朝鲜、大宛兵民几万人的生命才换来的。这种战争，丝毫不包含反侵略的性质，除了被征服的民族国家受到惨重的蹂躏劫掠外，即使征服者国家的人民，也直接、间接地遭到重大的灾难。因之，这种战争，包括汉武帝后期进行的类似上述的战争，就不能不是掠夺性的和非正义的了。

列宁在谈到"应当怎样认识战争"和"应当怎样对待战争"时说：它的"基本问题，就是要认清：哪些阶级准备和进行战争？

---

① 转引自赫鲁斯托夫：《马克思列宁主义论战争》，人民出版社1953年版，第6页。

② 《汉书·朝鲜传》。

③ 《汉书·李广利传》。

战争的目的是什么?”[1] 某些阶级进行战争的企图，也就是该次战争性质的具体标志。根据汉武帝前后期发动对外战争的原因和目的，来判断其不同的性质，是不难作出科学评价的。

四

评价汉武帝的对外战争，首先要明确其“侵略”或“非侵略”的性质，但也并不排斥考虑“对于当时整个中国社会起的是什么作用”的因素。因为，马克思主义者不是民族主义者，所以在判断民族或民族国家间战争的进步性或反动性时，不只单纯从“反对民族侵略”出发，也要以这一次战争在当时历史条件下是否能够改进人民群众的状况，和能否把人类社会向前推进一步为依据进行观察。如同斯大林所说：“民族权利问题，并不是什么孤立的自满自足的问题，而是无产阶级革命这个总问题的一部分，它服从这个总问题，并且要从这个总问题观点上去观察它”[2]。应当说明，帝国主义时期无产阶级世界革命时代的民族运动问题，是绝然不同于奴隶制和封建制时代的，不能任意类比。但却可以根据斯大林上述原理推论。既然现代帝国主义时期，应该以社会主义革命斗争的总成果为标准来评论每一个民族运动，那么，对于奴隶制和封建制时代各民族或民族国家间的冲突和战争，就也应该以当时经济文化发展的总利益为标准来考察。如果某些民族战争违反了经济文化发展总趋势的利益，它就不能是进步性的，而是反动性的。反之，某些民族战争，如果顺应了经济文化发展的总趋势，推动了生产力的发展，增加了社会财富，改善了人民生活时，它就是进步的，应予肯定的。汉武帝的对外战争，包括后期的对外战争，扩大了中国的

---

① 转引自格，德・法捷也夫：《论正义战争与非正义战争》，五十年代出版社1952年版，第6页。

② 斯大林：《列宁主义问题》，苏联外国文书籍出版局1949年版，第80页。

疆域，媾通了东西的文化，丰富了汉族人民的物质和精神生活，并把汉族先进的生产技术和经验，传播到当时比较落后的各少数民族地区和国家，促进了他们的生产力的发展和社会经济文化的繁荣。从当时社会发展的总利益来看，应当承认它客观上起了积极的进步的作用，是与那种反动的民族战争不同的。

但必须着重指出，肯定汉武帝后期的对外战争也有进步作用，绝不是否定这些战争的侵略性，绝不是连汉武帝的“征服政策”也看作具有“进步作用”，更不允许把他的“屠杀和抢掠邻国的人民与财富”等，都说成是“比劳动生产更光荣的事业”。因为，正如“尚文”也指出来的，“这些历史的作用与影响，绝对不是汉武帝进行征服战争始料所及的”。即绝不是他有意识自觉活动的结果，而是历史发展所起的客观作用。

由此可见，虽然在这一点上“尚文”的结论和我们也是相同的，但我们的结论是从汉武帝后期征服战争的非正义性和依据这种征服战争对当时历史所起的客观的推动作用得出来的。而“尚文”的结论，则是从不恰当地过分强调“时代和条件”、取消“侵略”与“非侵略”的区别，以至把汉武帝的征服战争与“时代和条件”混淆起来、绝对加以肯定得出来的。这就是我们和“尚文”的主要分歧所在。

限于这个问题本身的复杂性和个人的水平，难免有不当、甚至错误之处，殷切地希望尚钺同志和大家讨论指正。

（原刊《文史哲》1956 年第 11 期）

试论淝水之战的性质及有关的几个问题

——与黄烈、徐扬杰同志商榷

公元383年前秦和东晋的淝水之战，对我国历史的发展，曾发生过较大影响。关于这次战争的性质，解放以来史学界的认识是比较一致的。不久以前，黄烈和徐扬杰同志分别撰文①，提出了不同意见。如“黄文”认为，“前秦对东晋的战争，不是以氐族对汉族进行‘种族奴役’为目的的民族侵略战争，……而是南北封建统治集团之间的兼并统一战争”。从而以为“纳入侵略反侵略的框框，是值得商榷的”。“徐文”更明确断言：“前秦方面是统一中国的正义战争，而东晋方面是保卫士族地主腐朽统治的不正义战争”②。我们认为，这两篇文章，尤其是后者，从理论、史料到方法论，都存在着不妥和明显的错误，并牵涉到一些重要理论原则问题，有必要加以探讨，把它搞清楚。

一　关于以什么为根据判断战争性质的问题

以什么为根据来判断战争的性质？马克思主义对这个问题的回答是十分明确的。列宁在引用了克劳塞维茨“战争是用另一种

---

① 黄烈：《关于前秦政权的民族性质及其对东晋的战争性质问题》，刊《中国史研究》，1979年第1期；徐扬杰：《淝水之战的性质和前秦失败的原因》，刊《华中师院学报》，1980年第1期。以下简称“黄文”、“徐文”。

② 引自“黄文”、“徐文”。以下凡引用两文，均不再注明出处。

（即暴力）手段之继续”的名言以后，强调：“马克思主义者始终把这一原理公正地看作探讨每一次战争的意义的理论基础。马克思和恩格斯一向就是从这个观点出发来考察各种战争的”[①]。正是根据这一原理，列宁进一步明确指出：“战争的性质及其胜利主要取决于参战国的国内制度，战争是该国战前所推行的国内政治的反映”[②]。所以，为要找出战争的“真正实质”，就“应当研究战前的政策，研究正在和已经导致战争的政策”[③]。这些经典理论都清楚说明：第一，战争是交战国战前政策改用暴力手段的继续；第二，政策是有目的性的；第三，因此，战争的性质，主要应当根据交战国进行战争的目的来决定。关于这一点，广大史学工作者，包括黄、徐两同志，也都是同意的。如他们在引用了列宁的话以后，“黄文”说：“对于前秦与东晋战争的观察，同样不能离开这一理论基础”，接着并列举史料，分析了“苻坚发动对晋的战争目的”。“徐文”也指出：“这是列宁分析帝国主义时代的战争所得出的结论，我们认为，它同样是判断历史上一切国家与民族间的战争性质的指导思想。依照列宁的教导，我们来研究一下淝水之战以前，前秦和东晋的国内状况和国内政策，是有意义的”。但是，黄、徐两同志在具体运用时，却并未认真遵循这个原理，而是离开了它。如，“黄文”以较大篇幅论证了“前秦政权的封建汉化性质”，断定淝水之战是“南北封建集团之间的一场兼并统一的战争”，不应该“纳入侵略、反侵略的框框”，实际上否定了这次战争的性质存在正义与不正义的区别。“徐文”则走得更远，说什么“在封建社会里，除去被压迫阶级（主要是农民）和被压迫民族（主要是国内的少数民族）的反抗战争之外，统治阶级之间的战争，从主观上看，都是为了扩大或者维护自己的统治和剥削。但从客观上看，

---

① 《列宁全集》第 21 卷，第 284 页。

② 《列宁选集》第 4 卷，第 96 页。着重号是引者加的，以下凡不注明“原有”者，均同。

③ 《列宁全集》第 23 卷，第 23 页。

从战争对社会历史发展的影响来看，确有正义和不正义之分”。从而认为“从客观上看，淝水之战的性质，前秦方面是统一中国的正义战争，而东晋方面是保卫士族地主腐朽统治的不正义战争。”不难看出，这些提法，都是大有问题的。前者在于将“前秦政权的民族性质”，即其“与汉族的融合过程早已在进行，当其转入统治地位时已不属于‘野蛮的征服’状态，而是接近于完成汉化的状态”，与“战争的进步性”，画了等号。断定除了“野蛮的征服”之外，其他的“征服”战争、也包括前秦对东晋的征服战争，都不是侵略战争。后者更至少包含以下明显的错误：其一，认为在封建社会里，除去被压迫阶级和被压迫民族的反抗战争以外，统治阶级之间的战争，都是为了扩大或者维护自己的统治和剥削。所以，从主观上看，就无法区分战争的正义和不正义性。这样，实际上就等于一笔抹杀了历代某些统治阶级进行的反抗战争，然而这是不符合历史真实情况的。我们认为，说统治阶级之间的战争，都是为了扩大和维护自己的统治和剥削，这从实质上说，并没有什么不对。但以此为根据，完全否定了它们之间的战争，也存在正义和不正义的区别，就是错误的了。因为，社会历史现象是错综复杂的。在统治阶级之间的战争中，侵略者不仅直接威胁被侵略国家政权的统治，也直接危害被侵略国广大劳动人民生命和财产的安全。在民族矛盾急剧激化，上升为主要矛盾时，阶级矛盾暂时趋于缓和，下降到次要的地位。这就使后两者具有了共同的利益，能够联合起来，进行反抗侵略的战争。事实上，历史上大多数这样的反抗战争，就是在当时的统治阶级领导下、或者由他们组织发动进行的。这样的战争，尽管从根本上说，统治阶级双方都是为了维护自己的统治和剥削，但反抗侵略的一方，却被赋予了正义的性质。那种把战争简单化地分为被压迫阶级、被压迫民族的反抗战争与统治阶级之间的战争，并把后者全部加以否定的做法，显然是不正确的。特别是所谓其二，“从客观上看，从战争对社会历史发展的影响看，确有正义和不正义之分”的提法，更是带有原则性的错误。正如我们在前面所作的分析，从马克思、恩格斯到列宁，都是明确主张根据交战国的政策，亦即根据交战国发动战争的目的，来判断战争的性质的。而“徐文”却不仅断言“从主观上看”无法区分统治阶级之间战争的正义性与不正义性，从而违反了马克思主义这个重要原理。并进一步提出了所谓“从客观上看，从战争对社会历史发展的影响来看”这样一个谬误的原则。按照这个原则，一切统治阶级之间的战争，在战争进行的初期和过程中，都是无法区分正义与不正义的。只有在战争结束以后几年、十几年、甚至几十年，根据“战争对社会历史发展的影响”，才有可能作出判断。这样，他表面上虽然也承认战争“确有正义与不正义之分”，实际上却是把这种区分，从根本上，起码是在战争的初、中期，加以取消了。这种提法，不但从理论上说是错误的，而且从实践上说也是很有害的。因为它可以为发动侵略战争的一方提供这样的口实：“战争双方的目的都一样，而正义则在我方。不信的话，等几年、十几年或几十年后，从客观上看‘战争对社会历史发展的影响’，便可见分晓!”这是一种混淆是非的“理论”，它对什么人有利，是不言而喻的。非常明显，“徐文”在这个问题上的错误，是把战争的正义性，与某些战争产生的客观进步作用这两个根本不同的概念，混为一谈了。其三，为了证明自己的论点，“徐文”还引用了大量的史料。但所引史料，不仅文不对题，而且还曲解了马克思主义关于判断战争性质的理论原则。比如，他一方面引用列宁“应当研究战前的政策，研究正在导致和已经导致战争的政策”的话，要“依照列宁的教导，来研究一下淝水之战以前前秦和东晋的国内状况和国内政策”。但接着却说：“我们看一看前秦灭掉东晋，是不是想蹂躏汉族的先进经济文化？东晋的拼死反抗，是不是为了保卫汉族先进的经济文化?”而引用的史料，则是：苻坚在政治方面，明法峻刑，打击豪强，选任贤才，整顿吏治；在经济方面，劝课农桑，兴修水利，减轻租赋，休息民力；在文化方面，提倡儒学，广兴学校，复兴周孔文化；在民族关系方面，侧重在和抚“夷狄”，促进民族的交往和融合。这些政策施行的结果，是出现了“关陇清晏，百姓丰乐”，“田畴修辟，帑藏充盈”，“人思劝励，号称多士”，“兵强国富，垂及升平”的局面。结论是：“前秦的统治，到苻坚时已经完全封建化，完全是一个封建政权”，并且“正处在生气勃勃的时候”。就是典型的例证。这里，列宁所强调研究的，不仅是一般的“战前的政策”，而且是“已经导致和正在导致战争的政策”。是为了“分析战争是由于什么打起来的，是什么阶级为了什么目的进行的”①。可是“徐文”实际研究的，却是前秦“是不是想蹂躏汉族先进的经济文化”和东晋“是不是为了保卫汉族先进的经济文化?”引用的史料，又是为了颂扬前秦的政绩“很像汉族历史上的‘文景之治’、‘贞观之治’”，从而证明并没有“蹂躏破坏汉族先进经济文化的迹象”。且不说这种颂扬前秦政绩的史料，颇多溢美之词，并不符合当时的实际情况（这点在下边还将进行探讨）。即使真的是那样，这些政策与“已经导致和正在导致战争”，又有什么相干呢？不是显然“文不对题”吗？当然，也要指出，“文不对题”，并不等于“无的放矢”，“徐文”的“的”是很清楚的，就是要证明前秦已经“完全是一个封建政权”，并且“正处在生气勃勃的时候”，它“灭掉东晋，并不是想蹂躏汉族的先进经济和文化”。但是，这里我们要问，难道排除了“蹂躏”这一点而侵犯别国的主权、占夺别国的领土、灭掉后进的弱小国家，就不是侵略而是正义的吗？如果这种理论能够成立的话，那么，一切社会制度相对先进的国家，侵略以及灭亡相对后进的国家，就更成了正义的、甚至是解放的战争了。这种弱肉强食的“理论”，显然是非常有害的。

二 关于淝水之战的性质问题

为了证明前秦侵略东晋战争的“正义性”，“徐文”引用了大

---

① 《列宁全集》第4卷，第24页。

量史料说明前秦、东晋政权战前的政策和社会状况。把前秦美化为尧天舜日，而把东晋描绘成漆黑一团。引用的史料，主要有以下六条：《文献通考》卷2《田赋》2：东晋租赋没有定制，“其军国所需杂物，随土所出，临时折课市取，乃无恒法”；《晋书》卷73《庾龢传》：徭役更为苛重，仅丹阳一地，“升平中，（庾龢）代孔严为丹阳尹，表除众役六十余事”；《晋书》卷85《刘毅传》：稍后，人们谈到东晋的赋役时说：“今江左区区，户不盈数十万，地不逾数千里，而统旅鳞次，未获减息，……役调送迎，不得止息”；《晋书》卷75《范宁传》：“古者使人，岁不过三日；今日之劳扰，殆无三日休停。至有残形剪发，要求复除，生儿不复举养，鳏寡不敢嫁娶”，国家也“仓庾虚耗，帑藏空匮”；《晋书》卷64《会稽王道子传》：“编户饥馑”；《宋书》卷54《孔季恭传》：“饥馑疾疫”。但所有这一些，不但都无法证明前秦侵晋战争的“正义性”，而且暴露了“徐文”在方法论上也存在着严重的错误：首先，他用以说明前秦战前政策和社会状况的那些史料，至多只能证明前秦前期的统治比较清明，社会相对安定，人民生活较为小康。但与苻坚发动战争的目的，却是风马牛不相及，并不足以证明这次战争的性质。所以是“文不对题”的。其次，“徐文”在引用史料把秦晋的社会状况作了对比之后，接着写道：“前秦的国内政策既如上述，这些政策主要是在汉族聚居的关中、中原地区实行的，又确实收到了好的效果。那又有什么理由说，前秦既然在中原地区采取了这些政策，在消灭东晋以后，就忽然会破坏江南一隅的汉族先进经济文化和蹂躏那一部分汉族呢？我想是没有根据作这种推论的。遵照列宁‘战争是政策的继续’的原理，我们这样设想：前秦消灭东晋后，会把它在中原地区的政策，推广到江南地区来，不是更符合当时的实际情况吗？如果可以这样设想的话，那么，那种说前秦进行的淝水之战，是蹂躏汉族先进经济文化的不义战争的论点，就是不能成立的”。这一大段话，除了继续在发挥“文不对题”的空泛议论外，又暴露了一个明显的方法论上的错误——依靠“设想”来证明自己的论点。设想“前秦消灭东晋后，会把它在中原地区的政策，推广到江南来”，并且根据这个设想出来的论据，又否定了“说前秦进行的淝水之战是蹂躏汉族先进经济文化的不义战争”的论点。“徐文”似乎忘记了历史的实际是：前秦并不曾消灭东晋，而是在淝水之战失败后，就全面崩溃了；忘记了我们是在研究历史科学，而不是在搞逻辑推理。像这样把论据建立在“设想”之上的论点，当然是没有什么科学性可言的。最后，特别值得指出的是，“徐文”上面用以证明东晋漆黑一团的六条史料，更是大成问题的：其一，这六条史料，一条说的是“升平中（公元357—361年）”，也就是淝水之战以前二十多年的情况；另四条说的是淝水之战以后几年、十几年以至二十几年的情况。关于这点，“徐文”也是知道的，但却说什么“战前亦当如此”。其次，尤其错误的是，这几条片断史料，是经过东拼西凑、罗织到一起的。真实的情况是东晋在取得淝水之战的胜利、保卫了领土和人民生命财产的安全以后，到太元末年（公元396年），便出现了“天下无事，时和年丰，百姓乐业，谷帛殷阜，几乎家给人足”的繁荣景象（《晋书》卷26《食货志》）。这与被苻坚穷兵黩武搞得民穷财尽、经济残破的北方，恰恰形成鲜明的对照。而且这种情况，后来基本上持续下去，经过宋、齐、梁、陈四代一百六十余年的发展，我国的经济重心，逐渐南移，到隋唐以后，更成为全国经济最繁荣发达的地方了。“徐文”置这样无可置疑的大量史实于不顾，硬要用虚构的“设想”证明苻坚灭亡东晋以后，会给南方人民带来更好的生活。这种主观偏见之论是使人难以苟同的。

当然，也应该承认，“黄文”和“徐文”也曾提到过苻坚发动淝水之战的目的。但同样是片面的饰美之词，根本站不住脚。如“黄文”说：“苻坚的理想是要结束中国的分裂局面，完成中国的统一，从而推行‘王化’和建立‘大同之业’”。“徐文”更引用苻坚的话，赞扬他进攻东晋，“非为地不广，人不足也。但思混一六合，以济苍生。……此行也，以义举耳。”总之，是为了“完成中国的统一”，在全国推行“王化”，建立“大同之业”。而“以济苍生”，甚至可以解释成“解放全人类”了。

事实果真如此吗？根本不是！苻坚所谓推行“王化”和“以济苍生”等等，都不过是冠冕堂皇的谎话，背后隐藏着的真实目的，则是满足以他为首的氐族贵族的经济利益和政治统治。关于这一点，他自己讲得十分清楚：“宜先抚谕，征其租税，若不从命，然后讨之”[①]。尽管有时他也禁止部下杀掠少数民族，甚至为此处罚以至杀死违命的将吏，但也绝不是什么“持之以和，待之以仁义”。如匈奴左贤王刘卫辰“遣使降秦，请田内地，春来秋返。秦王坚许之。夏四月云中护军贾雍遣司马徐赟帅骑袭之，大获而还。坚怒曰：‘朕方以恩信怀戎狄，而汝贪小利以败之，何也?’黜雍以白衣领职。遣使还其所获，慰抚之。卫辰于是入居塞内，贡献相寻”[②]。又如前秦既克凉州，议讨西障氐羌。苻坚主张先行抚谕，如不从命，然后，发兵征讨。但他派出的殿中将军张旬和庭中将军魏曷飞，却“纵兵击之，大掠而归。坚怒其违命，鞭之二百，并斩前锋都护储安，以谕氐羌。氐羌大悦，降附贡献者八万三千余落”[③]。以上两个事例都说明，苻坚发动战争的目的，是“以宣王化”和“征其租税”，即实现政治统治和满足经济利益。这从匈奴“贡献相寻”和氐羌“降附贡献”来看，他是达到目的了的。苻坚并不反对动用武力征服，而是主张尽量少动用武力，改用通过小惠笼络的手段，实现“兵不血刃，坐以致胜”的目的。对方“若不从命”，那就要断然兴师征讨。这哪里有丝毫“持之以和”和“以济苍生”的气味呢？

还应该承认，“徐文”也曾指出过：“苻坚主观上当然是为了‘地’和‘人’，即扩大剥削地盘和攫取剥削对象”。只是说“从

① 《资治通鉴》卷104，《晋纪烈宗孝武皇帝上之中》。

② 《资治通鉴》卷101，《晋纪海西公下》。

③ 《资治通鉴》卷104，《晋纪烈宗孝武皇帝上之中》。

客观上看，确实是济民水火的‘义举’”。我们说，这段话，撇开继续是在重复“文不对题”以及把以“扩大剥削地盘和攫取剥削对象”的侵略战争美化为“正义战争”这样明显的错误外，即使从客观上看，苻坚的统治带给中原人民的，也绝非像“徐文”所讲的那样美好，而是陷身于水深火热之中。如所周知，苻坚是于公元357年杀掉苻生取得政权的。他当时继承下来的，是一副政治混乱、经济残破的烂摊子，在统治初期，由于任用王猛历行法制，压抑豪强，轻徭薄赋，与民休息，使农业生产得到某些程度的恢复与发展，出现了“关陇清晏，百姓丰乐”、“田畴修辟，帑藏充盈”、“兵强国富，垂及升平”的小康局面。但是，这种局面只是昙花一现，并没有持续多久。接着苻坚就以这种经济和军事实力作后盾，从公元370年开始，发动了一系列对各族的战争，据统计，到公元383年淝水之战前为止十三年中，较大规模的，就有十五次，平均每年一次以上，其中公元376和378年两年，都各有三次，共动用兵力一百三十五万二千余人（其中公元371年进攻陇西的战争，因史料上兵数不详，尚未计入）。随着战争的胜利，苻坚在生活上和政治上日渐荒淫腐败。如灭燕之后，“慕容冲姊为清河公主，年十四，有殊色，坚纳之，宠冠后庭。冲年十二，亦有龙阳之姿，坚又幸之。姊弟专宠，宫人莫进”①。“自王猛之死，秦之法制，日以颓靡，今又重之以奢侈”②。“坚自平诸国之后，国内殷富，遂示人以侈：悬珠帘于正殿，以朝群臣。宫宇车乘，器物服饰，悉以珠玑、琅玕、奇宝、珍怪饰之”③。又“大修舟舰兵器，饰以金银，颇极精巧”④。甚至“徙邺铜驼、铜马、飞帘、翁仲于长安”⑤，以显示阔绰和威仪。特别因为苻坚穷兵黩武，大量征发丁壮、夫役、

① 《晋书》卷114，《苻坚载记下》。

② 《资治通鉴》卷104，《晋纪烈宗孝武皇帝上之中》。

③ 《晋书》卷114，《苻坚载记下》。

④ 《资治通鉴》卷104，《晋纪烈宗孝武皇帝上之中》。

⑤ 同上。

财物和粮饷，连年征战，更严重破坏了农业生产和人民生活。早在公元376年，燕慕容绍即曾指出："秦恃其强大，务胜不休，北戍云中，南守蜀汉，转运万里，道殣相望，兵疲于外，民困于内。"①由于侵夺农时，破坏生产，公元379年"秦大饥"②，广大人民苦于兵徭，"思有所息肩者，十室而九"③。随着社会问题的日益严重，广大劳动人民为了活命，被迫铤而走险，纷纷自发地起来反抗："人情骚动，所在盗贼群起"④。到公元385年春，情况更进一步恶化到"长安饥人相食"的地步，甚至连前秦的将吏，也都吃不饱肚皮。据载苻坚"朝飨群臣，诸将归，吐肉以饲妻子"⑤。不论从政治到经济，已经全面迫近崩溃的边沿了！确凿的史实证明，在苻坚统治的二十八年中，除了灭燕之前的十三年，曾有一个短暂的相对安定时期外，以后的十五年，一直是处在兵连祸结之中。他带给中原人民的，绝不是什么"汉族先进经济文化的发展和繁荣"，而是严重的摧残和破坏。与此相反，被豪门世族地主集团控制的东晋政权，却曾蓄意恢复，连年北伐。尽管由于内部矛盾等原因，未能收复失地，不得不偏安江南。但同穷兵黩武的前秦对比，特别在孝武帝司马曜统治的期间（公元376—396年），政治相对清明，社会安定，阶级矛盾也比较缓和。这种情况，甚至连前秦政权最高统治层的人物，也不得不承认。如左仆射权翼说"晋道虽微，未闻丧德"⑥。苻坚的季弟苻融说："晋主休明，朝臣用命"⑦。太子苻宏说："晋主无罪"⑧。太子左卫率石越说："（晋）朝无昏贰之衅"⑨。总

---

① 《资治通鉴》卷104，《晋纪烈宗孝武皇帝上之中》。
② 同上。
③ 同上。
④ 同上。
⑤ 同上。
⑥ 《晋书》卷114，《苻坚载记下》。
⑦ 同上。
⑧ 《资治通鉴》卷104，《晋纪烈宗孝武皇帝上之中》。
⑨ 《晋书》卷114，《苻坚载记下》。

之是“君臣辑睦，内外同心……民为之用”①。“徐文”全然无视这些确凿的事实，一方面，以偏概全，用苻秦前期短暂的小康局面，代替和掩盖后期政治的腐败和经济的残破；另一方面，又用淝水之战以后几年、十几年以至二十几年的状况，证明东晋在淝水之战以前“亦应如此”。甚至用完全被颠倒了的历史为根据，“设想如果前秦消灭了东晋，实现了国家统一，比较说来，江南人民只能生活得更好些，而不是更坏些”。这种为了附会自己的论点，不惜移花接木、曲解史实的做法，是极不妥当的。

三　关于前秦政权的民族性质问题

与“徐文”不同，“黄文”虽然没有明确断定淝水之战的双方，前秦方面是正义的，东晋方面是不正义的。但却不同意“赋予以民族战争的性质，纳入侵略反侵略的框框”。而把它说成是“南北封建统治集团之间的一场兼并统一的战争”。其根据就是氐族“与汉族的融合过程早已在进行，当其转入统治地位时已不属于‘野蛮的征服’状态，而是接近于完成汉化的状态”。因此，氐族统治集团“更加容易适应对汉族地区的统治，他们与汉族的矛盾较之完全没有汉化基础的各族也较为缓和”。这个论点，同样也不能否定前秦侵晋战争的性质，并且起码存在如下一些明显的问题：

首先，“黄文”在这里讨论的是前秦政权的民族性质。因而，不能片面地以它汉化的程度为根据，而是要看它对汉族和各少数民族是不是还有民族压迫。“黄文”既然从理论上认为“民族压迫是建立在民族歧视的基础之上的”，“只要还存在着不同的民族意识，就存在着滋生民族歧视的土壤”。并且承认秦政权虽然“能够适应汉族社会经济基础，进行其封建的政治统治，但这并不等于说氐族

① 《资治通鉴》卷104，《晋纪烈宗孝武皇帝上之中》。

与汉族的界限已不存在”。这就是说，还存在着滋生民族歧视的土壤以及从此基础上产生民族压迫的可能。而且，大量史实也确实证明了前秦政权对汉族和各少数民族进行了民族压迫（下面还要详细说明），又怎么能够否定它的民族性质呢？

其次，即使退一步讲，假使前秦政权的确已百分之百地汉化了，对它进行的战争，也要进行具体分析，而不能一概都肯定它完全是正义的，或者是什么“兼并统一的”。因为，如果这个论点能够成立，那么，由此推理，汉族统治王朝之间进行的一切战争，都更不存在侵略的和不正义的了。这当然是不正确的。

最后，从根本上说，是“黄文”对前秦政权汉化程度的估计，失之过高，不够确切。应该承认，同“十六国”时期匈奴族刘曜的汉政权和羯族石虎的后赵政权对比，氐族由于受到汉化较早、较深，其贵族统治者所建的前秦政权，特别是得到王猛辅助的统治者苻坚，表现的种族偏见和歧视，是相对淡薄的，比较肯于继承汉族的文化和统治传统，推行汉族封建的经济和政治制度，使氐汉的民族矛盾，比较缓和。但必须指出，所有这些，都只能是从相对意义上来说的，而不能够过分夸大，从而得出前秦政权已不存在民族性质，并连它对东晋战争的民族侵略性质，也加以否认了。事实是：一方面，苻坚统治集团虽说不明显歧视、而且肯于继承汉族封建文化，包括汉族封建王朝的正统观念。甚至苻坚的季弟苻融在列举劝阻苻坚发动侵晋战争的理由时，还自卑地提到：“且国家本戎狄也，正朔会不归人，江东虽微弱仅存，然中华正统，天意必不绝之”①。但是另一方面，他们却又以汉族封建正统代表者自居，歧视并诬诋其他少数民族为“人面兽心”的“戎狄”。如晋穆帝升平五年（公元361年）十月，“乌桓独孤部鲜卑没弈干，各帅众数万降秦。秦王坚处之塞南。阳平公（苻）融谏曰：‘戎狄人面兽心，不知仁义。其稽颡内附，实贪地利，非怀德也；不敢犯边，实惮兵

① 《资治通鉴》卷104，《晋纪烈宗孝武皇帝上之中》。

威，非感恩也。今处之塞内，与民杂居，彼窥郡县虚实，必为边患。不如徙之塞外，以防未然’。坚从之”[①]。太元七年（公元382年），苻坚遣吕光以兵十万远侵西域时也说：“西戎荒俗，非礼义之邦。羁縻之道，服而赦之，示以中国之威，导以王化之法”[②]。正是从这种民族歧视出发，苻坚对待各少数民族，虽然与刘曜、石虎有所不同，但也决非真正“待之以仁义”，建设什么“大同之业”。而是像历史上一些虚伪的大民族主义者一样，采取“怀柔”和“镇压”的两手，进行笼络和征服。比如，公元376年10月，代世子寔杀诸弟，并弑什翼犍自立。苻坚“乃执寔君及斤（什翼犍弟孤之子）至长安，车裂之，并欲迁圭（寔子）于长安。代长史燕凤献策说：‘代王初亡，群下叛散，遗孙冲幼，莫相统摄。其别部大人刘库仁，勇而有智。铁弗卫辰，狡猾多变，皆不可独任。宜分诸部为二，令此两人统之。两人素有深仇，其势莫敢先发。俟其孙稍长，引而立之。是陛下有存亡继绝之德于代，使其子子孙孙，求为不侵不叛之臣，此安边之良策也’。坚从之。分代民为二部，自河以东属库仁，自河以西属卫辰。各拜官爵，使统其众”[③]。显然可见，他采用的就是历代统治者惯用的“分而治之”的手段。

有人可能要问，苻坚不是讲过“视夷狄如赤子”[④] 的话，并确曾对一些少数民族的统治者“各拜官爵，使统其众”吗？这诚然都是事实。但却要有一个前提条件。即这些少数民族也包括汉族统治者，必须稽颡归附，世世代代做前秦政权“不侵不叛之臣”。否则的话，就要断然诉诸武力，“大张挞伐”。比如晋太元元年（公元376年），苻坚派大军灭凉，就是因为凉王“张天锡虽称藩受位，然臣道未纯”[⑤]。什么是“臣道未纯”呢？原来，凉王张天锡

① 《资治通鉴》卷101，《晋纪海西公下》。

② 《晋书》卷114，《苻坚载记下》。

③ 《资治通鉴》卷104，《晋纪烈宗孝武皇帝上之中》。

④ 《资治通鉴》卷103，《晋纪烈宗孝武皇帝上》。

⑤ 《资治通鉴》卷104，《晋纪烈宗孝武皇帝上之中》。

是在前秦“关东既平，将移兵河右”的威胁下，“遣使谢罪称藩”的。但苻坚并未以此满足。又以河州刺史李辩领兴晋太守，还镇枹罕，把凉州治从天水迁往金城，以便进一步加以吞并。“张天锡闻秦有兼并之志，大惧，……遂与晋三公盟”。苻坚闻之，“即进师扑讨”①。这真是只许他弱肉强食，而不许人家反抗宰割！更有甚者，有的时候，特别是到后期，他甚至也对汉族和少数民族人民，进行残暴的掳掠和屠杀。如晋哀帝兴宁三年（公元365年），苻坚“使王猛、杨安等率众二万寇荆州北鄙诸郡，掠汉阳万余户而还”②。孝武帝太元九年（公元384年）十二月，苻坚因慕容暐在长安“阴谋结鲜卑为乱”，不但杀暐及其宗族，并将“城内鲜卑，无少长男女皆杀之”③。太元十年（公元385年）三月，苻坚“遣领军将军杨定击（西燕主慕容）冲，大破之。虏鲜卑万余人而还，悉坑之”④，这种凶残的“野蛮的征服”，比之刘曜和石虎，至少是不相伯仲了！

除了直接的武力征服而外，为了加强对各少数民族的统治，苻坚还采取了以下措施：一方面，把被征服的少数民族，迁移到关中地区，使其脱离原来的势力范围，以便于监视和控制。如灭燕后，把徒何鲜卑四万余户迁入长安城内及近畿各地。这些人绝大部分陷入被奴役的境地。甚至少数上层分子子弟的生活，也十分困窘。如慕容氏贵族慕容永（后来打败苻丕，自称西燕皇帝），“徙于长安，家贫，夫妻常卖靴于市”⑤。另一方面，苻坚以关东地广人殷，思所以镇之。又于公元380年，把三原、九嵕、武都、汧、雍等地的氐族十五万户，移殖到被征服地区的各个重要方镇去。“这种落后的军事殖民方式，使苻氏以统治者的姿态，出现于其统治地区之

① 《通鉴纪事本末》卷10，《苻秦灭凉》。

② 《晋书》卷113，《苻坚载记上》。

③ 《资治通鉴》卷106，《晋纪烈宗孝武皇帝中之上》。

④ 同上。

⑤ 《魏书·徒何慕容廆传》。

后，氐族的部落贵族，必然对其统治区内的汉族和其他各少数民族人民，进行残酷的剥削和镇压，因而使中原地区的阶级矛盾和民族矛盾尖锐化”[①]。关于后者，“黄文”曾认为“落后的军事殖民方式”的提法“值得商榷”。其实，撇开怎样的提法，问题的实质正像“黄文”也不得不承认的：“这些氐户实即为各州牧刺史提供兵源的兵户”。“再就配有氐户的重镇而言，邺曾为后赵、前燕的据点，枹罕为河州杂胡区；晋阳为匈奴杂居区，雍为羌人杂居区。很明显，其主要目的是为了镇抚境内的少数民族”。由此可见，前秦政权的民族性质，是十分清楚的。因而它对各少数民族的战争，包括对东晋的淝水之战，也就不能不带有民族侵略的性质。“黄文”为了回避这一点，把它含混地说成“南北封建集团之间的一场兼并统一战争”，显然是不恰当的。因为，第一，兼并战争，一般说来，也就是侵略战争。正如列宁所说：“兼并的概念，通常含有(1)暴力的概念（强迫合并），(2)异族压迫的概念（合并‘异族’地区等等），有时含有（3）破坏 Statusquo（现状）的概念”。总之，“兼并是违反民族自决，是违反居民意志来确定国界”[②]。第二，统一战争虽然有时对社会历史发展能起到有利的影响，但这种作用，只是客观的。就统治阶级进行战争的目的说，除了少数恢复失陷国土者外，大多是出于“扩大剥削地盘和攫取剥削对象”。而且，除非是实力微薄的弱小国家，一切统治阶级又都无不希望由自己来实现统一。即以当时来说，这样的记载也俯拾皆是。如燕魏尹范阳王德上疏：“先帝应天受命，志平六合，陛下纂统，当继而成之”[③]。燕太宰慕容恪说：“今南有遗晋，西有强秦，二国常蓄进取之志”[④]。燕尚书左仆射悦绾说：“今三方（指燕、晋、秦）鼎峙，

① 王仲荦：《魏晋南北朝史》上，上海人民出版社 1979 年版，第 275—276 页。

② 《列宁全集》卷 23，第 322 页。

③ 《资治通鉴》卷 101，《晋纪海西公下》。

④ 同上。

各有吞并之心"[①]。此外，就是被指责为“偏安江南，苟延残喘”的东晋政权，在初期和中期，也曾经“连年北伐”，希望收复失地，重新统一中原。由此可见，那种把前秦确定为唯一合法的统一者，断言只有它进行的统一战争，才是正义的，甚至美化为“符合当时各民族阶级人民的迫切愿望”（“徐文”），而把东晋以及其他少数民族政权为反抗这种统一而进行的战争，作为不正义的，或者像“黄文”那样含糊其辞地说成“南北封建统治集团之间的一场兼并统一的战争”，表面上各打五十大板，实际上贬晋扬秦，都是不妥当的。

四 关于淝水之战前秦失败的原因问题

关于淝水之战前秦失败的原因，史学界大多数同志认为是由多方面因素造成的。其中除了苻坚在战略战术上的错误以及骄傲轻敌等等而外，最根本的原因则是他进行的战争是不正义的，遭到了汉族以及各少数民族广大人民的反对和反抗。“徐文”则对此表示异议。但他提出的看法，却大都是片面的，甚至充满了矛盾和错误。首先，他把前秦失败的原因，概括为“在时机不成熟时发动这次战争”，在战略战术上犯了“唯武器论”和“骄傲轻敌”的错误，以及“在处理各民族关系问题上，怂恿（应为‘纵容’）了民族分裂分子”等三点，而唯独不提战争的性质，就是很不恰当的。如所周知，马克思主义经典作家在分析战争的胜负时，尽管总是从多方面的因素考虑，并不把战争的性质当作唯一的决定性的原因，但却毫无例外地把它作为一个最重要的因素。关于这点，“徐文”同样并不否认，而且也明确肯定“战争的性质和战争的胜负有着十分密切的关系”。但由于他是主张“前秦战争正义论”者，如果承认了这点，他那建立在“设想”沙滩上本不

① 《资治通鉴》卷101，《晋纪海西公下》。

牢固的论点，也要随之土崩瓦解。所以，在进行具体分析时，却把这个“有着十分密切关系”的重要因素，有意排除在外。这就不但在道理上前后自相矛盾，而且在治学态度上也很难说是实事求是的了。

其次，“徐文”在坚持“前秦战争正义论”问题上，遇到了一个很矛盾的现象。就是在淝水之战中，他所否定的“不正义的”东晋一方，得到了广大人民的支持；而他肯定的“正义的”前秦一方，却遭到了广大人民的反对。按说，广大人民这种判然不同的态度，已经充分证明了双方战争的性质，回答了秦败晋胜的根本原因。但“徐文”却执意不肯承认，硬要另找“理由”，为这个“难题”辩解，说什么“战争的性质是正义的，但在时机不成熟时首先发动这次战争，显然是不得人心的”。从而“给了东晋统治者以口实，打出反对异族侵略的旗帜，来号召自己的人民，团结自己的队伍，所以一时收到了‘上下同心’、‘人为之用’的效果”。并认为“江南人民在战争中支持了东晋政府”，是“因为他们害怕受到异族统治者的奴役，虽然这是多余的”。可是这种辩解，非但达不到预期的目的，反而把他自己陷进了更深的矛盾泥淖中去。具体表现，起码有以下三方面：（一）混淆了“战争性质”与“战争时机”的区别。战争性质是正义的，但在时机不成熟的时候发动，的确有可能招致失败。然而“失败”与“不得人心”，却并不是一回事；把失败了的正义战争，说成“不得人心”的战争，显然是不正确的。（二）颠倒了江南人民支持东晋政府的原因。“徐文”一则说苻坚“发动这次战争，给了东晋统治者以口实，一时收到了‘上下同心’、‘人为之用’的效果”。再则说由于苻坚首先发动战争，“使东晋一时争取了民心的支持”。实际上就是说，江南人民之所以支持东晋政府，只是由于后者以“反对异族侵略”为口实进行号召的结果。但这是不符合当时情况的。因为，稍微熟悉史实的人都知道，苻坚大举侵略东晋，是太元八年（公元 383 年）十月的事。而前秦侯王权贵等赞誉东晋“君臣辑睦，内外同心”、

“民为之用”的话，则是一年前（382 年）十月在苻坚召集群臣策划侵略的会议上讲的。由此可见，前秦的，“不得人心”，并非始于淝水之战；东晋政府的“民为之用”，也不是“一时争得”的。恰恰相反，它正是前秦长时期来对汉族和各少数民族穷兵黩武、肆意扩张所激起的广大人民同仇敌忾的正义反抗！“徐文”不顾史实，硬要颠倒因果，为前秦的侵略暴行开脱，甚至怪罪江南人民怕受到前秦统治者的奴役“是多余的”。“如此主观偏见，实在令人惊讶!”（三）掩盖了晋胜秦败的根本原因。为了替自己的论点辩解，“徐文”断言前秦的失败，与战争的性质并无直接关系，而是由于“在时机不成熟时，发动这次战争”。具体说来，就是当时的“‘华夷’界限，不易消灭，民族隔阂，尚未完全消除。应该进行艰苦的工作，并且等待时机。不应草率从事”。前边说过，战争胜负，是由多方面原因决定的。“时机”也是其中之一，应当承认它的影响。但离开事实，过分夸大，甚至以之代替和取消了“战争性质”这个最主要的因素。那么，不管是否意识到，客观上却必然掩盖了战争胜负的根本原因，是很不妥当的。即以我们讨论的问题来说，大家知道，在侵晋战争中，苻坚共动用了步骑八十七万。但实际上到达淮南前线的，至多不过三十万。淝水战场的惨败，虽然蒙受了巨大损失。但据载：“秦王坚收集离散，比至洛阳，众十余万，百官仪物，军容粗备”①，“秦之州镇，犹连城过百”②。可见，淝水战役本身，只能说明前秦遭到了严重挫败，并不能判定它必然覆亡。但后来形势的发展，却是众叛亲离，四分五裂，兵穈势穷，身死国灭。这就不是什么“战争时机”所能说明，而只有从更深刻的重要原因上，才能得到解答。关于这点，《晋书》曾作过如下的评论：苻坚凭借国富兵强，“平燕定蜀，擒代吞凉。跨三分之二，居九州之七”，曾极一时之盛。但“既而足以夸世，愎谏违

① 《资治通鉴》卷 105，《晋纪烈宗孝武皇帝上之下》。
② 同上。

谋，轻敌怒邻，穷兵黩武，自谓战必胜，攻必取。曾弗知人道助顺，……”终至“宗社迁于他族，取笑天下”①。这个评论，尽管说还没有、也不可能揭示出前秦侵略汉族和各少数民族战争的阶级实质及其失败的根本原因，但应当承认，它把苻坚的统治活动，分为前后两个时期进行评价，是比较全面的。特别难能可贵的是，它还较明确地提出了“人道助顺”的观念，已经一定程度地接触到“战争性质”这个重要因素了。对比起来，可以更清楚地看出，“徐文”那样过分夸大“时机”的作用，不仅是舍本逐末，掩盖了战争胜负的最重要原因，而且实际上还自己否定了他所说的那种“时机”到来的可能性。因为，在当时的历史条件下，不论苻坚怎样努力“进行艰苦的工作”，也是无法把“华夷界线”和“民族隔阂”“完全消除”的。

最后，顺便在这里提出一个值得注意的情况。即为了反驳大多数同志的意见，“徐文”借用假设的方式这样写道：“持不同意见的同志会反问，前秦发动的战争既然是正义的，力量又处于绝对优势，为什么会失败呢？它的失败不正好说明是不义吗？”接着便发挥说：“战争的性质和战争的胜负虽然有着十分密切的关系，但是决不能用战争的胜负来直接判断战争的性质，不能认为失败一方所进行的战争就一定是不正义的”。并提出批评说：“以前秦的失败来证明前秦进行的战争的不正义性质，这种论证方法是不正确的，观点也是站不住脚的”。毫无疑义，“徐文”这些意见和批评，都是正确的。问题是据我了解，似乎并不曾有人主张“用战争的胜负来直接判断战争的性质”，也未发现有人“认为失败一方所进行的战争就一定是不正义的”，更没有人单纯“以前秦的失败来证明前秦进行的战争的不正义性质”。这就不能不使“徐文”这些尽管正确的意见和批评，变成无的之矢了。当然，我的了解，可能很不

① 《晋书》卷115，《苻登载记》。

全面。如果真有的话，最好能具体列举出来。否则，把根本不存在而十分幼稚的“错误”，强加给对方，然后进行批评，不仅无补于解决实质问题，并且会给不明真相的人造成误解，产生不好的影响。

（原刊《中国史研究》1981 年第 2 期）

再论淝水之战的性质及有关的几个问题

——评黄烈同志的观点

黄烈和徐扬杰同志先后撰文，主张苻坚发动的淝水之战，不是“民族侵略战争”，而是正义的“兼并统一战争。”① 对此，我和不少同志提出了异议②。不久前，黄烈同志另撰新论③，坚持己见，并进一步提出了一些走得更远的观点。不但更加离开历史实际，而且牵涉到一些重要理论问题，有必要再进行深入的探讨，以便提高和逐步统一认识。

一　如何估计前秦政权的民族属性

正确估价前秦政权的民族属性，是判断淝水之战性质的一个重要前提。对此，拙论曾经指出：“氐族由于受汉化较早较深，其贵

---

① 黄烈：《关于前秦政权的民族性质及其对东晋战争的性质问题》，刊《中国史研究》，1979 年第 1 期。以下简称“黄文”；徐扬杰：《淝水之战的性质和前秦失败的原因》，刊《华中师院学报》，1980 年第 1 期。以下简称“徐文”。

② 拙作《处理历史上民族关系的几个重要准则》，刊《历史研究》，1980 年第 5 期；拙作《试论淝水之战的性质及有关的几个问题》，刊《中国史研究》，1981 年第 2 期。以下简称“拙论”。简修炜等:《关于淝水之战性质的商榷》，刊《学术月刊》，1981 年 5 月号；蒋福亚：《淝水之战前夕北方的形势及淝水之战的性质》，刊《北京师院学报》，1981 年第 4 期；李季平：《再论淝水之战的性质》，刊《东岳论丛》，1982 年第 1 期；杨国宜：《从民心向背看淝水之战的性质》，刊《江淮论坛》，1982 年第 1 期。

③ 《民族融合与淝水之战》，刊《中国史研究》，1981 年第 4 期。以下简称《新论》。

族统治者所建立的前秦政权，特别是得到王猛辅助的统治者苻坚，所表现的种族歧视和偏见，是相对淡薄的，比较肯于继承汉族的文化和传统，推行汉族封建的经济和政治制度，使汉氏的民族矛盾，比较缓和。”与此相反，“黄文”不仅已经对前秦政权封建化的程度，作了过高的估计。而且在“新论”中走得更远，竟然说什么：“汉族士人在前秦政权中，并不是居于屈从的奴才地位，而是居于与氐族贵族共同掌权的地位；甚至在政治上的地位和作用超越于氐族贵族。因而，前秦统治集团不是氐族单一的，而是氐汉相结合的。”并据此断言：前秦政权非但“对汉族和氐族都不存在民族压迫”，甚至也“不存在对汉族的歧视”。所以“汉族人民是不感到‘民族歧视’之苦的”。十分明显，这些说法，都是大成问题的。

首先，“新论”举出王猛、薛赞、权翼三人为例，证明所谓“共同掌权”和“超越氐族贵族”的说法，就是十分牵强的。这不仅因为像上举三人，在前秦统治集团中只是极少数。而且这三人中，薛赞原官中书侍郎，后归于羌族姚氏；权翼原官给事黄门侍郎，后虽任过左仆射，亦并无实权。只有王猛一人历经擢迁，曾经“权倾内外”，“朝政莫不由之”。但他于公元375年死后，其子王皮却遭到冷遇，于382年与大司农东海公苻阳共起“谋反”。在被俘后答苻坚问时说：“臣父丞相有佐命之勋，而臣不免贫贱，故欲图富贵耳”。也许是出于“内疚”吧，苻坚“赦不诛”而流徙于“朔方之北”①。与此形成鲜明对照的是，苻坚不仅大批擢用以苻融、苻丕、强汪、吕婆楼等为首的氐族贵族任丞相、特进、尚书令、大将军等权官要职，而且对其他少数民族的上层分子，也倍加信用，如羌族姚苌，历任左卫将军，宁、幽、兖三州刺史、扬武将军，封益都侯②。鲜卑族“慕容暐父子兄弟，布列朝廷，贵盛莫

① 《资治通鉴》卷104，《晋纪·烈宗孝武皇帝上之中》。

② 《全晋文》卷153，《姚苌》。

二"，"执权履职，势倾勋旧"①。由上可见，不用说薛赞、权翼，就是王猛的地位，也难说够得上"共同掌权"，更不用说"超越氐族贵族"了。黄烈同志为了维护己见，甚至把"汉族士人"，即一切汉族官员都拔高到"超越氐族贵族"的地位，就更不是实事求是的了。

其次，黄烈同志以"前秦统治集团不是氐族单一的，而是氐汉相结合的"为根据，断言前秦政权对汉族"不存在民族压迫"，甚至"不存在歧视"的说法，也是不正确的。错误在于，他是把氐汉结合的前秦政权"具有代表北方汉族地主阶级与氐族贵族两者利益的性质"，错当成代表汉族人民和氐族人民利益的平等的"联合政府"了，这显然是天大的误解。其实，正如马克思所说："现在存在着一种各民族的资产阶级兄弟联盟。这就是压迫者对付被压迫者的兄弟联盟、剥削者对付被剥削者的兄弟联盟"②。如果说前秦政权是氐汉相结合的"联盟"，那也只是氐族贵族与汉族地主阶级的"兄弟联盟"，而并不是氐汉两族人民的"兄弟联盟"。相反，氐族是统治民族，汉族则是被统治民族。尽管对前秦政权来说，氐汉两族人民，都是被统治阶级，但前者却只遭受阶级压迫，而无民族压迫；后者则在遭受阶级压迫之外，又多了一层民族压迫。因而同前者相比，不论政治和社会地位，都是更为低下的。这里，不妨举《晋书》所载苻坚搞军事殖民一段话作一些分析，原文是：

"（苻）洛既平，（苻）坚以关东地广人殷，思所以镇静之，引其群臣于东堂议曰：'凡我族类，支胤弥繁，今欲分三原、九嵕、武都、汧、雍十五万户于诸方要镇，不忘旧德，为磐石之宗，于诸君之意如何？'皆曰：'此有周所以祚隆八百，

① 《通鉴纪末本末》卷11，《慕容叛秦复燕》。

② 《马克思恩格斯选集》第1卷，第287页。

> 社稷之利也。’于是分四帅子弟三千户，以配苻丕镇邺，如世封诸侯，为新券主。……于是分幽州置平州，以石越为平州刺史，领护鲜卑中郎将，镇龙城；大鸿胪韩胤领护赤沙中郎将，移乌丸府于代郡之平城；中书令梁谠为安远将军、幽州刺史，镇蓟城；毛兴为镇西将军、河州刺史，镇枹罕；王腾为鹰扬将军、并州刺史，领护匈奴中郎将，镇晋阳；二州各配支户三千；苻晖为镇东大将军、豫州牧，镇洛阳；苻叡为安东将军、雍州刺史，镇蒲坂。”①

上引原文，起码有如下几处，很能说明问题：其一，“坚以关东地广人殷，思所以镇静之”。所谓“镇静”，说得直截了当些，就是“镇压”；其二，谁去执行镇压任务呢？回答是“凡我族类”，也就是氐族；其三，这些氐户，尤其是为首的贵族，是以什么身份下去的呢？回答是“如世封诸侯，为新券主”。也就是享有民族特权；其四，下去镇压谁呢？文中只提到“关东地区”，未具体指明是什么人。有的同志对这个地区的历史沿革作了分析，指出：关东地区在汉国、前赵、后赵覆灭后，匈奴和羯族的力量已大大衰落；匈奴只在西北边沿尚有力量；羯族经冉闵的屠杀后，几乎灭种；羌族势力，主要在关陇一带；鲜卑族被大量迁徙关中，在关东的势力，也大为削弱。结论是“镇抚的对象，主要是汉族”②。应当说，这是比较符合当时实际情况的。

黄烈同志很可能以原文未具体指明镇压什么人为理由，说主要是为了镇压关东的少数民族，因而不同意上面的分析。那么，我们还可以再举苻坚直接针对东晋的言论来看看。公元383年，他在召集群臣策划进犯东晋时说：“吾统承大业垂二十载，芟夷逋秽，四

---

① 《晋书》卷113，《苻坚载记第13上》。

② 蒋福亚文。

方略定，唯东南一隅，未宾王化”①。又在《伐晋书》中说：“吴人敢恃江山，僭称大号，轻率犬羊屡窥王境……”②。这里，苻坚谩骂汉族为“逋秽”和“犬羊”，同汉族统治者谩骂少数民族为“腥膻”和“禽兽”，是毫无二致的。而且《新论》也曾以周虓辱骂前秦政权庆祝“元会”为“戎狄集聚，譬犹犬羊相群”作例子，证明“汉族士人存在民族偏见，看不起氐人”。据此，我们说苻坚辱骂“吴人”为“犬羊”，是他“存在民族偏见，看不起汉人”，黄烈同志也该不会否认吧？

由上可见，在前秦政权统治下，氐族和汉族是有明显区别的：前者是“凡我族类”，享有民族特权；后者是“非我族类”，属于“犬羊”贱民。前者是军事殖民的兵源和依靠力量；后者是被镇压的对象。亲疏迥异，泾渭分明。黄烈同志居然说什么前秦政权对汉族“不存在民族压迫”，甚至也“不存在歧视”。如此不顾事实，着实令人惊讶！

最后，《新论》所谓“汉族人民不感到‘民族歧视之苦’”，更是完全无视史实的。翻开两晋的史籍，像“自丧乱以来，河洛丘墟，函夏萧条”③，“华夏鼎沸，黎元殄悴”④ 一类的记载，连篇累牍，史不绝书。正因为广大汉族人民，遭到惨重的民族压迫，深以为苦，所以公元 349 年，晋征北大将军褚裒进军彭城，“北方士民降服者，日以千计”。河北“遗民二十余万口，渡河欲来归附”⑤。公元 350 年，“苻健入长安，以民心思晋，乃遣参军杜山伯诣建康献捷”⑥。公元 354 年，晋桓温进兵关中，“三辅郡县皆来降，……民争持牛酒迎劳，男女夹路观之，耆老有垂泣

① 《晋书》卷 114，《苻坚载记第 14 下》。

② 《全晋文》卷 151，《苻坚》。

③ 《资治通鉴》卷 101，《晋纪·哀皇帝》。

④ 《晋书》卷 77，列传第 47《殷浩》。

⑤ 《资治通鉴》卷 99，《晋纪·孝宗穆皇帝上之下》。

⑥ 《资治通鉴》卷 99，《晋纪·孝宗穆皇帝中之上》。

者曰：‘不图今日复睹官军！’”[①] 平日，他们有的“延颈企望，以待振拔”[②]。有的“赴义之众，慷慨即路”[③]，回到东晋，成为反抗民族压迫的中坚力量。其中被称为“战无不胜”的北府兵，就是以这些“赴义之众”为骨干组成的。

远者如此，那么，苻坚统治的年代，是否就全然不同了呢？回答也是否定的。应该承认，在苻坚统治前期，民族矛盾和压迫，曾经有所缓和。但到后期，由于他以民族征服者自居，任意掠夺奴役汉族民户，如“建元之末，徙江汉之人万余户于敦煌，中州之人，亦徙七千余户。”[④] 加以连年发动战争，“穷兵极武，骚动苍生，疲弊中国，违天怒人”，[⑤] 把各族人民陷于水深火热之中。正像“黄文”所说：在苻坚统治下，“各族人民在强迫从戎、苛征烦（应为‘繁’字）敛的沉重压榨下，是多么悲惨的一幅图景！”特别是黄烈同志还进一步承认了北府兵“许多人的先代或者本身，就是在少数民族统治集团蹂躏中原的时候逃亡出来的，直接或间接遭受过民族压迫的痛苦，在抗击前秦的战斗中，具有较高的战斗意志。”大家知道，北府兵是谢玄在晋太元二年（公元 377 年）在彭城招募因“中原丧乱，民离本域”[⑥] 的南渡人民组成的。当时，苻坚早已统一了整个北方。所以，这里所指“蹂躏中原”，使广大汉族人民“遭受民族压迫的痛苦”的“少数民族统治集团”，不是别的，正是以苻坚为首的前秦政权！黄烈同志一会儿肯定汉族人民直接或间接遭受“民族压迫的痛苦”，一会儿又把刚刚说过的话，一口否定，说什么不仅“前秦政权对汉族不存在民族压迫，”甚至“汉族人民不感到‘民族歧视’之苦。”这说明他非但无法自圆其说，而

① 《资治通鉴》卷 99，《晋纪·孝宗穆皇帝中之上》。
② 《资治通鉴》卷 99，《晋纪·孝宗穆皇帝上之下》。
③ 《晋书》卷 98，列传第 68《桓温》。
④ 《晋书》卷 87，列传第 57《凉武昭王李玄盛》。
⑤ 《晋书》卷 125，载记第 25《乞伏国仁》。
⑥ 《世说新语》卷 3，《政事》注引柽道鸾《续晋阳秋》。

且已经陷入自我矛盾，无以自拔了。

二 如何看待“兼并统一战争”

《新论》对其所持苻坚发动的淝水之战“是南北封建统治集团之间的一场兼并统一的战争”，不能“纳入侵略反侵略的框框”的论点，进行了辩解。但结果非但无以服人，反而进一步暴露了更多的矛盾和讹误。关键在于他对“兼并统一战争”这个概念，缺乏正确的认识。下面，就着重从这个问题入手，深入一步进行分析探讨。

严格地讲，“兼并”和“统一”，并不是两个同一的概念。“兼并”是指非正义的行为。而“统一”则要作具体的分析，并且在大多数情况下，是指正义的、进步的行为而言。为了维护自己的论点，黄烈同志把这两个含义不同的概念，捏合到一起，称作“兼并统一战争”，这在理论上是缺乏科学性的，在实践上容易模糊战争的性质，显然很不妥当。因此我们讨论时，把所谓“兼并统一战争”，只当作“兼并战争”来对待。

在谈到“兼并战争”的时候，我和黄烈同志都引用了列宁如下一段话，即“兼并的概念，通常含有（1）暴力的概念，（2）异族压迫的概念（合并‘异族’地区等等），有时含有（3）破坏 Status-quo（现状）的概念。”“兼并是违反民族自决，是违反居民意志来确定国界”①。按照列宁的教导，兼并战争的非正义性，本来是一清二楚的。但是，黄烈同志为了替兼并战争也有正义性的观点辩解，却从另外的角度，提出了相反的意见。他以“马克思主义理论的绝对要求，就是把问题提到一定的历史范围之内，对待兼并统一的问题，也应该如此”为理由，认为我“以列宁的话证实自己的论点，这在方法上是很成问题的”。我们说，“把问题提到一定

① 《列宁全集》第 22 卷，第 322 页。

的历史范围之内"，诚然是"马克思主义理论的绝对要求"。但这句话的含义，明明是要把探讨的问题，"提到一定的历史范围之内"去分析研究。而绝不是说马克思主义针对某一具体时间、地点的事件所总结出来的理论，仅只适用于某一具体时间、地点的事件本身，而不能适用于任何另外时间、地点的事件。正是从这个意义上，我认为上引列宁的话，虽然是在第一次世界大战期间就"民族自决"有关问题讲的，但其基本精神，无疑也具有普遍的指导意义。反之，如果按照黄烈同志的说法，不管愿意与否，实际上不能不把马克思主义一切具有普遍指导意义的基本原理，都统统否认了。这种理解，不言而喻，是十分错误的。

黄烈同志虽然指责我"以列宁的话证实自己的论点，在方法上很成问题"，但他自己也在这样做。如说："列宁虽曾讲过，兼并含有暴力的概念，含有破坏现状的概念，但马克思主义并不一般地反对暴力，反对破坏现状。列宁在同一篇文章中就说过：'我们反对兼并，并不是因为兼并是一种暴力，而是由于其他原因。同样地社会民主党人也不能赞成现状'。列宁仅仅是在'违反人民意志'这一点上反对兼并。"我们不禁要问，黄烈同志同样"以列宁的话（而且是同一篇文章的话）证实自己的论点"，为什么反而就"在方法上"不"成问题"呢？

诚如黄烈同志所说："马克思主义并不一般地反对暴力，反对破坏现状"。这一点大家认识一致，并不存在分歧。令人碍难首肯的是黄烈同志所说"列宁仅仅是在'违反人民意志'这一点上反对兼并"。因为上引列宁的话，除了含有"暴力的概念"和"破坏现状的概念"而外，明明还提到"异族压迫的概念（合并'异族'地区等等）。"黄烈同志有意不提这句要害的话，反而以历史上"秦并六国达到统一，魏灭蜀、西晋灭吴达到统一，大概没有人反对是兼并统一战争"为例，反问"为什么前秦进军东晋就不能称为兼并统一战争"呢？甚至质问："孙祚民同志认为，即使前秦政权的确已经百分之百的汉化了，对它所进行的战争，也不是什么兼并统一的。换言之，也就应该是天经地义的‘民族侵略’性质，……这种不平等的对待中国历史上的各民族，究竟有什么科学根据?”就都是很不实事求是的了。因为，第一，人所周知，秦与六国，魏与蜀，西晋与吴，跟前秦与东晋，是明显不同的。主要区别在于前者都是汉族建立的政权，而后者中的前秦，则是氐族建立的政权。拙论主张苻坚发动的淝水之战是“民族侵略战争”的结论，正是建立在这个“科学结论”之上，怎么能说成什么“应该是天经地义”的呢?如果黄烈同志也不否认这种明显区别的话，那么，又何来“不平等的对待中国历史上的各民族”的问题呢?第二，特别值得指出的是，黄烈同志所说“孙祚民同志认为，即使前秦政权的确已经百分之百的汉化了，对它所进行的战争，也不是什么兼并统一的”的话，是与我的原意不符的。拙论的原文是：“即使退一步讲，假使前秦政权的确已经百分之百的汉化了，对它所进行的战争，也要进行具体的分析，而不能一概肯定它完全是正义的，或者是什么兼并统一的”。这些话，现在看来，也还没有什么不妥。不管有意无意，曲解了人家的原意，然后进行批评，显然是很不应该的。

正是从对前秦进行的战争“要进行具体的分析”这个原则出发，拙论才不同意“像黄文那样含糊其辞地说成‘南北封建集团之间的一场兼并统一战争’，表面上各打五十大板，实际上贬晋扬秦”。《新论》虽然表示同意“对兼并统一战争要作具体分析，笼统肯定或笼统否定，都可能导致不正确的结论”。但其真实意图，却在于说明“对兼并统一战争”，也不能“笼统否定”，即还有值得“肯定”的，据此继续以含糊其辞的态度，实际上坚持贬晋扬秦的结论。如说，他之所以“没有谈到战争的正义与非正义的问题，这是考虑到正义、非正义与兼并统一是两个不同范畴的概念。正义、非正义是一个道德范畴的概念，它与侵略与反侵略、压迫与反压迫有着直接的联系；分裂割据与兼并统一是一个历史范畴的概念，它与促进历史前进，阻碍历史发展有着直接的联系”。显然，这种划分范畴与揭示联系的说法，尤其是把“兼并战争”断然排除于正义、非正义的道德范畴之外，是极不正确的。因为，除了前引列宁所说“兼并”通常含有“民族压迫的概念”之外，在同一篇文章中，他还明确指出：兼并，就“是民族压迫的形式之一”[①]，怎么能说它“与侵略与反侵略、压迫与反压迫”没有“直接联系”呢？又如《新论》不同意“给前秦扣上‘侵略’，‘非正义’的帽子”。认为“这样的帽子并不恰当。还不如一分为二，既谈它正确的一面，又谈它错误的一面，比较符合实际”。更是大有问题的。其一，判断前秦政权发动的淝水之战的性质，是否“侵略的”，“非正义的”，乃是通过理论分析和史实证明得出的严肃的科学结论，怎么能说成是“扣帽子”？难道我们现在讨论淝水之战性质这个问题，不是在搞严肃的科学研究，而是在乱“扣帽子”吗？其二，众所周知，“一分为二”，虽然要“既谈它正确的一面，又谈它错误的一面”。但绝不是在两者中间画等号，搞折中。而是要在辩明其主、次要矛盾方面的基础上，判断战争的性质。像黄烈同志那样含糊其辞，模棱两可，与“一分为二”，有何共同之处？又怎能说成是“比较符合”呢？其三，尤其值得指出的是，《新论》所谓“由于对正义、非正义的定义、内涵、衡量标准等的理解不尽相同，没有必要纠缠进去”的说法，更是极端错误的。大家知道，马克思主义对于正义、非正义战争的定义、内涵和衡量标准，一向是十分明确的。毛泽东同志早就指出：“历史上的战争分为两类：一类是正义的，一类是非正义的。一切进步的战争都是正义的，一切阻碍进步的战争都是非正义的”[②]。斯大林对此更下过具体的典型的定义，说：“战争有两种：（一）正义的、非掠夺性的、解放的战争。其目的或是保卫人民抵御外来侵犯及奴役人民的企图，或是把人民从资本主义奴隶制下解放出来，或者在把殖民地和附属国

---

① 《列宁全集》第22卷，第329页，着重号是引者加的。

② 《毛泽东选集》第2卷，第443页。

从帝国主义压迫下解放出来。（二）非正义的、掠夺性的战争。其目的是在侵略或奴役别的国家，奴役别国的人民”[①]。由于战争是一种比较复杂的社会现象，加上一切统治阶级为了隐瞒战争的真实目的，有意编造种种谎言，迷惑和欺骗群众，因此，在过去，要了解战争的实质，的确很不容易。但是，今天，正如以上，马克思主义已经对两种战争的定义、内涵和衡量标准表述的如此明确，再说“理解不尽相同”，“没有必要纠缠进去”的话，反倒会让人难以理解了。

黄烈同志为什么会产生如上许多矛盾讹误，并且越走越远呢？在弄清以上这些问题之后，答案就很明白了：关键恰恰就在于“没有纠缠进去”，即离开了马克思主义的有关基本原理。例如，马克思主义指出：“判断一个人，不是根据他自己的表白或对自己的看法，而是根据他的行动”[②]。黄烈同志却置苻坚后期连年穷兵黩武所造成“各族人民在强迫从戎，苛征烦（繁）敛的沉重压榨下，是多么悲惨的一幅图景”的行动于不顾，而仅仅根据苻坚所说：“吾每思天下不一，未尝不临食辍铺”和“非为地不广，人力不足也；但思混一六合，以济苍生”的自我表白，就肯定他的“理想是要结束中国的分裂局面，完成中国的统一，从而推行‘王化’和建立‘大同之业，’”。又如，马克思主义明确指出：“历史上的战争分为两类：一类是正义的，一类是非正义的。”并且强调“我们共产党人反对一切阻碍进步的非正义的战争，但是不反对进步的正义战争”[③]。而黄烈同志却对此表示“理解不尽相同”，主张“没有必要纠缠进去”，倒不如含糊其辞仅仅“既谈它的正确的一面，又谈它的错误的一面，比较符合实际。”再如，马克思主义确认：“民族压迫政策是专制制度和君主制度的遗产”[④]，“现存的所

---

① 《联共（布）党史简明教程》，1953 年莫斯科中文版，第 208 页。

② 《列宁选集》第 2 卷，第 221 页。

③ 《毛泽东选集》第 2 卷，第 443 页。

④ 《列宁全集》第 24 卷，第 269 页。

有制关系是造成一些民族剥削另一些民族的原因"①。因而只有当"人对人的剥削一消灭，民族对民族的剥削就会随之消灭。民族内部的阶级对立一消失，民族之间的敌对关系就会随之消失"②。只有当"无产阶级对资产阶级的胜利同时就是一切被压迫民族获得解放的信号"③。而黄烈同志却认为决定有无民族压迫的并不是"现存的所有制关系"，而是某个统治者的个人意志。所以，在封建皇帝苻坚的统治下，不但能够实现"对汉族和氐族都不存在民族压迫"，甚至也"对汉族不存在歧视"，因而"汉族人民是不感到'民族歧视'之苦"的，如此等等。不言而喻，这一切，都是与马克思主义基本原理，不相符合的，这样的论点，不仅无以服人，且难自圆其说。比如他一方面说从苻坚统治下逃亡出来的南渡人民，"直接间接受过民族压迫的痛苦"，同时却又说在苻坚统治下，"汉族人民不感到'民族歧视'之苦"。类似这样的相矛盾的例子尚多，不另赘举。仅此就足以证明，要在史学研究中有所前进，必须认真坚持运用马克思主义的基本原理作指导。否则的话，连自相矛盾都难以避免，更谈不到做出科学结论了。

三　如何体现民族平等的原则

《新论》提出："对待我国历史上的民族关系，必须站在平等对待的立场，按照同一标准，尊重历史事实，实事求是地进行分析"。这个原则，无疑是十分重要，完全正确的。问题却在于黄烈同志进行具体分析的时候，并没有认真遵循，反而恰恰离开了他自己提出的这些原则。下面，我们就《新论》提到的几个有关问题，逐一进行探讨。

---

① 《马克思恩格斯选集》第1卷，第287页。

② 同上书，第270页。

③ 同上书，第287—288页。

第一个问题。《新论》说："汉族政权所进行的一些战争，如秦并六国达到统一，魏灭蜀、西晋灭吴达到统一，大概没有人反对是兼并统一战争吧？为什么前秦进军东晋就不能称为兼并统一战争呢?"甚至质问："'即使前秦政权百分之百的汉化了'，也不是'什么兼并统一'的战争，这种不平等的对待中国历史上的各民族，究竟有什么科学根据?"

以上问题，我在前面已经作过说明：第一，与秦、六国、魏、蜀、吴、西晋都是汉族建立的政权不同，前秦政权是氐族建立的。因此，它对东晋的战争，就必然带有"民族战争"的性质，而不能笼统地称为"兼并统一战争"。第二，所谓"'即使前秦政权百分之百的汉化了'，也不是'什么兼并统一'的战争。"这句话，是黄烈同志曲解了拙论的原意，也已引证原文，作了解释，不再重复。这里只想着重指出，拙论之所以判定苻坚发动的淝水之战是"民族侵略战争"，绝非仅仅因为前秦是氐族建立的政权。而且还根据苻坚统治后期对各族人民实行民族压迫和为向外扩张而发动了侵晋的战争。关于这些，连黄烈同志也明确承认"前秦统治下各族人民在强迫从戎、苛征烦（繁）敛的沉重压榨下，是多么悲惨的一幅图景!"承认汉族人民"直接或间接遭受过民族压迫的痛苦"，承认苻坚发动淝水之战的目的，有着"'扩大剥削地盘和攫取剥削对象'的一面"。这恰好说明，拙论正是"站在平等对待的立场，按照同一标准，尊重历史事实，实事求是地进行分析"。相反，黄烈同志一方面承认上述确凿历史事实，同时却把苻坚发动的扩张战争美化为"向东晋进军""完成中国的统一"，"以济苍生"。这才是毫无科学根据的"不平等的对待中国历史上的各民族"的十分典型的例证!

第二个问题。《新论》又说："前秦对东晋发动了战争，而东晋对前秦也发动过战争。我们没有理由以歧视的眼光来看待在祖国大地上的这两个政权。桓温北进关中，以受到坚壁清野的抵抗而撤回；淝水之战，前秦以失败而告终。如果说东晋北上是统一战争，赋予正义性质，说前秦南下是侵略战争，赋予非正义性质，以不同的标准来衡量性质大体相同的两次战争，显然是有偏颇的”。

这段话的讹误，更是非常明显的。关键问题在于黄烈同志混淆了桓温北进关中与苻坚南侵东晋两次战争的性质，说成什么“大体相同”，所以就彼此彼此，曲直难分了。实际上这两次战争的性质却绝非“大体相同”，而是“大不相同”。如所周知，东晋政权，是遭到严重的侵略战乱、丧失了中原疆土而偏安江南的。因此，桓温北伐，尽管说有其个人的目的，但根本性质，还是“经略中原”，“恢复故土”。正因为这样，关中父老才“持牛酒迎温于路者十八九，感泣曰：‘不图今日复见官军!’”与此相反，前秦则是继后赵、前燕之后在中原崛起的一个政权，苻坚在经过十多年的征战统一北方后，进一步又把矛头指向了东晋。尽管他口头讲的是什么“朕此行也，以义举耳”。实际上则是连黄烈同志也承认的“扩大剥削地盘和攫取剥削对象”的扩张和侵略。因此，赋予前者以正义性质，赋予后者以非正义性质，正是以“相同的标准来衡量”导致的正确的结论。反之，黄烈同志有意混淆两次战争的性质，把正义、非正义战争说成“大体相同”。并以此为理由，说什么“不仅前秦对东晋发动了战争，而东晋对前秦也发动过战争”。因而，“我们没有理由以歧视的眼光来看待在祖国大地上的两个政权”。这种貌似公正，实际上颠倒正义与非正义战争性质以达到贬晋扬秦目的的做法，才真正“显然是有偏颇的”。

第三个问题。《新论》还对他讲的“必须站在平等的立场，对待我国历史上的民族关系”的原则，提出了正面的主张。即“肃清‘内中华、外夷狄’、‘华夏正统’、‘蛮夷窃据’这样一些陈腐观念的影响和流毒，把历史上的少数民族也摆在祖国大家庭成员的地位，我们的看法，就会公平一些”。

不难看出，这段话的特点，同样也是含糊其辞的。如能科学地解释，可以是正确的；否则，就会适得其反。黄烈同志恰恰作了不科学的解释，而这也正是他导致上述一系列矛盾讹误的总根源。

分歧何在呢？我们认为，上面这段话，只有立足于今天我们社会主义伟大祖国，以马克思主义的观点进行解释，才是科学的。具体地说，“凡在今天中华人民共和国境内的各民族以及这个疆域内历史上各族人民的历史，均为中国史的范围和中国史讲述的对象。这是因为，我们是处在我国早已完成了形成统一的多民族国家历史过程的今天，祖国境内各少数民族，早已成为祖国民族大家庭的组成部分了”。这样解释，正是“站在平等对待的立场”，“肃清‘内中华、外夷狄’、‘华夏正统’、‘蛮夷窃据’这样一些陈腐观念的影响和流毒。但是，“当我国还未完成形成统一的多民族国家的历史过程以前，显然是不能把当时一些还作为独立的民族国家如匈奴、突厥、契丹、女真和蒙古等，划为汉、唐、宋、明等王朝的组成部分，说成同属于一个国家，都是一个民族大家庭成员的”[①]。与此相反，黄烈同志则抛离了两个绝然不同的时间观念，只用“秦汉形成了中央集权的多民族的封建统一国家”一句话，代替了我国形成为一个统一的多民族国家的全部历史过程，否认了前此和尔后我国疆域曾经不断有所变迁，特别是混淆了历史上的“当时”和现在的“今天”的区别，把历史上各该“当时”的各少数民族，也都说成是“祖国大家庭的成员”，属于“一个国内范围”。从而否认了它们之间还存在“侵犯别国的主权，占夺别国的领土，灭掉后进弱小的国家”的问题，而一概称之为“兼并统一战争”。认为这就是“站在平等对待的立场”，“更公平一些”。其实，在社会主义以前的历史上，所谓团结友爱的“民族大家庭”是根本不存在的。原因是“要使各民族真正团结起来，他们就必须有共同的利益。要使他们的利益一致，就必须消灭现存的所有制关系。因为现存的所有制关系，是造成一些民族剥削另一些民族的原因”。而“对消灭现存所有制关系的只有工人阶级，只有工人阶级能够做到

---

① 拙作《处理历史上民族关系的几个重要准则》，刊《历史研究》1980年第5期。

这一点”。离开了这个条件，正如马克思批评的那样，所谓“各民族团结友爱”，不过是动听的“一句口头禅”而已①。像这样美化拔高古代民族关系，不但无法做到消除“歧视”、防止“偏颇”、“平等对待”和“更公平些”，而且还难以避免造成讹误。比如，黄烈同志断言苻坚发动的淝水之战，不是“民族侵略战争”，而是“但思混一六合，以济苍生”的“兼并统一战争”。其理由并非根据战争的正义或非正义的性质，而是仅仅根据“前秦是一个继承了汉族封建政治传统的氐汉相结合的政权”，“它的民族性质，不是氐族单一的，而是氐汉双重的”。这就是说，黄烈同志之所以为此赞扬前秦的侵晋战争，乃是因为它继承了“汉族的”封建政治传统，其政权性质是氐“汉”双重的，而不是氐族单一的，即沾了“汉族”的光。反之，如果前秦没有继承“汉族的”封建政治传统，其政权性质是氐族单一的，而不是氐“汉”双重的，即没有沾“汉族”的光，那就是不值得赞扬，或者要斥责为“民族侵略战争”了。这根本不是在“肃清”，而恰恰是一种掩饰不住的“‘内中华、外夷狄’、‘华夏正统’、‘蛮夷窃据’这样一些陈腐观念的影响和流毒”的表现！

问题还不止此，如果我们不是按照战争的正义和非正义的性质，而是按照黄烈同志这个标准来处理历史上汉族与其他少数民族之间战争性质的话，那么，既然仅仅“继承了汉族的封建政治传统的氐汉结合的”前秦政权所发动的扩张侵略战争，就是“混一六合”，“以济苍生”的“兼并统一战争”，那么，完全正统的、汉族单一的封建政权发动的对少数民族的一切扩张的战争，当然更不能不是“统一中国的正义战争”了。像这样明显的大汉族主义的观点，借用黄烈同志的话说，“岂不十分荒唐，十分有害！”

当然，应该肯定，黄烈同志对待我国历史上的民族关系提出的一些主张，主观愿望是良好的。只是结果事与愿违，走向了反面。

---

① 《马克思恩格斯选集》第1卷，第287页。

这启迪我们，搞学术研究，单凭良好的愿望，借助于美化拔高以至改铸历史事实，是不行的。而是必须认真学习马克思主义，不断提高理论水平，然后才可能在“尊重历史事实，实事求是地进行分析”的基础上，得出科学的结论。经常地、自觉地严格遵循这一点，对我们大有裨益。愿与黄烈同志共勉之。

（原刊《历史论丛》1985 年第 1 期）

试论北魏太和改革的几个问题

——兼评《也谈北魏孝文帝的改革》的一些观点

公元五世纪末北魏太和年间的改革，在中国历史上是一件大事。不少论著，已作过很好的论证。但是，有些问题和看法，也还值得深入探讨。兹陈管见，希望讨论指正。

一　太和改革前北魏社会的主要矛盾问题

太和改革前北魏社会的主要矛盾，是一个有着意见分歧的问题。多数论者认为拓跋族与汉族和其他少数民族之间都存在着矛盾，而以前者为主。少数论者则持相反看法，如一篇题为《也谈北魏孝文帝的改革》的文章（刊《中国史研究》1982 年第 4 期，以下简称《也谈》），认为“虽然北魏是拓跋人入主中原建立的政权，但在北魏国家中，拓跋、汉之间的关系还是比较融洽的。”“虽北魏国家中民族矛盾激烈，但它主要不是拓跋、汉之间的矛盾，而是拓跋与其他少数族间的矛盾。”提出“不能为了给孝文改革寻找积极原因，便夸大孝文前拓跋君主的民族偏见和北魏社会的胡、汉矛盾。”（见《也谈》，以下凡不注明出处者，均引自此文）这些说法，不仅直接牵涉到太和改革的起因和评价，也关系到一些民族关系的理论问题，是值得认真探讨的。

孝文前拓跋君有无民族偏见？拓跋、汉族之间的关系是否“比较融洽”？这是一个问题的两个方面。因为，如果拓跋族君主是怀着民族偏见进行统治，那么，在拓跋与汉族之间，就不可能出现“比较融洽”的民族关系。所以，只要搞清楚了前者，后者也便不难得到明确的答案。这里，不妨就拿《也谈》赞为“自觉汉化”而“不是民族偏见极深的典型”的太武帝拓跋焘为例。据载，他对外用兵，“每以骑战，驱夏（汉）人为肉篱。”① “驱（汉）民使战，后出者灭族；以骑蹙步，未战先死。”② 公元451年，魏军南侵，“虏驱南口（汉人）万余”。闻宋师追击，“尽杀所驱者而去”。“凡破南兖、徐、兖、豫、青、冀六州，杀伤不可胜计。丁壮者即加斩截，婴儿贯于槊上，盘舞以为戏。所过郡县，赤地无余。”并将被虏汉民“五万余家，分置近畿。”③ “又破邵陵县，残杀二千余家，尽杀其丁男，驱略妇女一万二千口。”④ 正像当时宋盱眙太守沈璞所指出：“虏之残害，古今未有，屠剥之苦，众所共见。其中幸者，不过驱还北国作奴婢耳。”⑤ 无须更多引证，仅此即足充分证明，拓跋焘正是“民族偏见极深的典型”，而不是什么“夸大”；拓跋、汉族之间的关系，不可能“比较融洽”，而是恰恰相反。关于这点，后面还要论及。至于《也谈》所引拓跋焘“曾多次下诏辟召贤良，把大批中原士人安插在朝廷内外，尤其是信用清河豪族崔浩，‘曾敕诸尚书曰，凡军国大计，卿等所不能决者，皆先谘浩，然后施行’”等等，虽都是事实，但因为这是北魏政权上层之间的相互勾结利用，所以，既不能证明拓跋统治者与汉族豪门之间的关系真正“比较融洽”。相反，后来恰恰是由于他们中间矛盾的激化，不仅崔浩，还包括他的姻亲范阳卢氏、太原郭氏、河东柳氏等在内，都被“尽夷其族”⑥ 的。更不能证明拓跋统治者与

---

① 《通典·边防典》。

② 《资治通鉴》卷125。

③ 《资治通鉴》卷126。

④ 《宋书》卷95，《索虏传》。

⑤ 《资治通鉴》卷125。

⑥ 《魏书》卷35，《崔浩传》。

汉族广大人民之间的关系“比较融洽”。这里的要害是，必须把拓跋统治者与汉族豪门相互勾结利用的关系和拓跋统治者与广大汉族人民压迫、被压迫的关系，严格区分开来。否则，不论有意无意，混淆了两种不同性质的关系，用前者代替后者，以此证实“在北魏国家中拓跋、汉族之间的关系还是比较融洽的”，就是论据失实，无以服人了。

拓跋、汉族“比较融洽说”不能成立，已如上述。那么，在北魏国家中，是否“主要不是拓跋、汉之间的矛盾，而是与其他民族之间的矛盾”呢？回答也是否定的。因为它所持的论据是：“北魏一代，人民起义频繁，但明确标为羌、胡等少数民族的起义就占二分之一以上。汉人为主的起义当不足半数……这种情况，即使在孝文改革后也没有发生变化。”而这个论据本身，就是不可靠的。为了准确地弄清事实，这里着重把具有典型性的一段时间，即从孝文帝拓跋宏延兴元年（公元 471 年）即位，至太和二十三年（499 年）去世期间各种起义和反抗的斗争，简列于下，以资分析：

1. 延兴元年（公元 471 年）九月，“青州高阳民封辩，自号齐王，聚党千余人。”

2. 延兴元年（公元 471 年）十月，“沃野、统万二镇敕勒叛。”

3. 延兴元年（公元 471 年）十月，“朔方民曹平原招集不逞，破石楼堡，杀军将。”

4. 延兴元年（公元 471 年）十月，“妖贼司马小君聚众反于平陵。”

5. 延兴二年（公元 472 年）二月，“东部敕勒叛奔蠕蠕。”

6. 延兴二年（公元 472 年）三月，“连川敕勒谋叛，徙配青、徐、齐、兖四州为营户。”

7. 延兴二年（公元 472 年）七月，“光州民孙晏等聚党千余，叛通刘昱。”

8. 延兴二年（公元 472 年）八月，“河西费也大反。”

9. 延兴三年（公元473年）正月，“相州妖人荣永安叛，执送京师斩之。”

10. 延兴三年（公元473年）十二月，“妖人刘举自称天子，齐州刺史武昌王平原捕斩之。”

11. 延兴三年（公元473年）十二月，“沙门慧隐谋反，伏伙。”

12. 延兴四年（公元474年）十二月，“诏西征吐谷浑兵在句律城初叛军者斩，次分配柔玄、武川二镇。斩者千余人。”

13. 延兴五年（公元475年）九月，“济州人贾伯农、豫州人田智度聚党千人，夜攻洛州。”

14. 承明元年（公元476年）五月，“冀州武邑民宋伏乞聚众，自称南平王。”

15. 太和元年（公元477年）正月，“秦州略阳民王元寿聚众五千余家，自号为冲天王。”

16. 太和元年（公元477年）十一月，“怀州民伊祁苟初自称尧后，应王，聚众于重山。”

17. 太和四年（公元480年）正月，“洮阳羌叛。”

18. 太和四年（公元480年）正月，“雍州氐齐男王反，杀美阳令。”

19. 太和四年（公元480年）十月，“兰陵民桓富杀其县令，与昌虑、桓和北连泰山群盗张和颜等，聚党保五固，推司马朗之为主。”

20. 太和五年（公元481年）七月，“沙门法秀以妖术惑众，谋作乱于平城。苟颓帅禁兵收掩，悉擒之。”

21. 太和五年（公元481年）五月，“青州主簿崔次恩聚众谋叛，州军击之，次恩走郁州。”

22. 太和六年（公元482年）九月，“荆州巴氐扰乱。”

23. 太和十一年（公元487年）正月，“荒人胡丘生起兵悬瓠以应齐，魏人击破之。”

24. 太和十二年（公元 488 年）三月，“中散梁众保等谋反，伏诛。”

25. 太和十三年（公元 489 年）正月，“兖州民王伯恭聚众劳山，自称齐王。”

26. 太和十四年（公元 490 年）五月，“沙门司马惠卿自言圣王谋破平原郡。”

27. 太和十七年（公元 493 年）九月，“先是，北地民支酉聚众数千，起兵于长安城北西山，……进向长安。”

28. 太和十七年（公元 493 年）九月，“秦州民王广，起兵应支酉，攻执魏刺史刘藻，秦、雍间七州民皆响震，众至十万。”

29. 太和二十年（公元 496 年）四月，“广州（治鲁阳，今河南鲁山县）刺史薛法护南叛。”

30. 太和二十年（公元 496 年）十月，“魏吐京胡反。”

31. 太和二十年（公元 496 年）十一月，“右将军元隆大破汾州叛胡。”

32. 太和二十一年（公元 497 年）二月，“定州民王金钩讹言惑众，自称应王。”

33. 太和二十一年（公元 497 年）九月，“诏河南尹李崇讨梁州叛羌。”

34. 太和二十一年（公元 497 年）九月，“徐州降人郭陆聚党作逆，人多应之，骚扰南北。”

35. 太和二十一年（公元 497 年）十一月，肖鸾前军将军韩秀方等降魏，“新野民张睹栅万余家，拒守不下。”

36. 太和二十二年（公元 498 年）八月，“敕勒树者相率反叛。”

37. 太和二十三年（公元 498 年）八月，“南徐州刺史沈陵南叛。”

38. 太和二十三年（公元 498 年）十一月，“幽州民王惠定聚众反，自称明法皇帝。”

以上是从《魏书·高祖纪》和《资治通鉴》两书中逐年摘录出来的，可能还有极个别的遗漏，但从中已可看出：

第一，从延兴元年（公元471年）到太和二十三年（公元499年），二十八年间共发生各种起义和反抗斗争三十八次。平均每年1.36次，不可谓不频繁。这反映了当时社会矛盾的尖锐和激烈。

第二，在这三十八次起义和反抗斗争中，汉族人民起义二十三，占60.6%；各少数民族起义共十一次，占28.9%；北魏官员反抗斗争四次，占10.5%。即使不把后者包括在内，以汉人为主的起义的次数，也超过各少数民族起义总次数的一倍以上。这反映了拓跋统治者与汉族的矛盾，比其他各少数民族的矛盾，更为尖锐和激烈。

第三，北魏官员的反抗斗争共有四次。这虽然主要反映了北魏统治政权内部的矛盾和斗争，但在当时特定历史条件下，也不容否认包含了拓跋统治者与汉族之间的矛盾，特别是其中广州刺史薛法护和南徐州刺史沈陵的“南叛”，更足以说明这一点。

第四，尤其值得指出的是，有许多次汉族人民起义，还曾与江南的宋、齐等王朝联系或取得支持，以进行反抗。如延兴二年（公元472年）七月“光州民孙晏等聚党千余叛通刘昱（宋后废帝）”。[①] 太和四年（公元480年）“淮北四州民不乐属魏，常思归江南。上（齐高帝）多遣间谍诱之。于是徐州民桓标之、兖州民徐猛子等，所在蜂起为寇盗，聚众保五固，推司马朗之为主，有众数万，寨险求援。”后来这支起义队伍虽然被镇压下去，但“余众得归（南齐）者尚数千家”。[②] 太和十一年（公元487年）正月，“荒人胡丘生起兵悬瓠以应齐”。[③] 太和十七年（公元493年）九月，“北地民支酉聚众数千起兵，……进向长安，遣使告（齐）梁

① 《魏书》卷7上，《高祖纪上》。

② 《资治通鉴》卷135。

③ 《资治通鉴》卷136。

州刺史阴智伯，欲邀结齐师以为应援。”与此同时，“秦州民王广，起兵应支酉，……秦、雍间七州民皆响震，众至十万，各守堡垒以待齐救。”[①] 太和二十一年（公元 497 年）十月，齐明帝前军将军韩秀方等降魏，“新野民张睹栅万余家，拒守不下。”[②]

以上确凿事实可以充分证明：所谓“明确标为羌、胡少数族的起义就占二分之一以上，汉人为主的起义当不足半数”的说法，完全是一种离开事实的“估计”。因而，建立在这种错误“估计”之上的结论——“北魏国家中民族矛盾激烈，但它主要不是拓跋、汉之间的矛盾，而是拓跋与其他少数族间的矛盾”，自然也是不正确的。与此相关的是，《也谈》还提到：“即使是汉人起义，也多以‘民’、‘盗’的面目出现，应该属于阶级斗争，而非民族斗争。”更不仅背离历史事实，而且与马克思主义有关民族关系的基本原理不相符合。如同《共产党宣言》所指出，阶级剥削和压迫，是民族压迫的社会根源。只有“人对人的剥削一消灭。民族对民族的剥削就会随之消灭。民族内部的阶级对立一消失，民族之间的敌对关系就会随之消失。”[③] 在拓跋贵族政权的统治下，汉族人民不仅是作为农民受压迫，而且还作为在语言、文化、生活，风俗、心理状态等各方面有别于统治民族的劳动者受压迫，因而怎么能片面强调他们与拓跋政权阶级斗争的性质而取消了民族斗争的性质呢？

二　文明太皇太后在太和改革中的地位和作用问题

提到北魏太和年间的改革，一般都归功于魏孝文帝拓跋宏，或直接称之为“魏孝文帝改革”。这是不够确切的，至少是不够全面

---

① 《资治通鉴》卷 138。

② 《魏书》卷 7 下，《高祖纪下》。

③ 《马克思恩格斯选集》第 1 卷，第 270 页。

的。实则，这次改革的主角，在很大程度上是文明太皇太后（以下简称“文明太后”），而不是拓跋宏。或者说，前者是这次改革的倡导者和奠基者，后者则是她未竟事业的继承者和完成者。

文明太后，姓冯氏，长乐世族。父冯朗，历任秦、雍二州刺史，西城郡公。她生于长安，年十四，魏文成帝拓跋濬（高宗）“践极，以选为贵人，后立为皇后。”公元465年，文成帝死，太子拓跋弘即位，是为献文帝（显祖），被尊为皇太后。公元476年，献文帝死，孝文帝承明元年（公元476年），复尊为太皇太后。按拓跋宏生于献文帝天安元年（公元466年），至拓跋弘死时，年方十岁，还是一个孩子。故而一直由文明太后“临朝听政”。据《资治通鉴》载，拓跋宏“性至孝，能承颜顺志，事无大小，皆仰成于太后。太后往往专决，不复关白于帝。”[①] 其他各书所记，也大致相同。如《魏书·高祖纪》：“高祖幼承洪绪，早著叡圣之风，时以文明摄事，优游恭己，玄览独得，著自不言。”[②]又《北史·文成文明皇后冯氏传》也说：“自太后临朝听政，孝文雅性孝谨，不欲参决，事无巨细，禀于太后。”这种情况，一直继续到太和十四年（公元490年）文明太后去世。这说明，在以上长达十四年时间里，北魏国家的实权，都是掌握在文明太后手中的。

文明太后不但得到了较长时期执政的机会，而且还是一个出色的女政治家。她生于显赫的宦门，自幼又受过身为太武帝（世祖）拓跋焘左昭仪的姑母的“抚养教训”[③]。“性聪察，知书计，晓政事。”[④] “多智略，猜忍，能行大事，生杀赏罚，决之俄顷。”[⑤] 故

① 《资治通鉴》卷134。

② 《魏书》卷7下，《高祖纪下》。

③ 《魏书》卷13，《皇后列传》。

④ 《资治通鉴》卷134。

⑤ 《魏书》卷13，《皇后列传》。

能“及登尊极，省决万机。”① 早在天安二年（公元467年），就曾以皇太后的身份，“密定大策”，诛杀了“谋逆”的丞相太原王乙浑，“遂临朝听政”。② 虽然至次年即复“归政”，但在这次同“专制朝权、多所诛杀”的丞相乙浑的政治斗争中，却显露了头角。承明元年（公元476年）六月，拓跋弘死，时孝文帝尚幼，她又以太皇太后的身份，再次“临朝称制”。从七月至翌年十一月，连颁八道重要诏令，内容涉及号召“直言极谏”，“赏功罚罪”，“简徭役、尽地利”，禁“轻有征发、致夺民时”，“婚聘过礼、厚葬送终”以及作为均田制张本的“一夫制田四十亩”等“便民利国”的法令和措施，显示了她卓越的政治才能。

为严禁官吏贪暴，太和八年（公元484年），下诏“班禄”。“旧律，枉法十匹，义脏二十匹，罪死。至是，义赃一匹，枉法无多少，皆死。”并“分命使者纠按。”不仅“外戚显贵”秦、益二州刺史恒农李洪之及“守宰坐赃死者四十余人”，使“受禄者无不跼蹐，赇赂殆绝”，而且后来怀朔镇将汝阴灵王天赐和长安镇都大将雍州刺史南安惠王桢皆因“坐赃”当罪。群臣以“二王景穆皇帝之子（拓跋宏的叔祖），宜蒙矜恕”时，她严厉指出，必须“灭亲以明法”，决不能“存亲以毁法”。终于都“削夺官爵，禁锢终身。”③ 表现了执法不阿的果决精神。

尤其值得指出的是，她在太和七、八年（公元483、484年）颁布诏令，提出要“思易旧质，式昭维新”和明确宣布要“变法改度，宜为更始”④ 之后，接着，在太和九、十两年（公元485、486年），先后实施了“均田制”和“三长制”，一场大规模的改革运动就全面展开了。意外的是，当这场革命运动正逐步深入开展、并初步取得了明显成果时，太和十四年（公元490年）九月，

---

① 《魏书》卷13，《皇后列传》。

② 同上。

③ 《资治通鉴》卷136。

④ 《魏书》卷7下，《高祖纪下》。

她却突然死去，年才四十九岁。这时，年已二十五岁的拓跋宏开始“躬总大政，一日万机”①，成为北魏政权的新的统治者。

有的论者同意肯定文明太后在太和改革中的重要作用，但以她与拓跋宏之间存在矛盾为根据，怀疑后者是否继承了她未竟的事业。确实，在文明太后与拓跋宏之间，是存在着某些矛盾的。例如，拓跋宏的生母献文思皇后李氏，是被文明太后“赐死”的；文明太后又“以帝（拓跋宏）聪圣，后或不利于冯氏，将谋废帝。乃于寒月，单衣闭室，绝食三朝，召咸阳王禧，将立之，元丕、穆泰、李冲固谏，乃止。”② 又“宦者先有谮帝于太后，太后大怒，杖帝数十，帝默然而受，不自申明。”③ 尤其是在文明太后“听政”期间，“往往专决，不复关白于帝”，“威福兼作，震动内外”。④然而，文明太后死后，拓跋宏对这些却非但“不以介意”⑤，而且“酌饮不入口者五日，毁慕过礼。绝酒肉，不内御者三年。”⑥ 有人据此说这是出于他对文明太后“躬亲抚养”的感恩戴德。我认为，这个因素，不能完全排除。但更为根本的却不是“哀慕之心”，而是政治上的原因。即他与文明太后在改革方针方面，政见相同，一脉相承。具体表现，就是他在亲政以后，明确诏示要“仰祇遗命，亦思无怠。”⑦ 他不仅是这样说的，也是这样做的。如同年十二月，就下诏“依准丘井之式，遣使与州郡宣行条制，隐口漏丁，即听附实，若朋附豪势，陵抑孤弱，罪有常刑。”⑧ 关于“丘井之式”和州郡宣行的“条制”，史学界看法还有分歧。但唐长孺和王仲荦

---

① 《魏书》卷7下，《高祖纪下》。

② 同上。

③ 同上。

④ 《魏书》卷13，《皇后列传》。

⑤ 《魏书》卷7下，《高祖纪下》。

⑥ 《魏书》卷13，《皇后列传》。

⑦ 《魏书》卷7下，《高祖纪下》。

⑧ 同上。

先生都明白指出“显然是与均田和三长制相关”。[①] 据此，可以认为这是继续推行与巩固均田和三长制的措施。至于拓跋宏后来迁都洛阳、禁鲜卑语、鲜卑服和实行改姓变俗等汉化主张，把改革事业推向了更高的阶段，虽然都是文明太后死后实现的，但追根溯源，却明显是接受了文明太后深刻影响的结果。如前所述，文明太后原籍长乐，出于汉族显宦之家，生于长安，自幼得到身为太武帝左昭仪的姑母的“抚养教训”，不仅自己长期受到汉族传统文化的教养，而且反过来又注意把这种教养施加到拓跋宏身上，除了在“躬亲抚养”过程中随时随地给予熏陶和潜移默化外，后来“以高祖富于春秋，乃作劝诫歌三百余章，又作皇诰十八篇”以教之。[②] 不仅如此，她还把这种教养，扩大到诸王以至于胡、汉贵族中去：“令置学馆，选师傅，以教诸王。”“改中书学曰国子学，分置州郡，凡三十八州。”[③] 这一切可以充分说明，拓跋宏自幼是在文明太后抚养教育下成长起来的、业经汉化了的新一代的拓跋统治者，他亲政后的汉化措施，实际上就是文明太后改革事业在新的条件下的继续和发展。对此，他自己也明确宣称是“聿修诰旨”，“不愆遗令”。[④] 正是从这个意义上，我们才认为文明太后是太和改革的倡导者和奠基者，而拓跋宏则是她未竟事业的继承者和完成者。当然，这样说，一方面，并不意味着贬低拓跋宏的作用。相反，他在太和改革、特别是推行汉化、促进我国各民族同化方面所作的重大贡献，是应当充分肯定的。另一方面，也决不意味着要把文明太后美化为无瑕的完人，相反，她“猜忍，多权数”，“专决”。[⑤] “自以过失，惧人议己，少有疑忌，便见诛戮。”[⑥] 甚至连不甘顺从的

---

① 王仲荦：《魏晋南北朝史》，第534、535页。

② 《魏书》卷13，《皇后列传》。

③ 同上。

④ 《魏书》卷7下，《高祖纪下》。

⑤ 《资治通鉴》卷134。

⑥ 《魏书》卷13，《皇后列传》。

献文帝拓跋弘也被她所鸩杀。但是，这些几乎为一切封建统治者所共有的阶级的历史的局限性，同她倡导和推行的改革事业比较起来，终究居于次要地位，不能影响她成为中国封建社会历史上一位杰出的女政治家。

三　对拓跋宏改革的评价问题

建国以来，对拓跋宏改革的评价，虽有高低之分，总的说来，则是一致予以肯定的。《也谈》却独排众议，作了全盘否定。学术问题的是非当然不能完全以多数或少数作为判断标准。问题在于它所提出的论点，都是难以成立、甚至存在明显讹误的。

第一个论点是：班禄、均田、三长制“这三项具有进步意义的改革，其实与孝文无关。虽然它们颁布于太和年间，却与孝文的改革思想、改革方针极少共同之处。它的决策人是冯太后而非孝文。”这显然是与事实不符的。

诚然，在太和十四年（公元 490 年）以前，北魏政权的决策人，确实是文明太后。但却不能仅仅据此就说在太和九年（公元 485 年）前后施行的上述重要改革，“与孝文无关”。因为，当时拓跋宏已不再是个孩子，而是年满二十、已经成为一个“早著叡圣之风”、颇具政治头脑的青年君主。作为北魏统治集团中政治地位仅次于文明太后的核心成员之一，他对关系拓跋统治安危兴衰的重大方针政策，不能不表明态度，献可替否。据记载：“自太和十年以后，诏册皆（拓跋宏）自为之。”① 这就充分说明，他既参与了上述重大改革方针的制定和实施，并且是积极赞助，坚决拥护的。不仅如此，即使他后来迁都洛阳，进一步实行汉化，虽在文明太后死后，但从根本上说，却是接受了文明太后的影响。关于这些，在上一节里已作过较详细的阐述，不再赘论。事实证明，拓跋宏的改

① 《资治通鉴》卷 140。

革思想和方针，并非与文明太后“极少共同之处”，而是一脉相承，是对她未竟的改革事业的忠诚的继承与发展。

第二个论点是：拓跋宏的改革“是要用儒家的礼教代替一切”。在“孝文心目中，除礼乐之外，并无他物。”而他的“礼治”，又是“从来不考虑国计民生”的。这些提法，不仅背离事实，而且从道理上也是讲不通的。

如所周知，我国从春秋战国以来，在整个封建社会里，长期存在着礼治与法治之争。但不论前者或后者，都只是一种手段，而不是目的。目的则是巩固封建统治，实现四海统一。因而，所谓“用礼教代替一切”和“从来不考虑国计民生”的礼治，是根本不存在的。就拿儒家的创始人孔子来说，他十分重视礼乐，主张礼治。但既非为礼治而礼治，更非“从来不考虑国计民生”。相反，他是把礼乐和礼治作为一种手段，用以实现其政治理想的。例如他在答“季孙欲以田赋”问时说：“君子之行也，度于礼，施取其厚，事取其中，敛取其薄。如是则以丘亦足矣。若不度于礼，而贪冒无厌，则虽田赋，将又不足。”[①] 又如，他主张“礼乐征伐自天子出”。[②] 目的在于实现国家统一，天下大同。在这里，礼乐显然就是维护等级秩序、实现统一和大同的手段和工具。孔子如此，一切信奉礼治的封建政治家也莫不如此，拓跋宏当然也不可能例外。他在亲政之后，虽然讲了许多宣扬礼教的话，做了许多倡导礼教的事。但决非“要用儒家的礼教代替一切”，决非“心目中除礼教之外，并无他物”，更决非“从来不考虑国计民生”问题。如太和十四年（公元 490 年）九月，文明太后死后，同年十二月，他就“诏依准丘井之式，遣使与州郡宣行条制，隐口漏丁，即听附实。若朋附豪势，陵抑孤弱，罪有常刑。”[③] 十五年（公元 491 年）六

① 《左传》哀公十一年。

② 《论语·季氏》。

③ 《魏书》卷 7 下，《高祖纪下》。

月，“济阴王郁以贪残赐死”。[1] 十六年（公元492年）五月，以“京师之民，游食者众，或芸耨失时”，诏“遣明使检察勤惰”。[2] 十九年（公元495年）六月，“诏改长尺大斗，班之天下。”[3] 二十一年（公元497年）正月，遣使“巡方省察，问民疾苦，黜陟守宰，宣扬风化。”[4] 这一切，哪一件不是直接有关“国计民生”？又如，他“诏荆、郢、东荆三州，禁勒蛮民勿有侵略”，是为了使南人感“知朝德”，以便“荡一区宇，囊括江南。”[5] 他“巡抚淮甸，访民疾苦”，是为了“使彼知君德之所在，有北向之心。”[6] 他“俯济苍生”，[7] “布德衍化”，是为了“中国既和，远人自服。”[8] 他“断北语，从正音，兴礼乐”，是为了“变风易俗”，“度越前王”和“传之万世”。[9] 他的政治目的，当时任城王拓跋澄看得十分清楚，在答拓跋宏“今将移风易俗，欲因此迁宅中原”问题时，曾一语破的地指出：“陛下欲卜宅中土，以经略四海，此周汉之所以兴隆也！”拓跋宏听了，引为深得己意，盛赞“任诚吾之子房也”。[10] 以上这些情况，其实《也谈》看得也很清楚，并曾明白讲过：“孝文的政治抱负，便是恢复儒家礼教，用礼治来振兴北魏。”即同样承认拓跋宏是把“恢复儒家礼教”和实施“礼治王化”，当作实现其“振兴北魏政治抱负”的手段。只是为了维护自己全盘否定拓跋宏的观点，在许多地方竟有意说成拓跋宏“之所以在一生中的最后几年里无计划地连年南伐，很大的因素是若完不成统一大业，他就不能心安理得地制礼作乐。”并引《洛阳伽蓝记》所载

---

① 《魏书》卷7下，《高祖纪下》。
② 同上。
③ 同上。
④ 同上。
⑤ 《资治通鉴》卷139。
⑥ 同上。
⑦ 《魏书》卷7下，《高祖纪下》。
⑧ 《资治通鉴》卷140。
⑨ 同上。
⑩ 《资治通鉴》卷138。

拓跋宏晚年某次大宴群臣时所赋“白日光天兮无不曜，江左一隅兮独未照”的诗句说：“他所遗憾的便是南朝肖齐还没有被及他的礼乐之化”。按照这种说法，拓跋宏不是“布德行化”，使“远人自服”，最终完成统一大业。反倒成了要通过“连年南伐”，实现统一，以便“能心安理得地制礼作乐”，使南朝肖齐也得“被及他的礼乐之化”。这就把目的和手段的关系完全颠倒过来。这种做法，虽然符合了“孝文的改革是要用儒家的礼教代替一切”和“从来不考虑国计民生”的论断，却丢掉了科学性，不仅与自己所说“孝文的政治抱负是用礼教王化来振兴北魏”的话自相矛盾，不能自圆其说。而且模糊了拓跋宏发动侵犯南朝战争的性质，客观上为不义的扩张战争张目，是十分有害的。

第三个论点是：“孝文的汉化，其实是迂腐的儒化。”他推行的“礼治王化，祸国殃民”，“是站在了腐朽势力一边，起了促退作用”，“加速了北魏国家和拓跋民族的衰亡”。这个论断，比起前面两点，离开史实和历史主义原理走得更远。导致这些讹误的原因，非止一端，其中最根本的则是对“汉化”的含义，作了片面的理解。

什么是“汉化”？在马克思主义原始文献中，虽尚未发现对这个概念的阐明。但从经典作家对“同化”的下述阐述中，却可以得到有益的启发：一、同化，“照字面讲，就是同类化，一律化。”“同化的问题，即丧失民族特性，变成另一个民族的问题。”① 二、同化，一般是在征服和被征服民族中间进行，带有不同程度的强制性。但并非只有被征服民族同化于征服民族。相反，“在长期的征服中，比较野蛮的征服者，在绝大多数情况下，（常常）为被征服者所同化，而且大部分甚至不得不采用被征服者的语言。”② “野蛮的征服者总是被他们所征服的民族的较高文明所征服，这是一条永

① 《列宁全集》卷20，第9页。

② 《马克思恩格斯选集》第3卷，第222页。

恒的历史规律。”[①] 三、同化的根本原因在于经济因素。因为，对征服者来说，“无论什么地方，占领很快就面临结束之日，那时已经没有东西可供占领了，需要转向生产。从这种很快到来的生产力必要性中可以做出如下结论：定居下来的征服者所采纳的社会制度形式，应当适应于他们面临的生产力发展水平，如果没有这种适应，那么社会制度形式就应当按照生产力而发生变化。”[②] 四、由于上述“同化民族的这一历史过程包含着极大的历史进步作用”，[③] 所以，马克思主义者“欢迎民族的任何同化，只要它不是借助于暴力或特权进行的。”[④]

根据上述马克思主义基本原理，我们的理解：从一般意义上说，汉化，是指少数民族的语言、文字、风俗习惯和心理状态等，都同化于汉族；从这种同化是在特定的封建社会历史时期进行来说，又被赋予了特定的质的规定性，成了封建化的等义词。在我国封建社会，由于汉族人口众多，生产力和社会制度一直处于先进地位，始终是起主导作用的主体民族。因而，以封建化为实质的汉化，就成为一种使少数民族文明化的进步的历史运动。即以拓跋族的汉化为例，当拓跋焘进入中原的初期，还处在家长奴隶制阶段，因为受到“占领的性质是受占领的对象所制约”[⑤] 这一规律所决定，尽管不得不“劝课农桑，垦殖锄耨”，保留了中原地区的封建经济关系。但同时却也带进了落后的游牧经济成分。突出的表现，一是圈占农田以为牧地或苑囿：“多封禁良田”。[⑥] “苑囿过度，民无田业。”[⑦] 二是赏赐和使用奴隶：正平元年（公元 451 年）三月，“车驾至自南伐，以降民五万余家分置近畿，赐留台文武所获军资

① 《马克思恩格斯选集》第 2 卷，第 70 页。

② 《马克思恩格斯选集》第 1 卷，第 81 页。

③ 《列宁全集》卷 20，第 12 页。

④ 同上书，第 18 页。

⑤ 《马克思恩格斯选集》第 1 卷，第 18 页。

⑥ 《资治通鉴》卷 123。

⑦ 《魏书》卷 28，《古弼传》。

生口各有差。”[①]“破邵陵县，残杀二千余家，尽杀其男丁，驱略妇女一万二千口。”[②]这种情况，直到太和改革以前，仍然继续存在。如拓跋濬兴光二年（公元455年），“诛河间鄚民为盗贼者，男年十五以下为生口，班赐从臣各有差。”[③]拓跋弘皇兴二年（公元468年），破冀、兖二州，“徙二城民望于下馆，朝廷置平齐郡于怀宁、归安二县以居之。余悉为奴婢，分赐百官。”[④]正如恩格斯所说：“每一次由比较野蛮的民族所进行的征服，不言而喻地都阻碍了经济的发展，摧毁了大批的生产力。”[⑤]拓跋贵族侵掠统治的结果，同样也是“所过郡县，赤地无余。”[⑥]“农不垦殖，田亩多荒；闾里空虚，民多流散。”[⑦]甚至到太和初期，仍然“地有遗利，民无余财，或争亩畔以亡身，或因饥馑以弃业。”[⑧]就是在这种条件下，文明太后与拓跋宏提出了实行均田制和三长制等改革主张，使封建生产力进一步发展，垦地面积显著增加，“户口之数，比夫晋太康倍而有余。”[⑨]不仅残破的生产，得到恢复与繁荣，出现了“百姓殷阜，年登俗乐”[⑩]的兴旺景象，而且进一步“改变了拓跋部过去虽然是农业已经占主导地位，而畜牧业仍占很大比重的局面”，使“农业生产在北魏社会中占居到绝大的比重，促进了拓跋部更迅疾地向封建化跃进。”[⑪]这种农业化的进程，从根本上说，虽然是当时社会经济自身发展的要求和必然的趋向，但也必须看到，征服民族的统治者的态度和政策，会对这种进程起到延缓或加

① 《魏书》卷4下，《世祖纪下》。

② 《宋书》卷95，《索虏传》。

③ 《魏书》卷5，《高宗纪》。

④ 《魏书》卷50，《慕容白曜传》。

⑤ 《马克思恩格斯选集》第3卷，第222页。

⑥ 《资治通鉴》卷126。

⑦ 《魏书》卷5，《高宗纪》。

⑧ 《魏书》卷7上，《高祖纪上》。

⑨ 《通典·食货典·历代户口》。

⑩ 《洛阳迦蓝记》。

⑪ 王仲荦：《魏晋南北朝史》，第534、535页。

速的作用。从拓跋宏一再诏示："务农重谷，王政所先"[1] 和"农惟政首，稷实民先"[2] 等来看，以及他后来迁都洛阳，"修百官，议新政"，和通过禁鲜卑语、鲜卑服等措施"变风易俗"[3] 来看，他对于实现农业化和汉化，都具有明显的自觉性，起了加速的作用。特别值得指出的是，在我国历史上，历来少数民族统治中原，少有不极力保持其原有的落后的生产方式，歧视被统治各族人民和抗拒汉化的。而拓跋宏却坚定地继承文明太后的"遗命"，冲破种种阻挠破坏，甚至废掉并毒死太子拓跋恂，动用武力镇压阴谋政变破坏改革的鲜卑贵族元老穆泰和镇北大将军乐陵王拓跋思誉、代郡太守拓跋珍和阳平侯贺赖头等，大刀阔斧地进行"变俗改制"，取得显著成效，成为中国历史上第一个、也是唯一的一个自觉、坚定和比较彻底地推行汉化的少数民族统治者。综观中国历史上的改革和变法，情况虽很复杂，但大体上可分为以下两类：一类是发生在某一个王朝政治腐败、阶级矛盾激化、社会危机严重之际，改革的目的是革除弊端，缓和矛盾，巩固统治。如西汉王莽的变法，北宋王安石的变法，明代张居正的变法等。另一类是发生在两种社会生产方式交替之际，改革的目的是顺应时代和社会进步的要求，排除种种陈腐落后制度的障碍，为新的、先进的生产力的发展，扫清道路。如战国时期李悝在魏国的变法，吴起在楚国的变法，商鞅在秦国的变法等。前者是在同一种生产方式条件下进行的，解决的是改造封建统治制度某些腐朽环节的问题，属于社会改良的性质。后者则是在两种不同社会条件下进行，解决的是先进的生产力与旧的生产关系矛盾的问题，带有社会革命的性质。拓跋宏的改革，属于后者。但他作为少数民族的统治者，在实行封建化的同时，又厉行汉化，"变风易俗"，尤为高瞻远瞩，难能可贵。当然，拓跋宏的改

① 《魏书》卷7上，《高祖纪上》。

② 同上。

③ 《资治通鉴》卷140。

革，是站在拓跋贵族的立场上，为了巩固和扩大北魏的统治。但客观上却适应了历史发展的趋势，符合了进步的时代倾向，加速了拓跋族迈入先进民族经济和文化体系的步伐，并对消除汉、拓跋民族之间的隔阂和酝酿培育隋唐时期繁荣的经济和灿烂的文化，做出了重大的贡献。对这样一个特殊的少数民族统治阶级的杰出历史人物，是应当给予充分肯定和高度评价的。

在弄清以上这些根本性问题之后，导致《也谈》讹误的原因，也便一目了然了。这就是它把“汉化”两字，片面理解成“学习汉人文化”，并以“学习汉人先进文化固然称汉化，学习汉人腐朽的东西也未尝不可称汉化”为理由，把汉化分为两种：一种是“取汉人之长，弃本族之短”的“值得推崇的汉化”；另一种是“抛弃了本民族的一切，包括其特长，吸收来的却多是汉文化的糟粕”的“消极的汉化”。进而断言，“笼统的‘汉化’二字，是没有进步、倒退可言的。”“对少数民族汉化一概而论地加以肯定，是不全面、不科学的。”这些话貌似辩证、全面，实则由于抽掉了作为汉化核心的“封建化”这个实质性内容，从而也就模糊以至取消了判断汉化性质的科学标准。因为，经典作家肯定民族同化“这一历史过程包含着极大的历史进步作用”，就在于它顺应了社会经济自身发展的客观要求，加速了落后民族向先进生产方式飞跃的进程。离开了这条根本标准，片面地抓住汉文化中的“先进”与“糟粕”，作为判断的依据，就难免混淆主次，甚至颠倒本末，导致讹误的结论。不难看出，《也谈》之所以把那些政治权力与民族残余和畜牧经济相联系、顽固反对汉化的旧军事贵族势力说成“有见识的政治家”和“代表了社会上反对倒退的进步倾向”；反过来却把顺应历史发展趋势、代表进步倾向、推动社会发展的拓跋宏，说成“站在了腐朽势力一边，起了促退作用”，“加速了北魏国家和拓跋民族的衰亡”，其致误的症结，就在这里。

（原刊《山东社会科学》1987 年第 1 期）

论隋文帝的民族政策兼评民族关系史研究中的一种倾向

近几年来，史学界开始对隋文帝的民族政策展开了研究。多数论者根据可靠史料，以历史主义的观点，对其成功的经验和历史的局限，作出了客观的评价。但也有少数论者，未能坚持实事求是的原则，而是从"良好的愿望"出发，给以美化拔高，得出了失实的、现代化的论断，助长了民族关系史研究本已存在的非科学性的倾向。这里，着重对一篇具有代表性的《隋文帝民族政策研究》一文（刊《中央民族学院学报》，1986 年第 1 期。以下简称《研究》)，作些剖析，希望通过探讨，达到共同提高。

隋文帝的《伐突厥诏》，是一篇讨伐檄文，不可能、也没有"明确规定'主张平等互利、反对对外扩张'"等"民族政策的指导原则"

《研究》开篇即指出，隋文帝开皇三年（583 年）颁发的《伐突厥诏》，对"其新的民族政策的指导原则"，"作了明确的规定"。共有五条：第一，"一切为了安定时局，制止战争，发展生产"；第二，"主张平等互利"，"在平等互利的原则下与诸民族进行有礼有节的友好往来"；第三，"对于少数民族统治者的侵扰，坚持积极防御的立场"；第四，"反对向外扩张"；第五，"不逞私欲"。并强调："这五条基本原则，隋文帝是贯彻始终的"（《学报》第

30—31 页。以后凡引证《研究》的原文，均只列页数，不再注明)。但是，根据查证，隋文帝的《伐突厥诏》，是一篇讨伐突厥侵略的檄文，并没有“明确规定”“主张平等互利”、“反对对外扩张”等五条“民族政策的指导原则”。为了便于对照和进行全面分析，有必要先将《伐突厥诏》的主要部分，摘录于下：

往者魏道衰敝，祸难相寻；周齐抗衡，分割诸夏。突厥之虏，俱通二国。周人东虑，恐齐好之深；齐氏西虞，惧周交之厚。谓虏意轻重，国遂安危，非徒有大敌之忧，思减一边之防。竭生民之力，供其往来；倾府库之财，弃于沙漠。华夏之地，实为劳扰，犹复劫剥烽戍，杀害吏民，无岁而不有也。恶积祸盈，非止今日。

朕受天明命，子育万方，愍臣庶之劳，除既往之弊，以为厚敛兆庶，多惠豺狼，未尝感恩，资而为贼，违天地之意，非帝王之道。节之以礼，不为虚费，省徭薄赋，国用有余。因入贼之物，加赐将士；息道路之民，务于耕织。清边制胜，成策在心。凶丑愚暗，未知深旨，将大定之日，比战国之时；乘昔世之骄，结今时之恨。近者尽其巢窟，俱犯北边，朕分置军旅，所在邀截，望其深入，一举灭之。而远镇偏师，逢而摧剪，未及南上，遽已奔北，应弦染锷，过半不归。

且彼渠帅，其数凡五，昆季争长，父叔相猜，外示弥缝，内乖心腹，世行暴虐，家法残忍。东夷诸国，尽挟私仇；西戎群长，皆有宿怨。突厥之北，契丹之徒，切齿磨牙，常伺其便。……去岁四时，竟无雨雪，川枯蝗暴，卉木烧尽，饥疫死亡，人畜相半。旧居之所，赤地无依；迁徙漠南，偷存晷刻。斯盖上天所忿，驱就齐斧，幽明合契，今也其时。

故选书治兵，嬴粮聚甲，义士奋发，壮夫肆愤，愿取名王之首，思挞单于之背，云归雾集，不可数也。东极沧海，西尽流沙，纵百胜之兵，横万里之众，亘朔野之追蹑，望天涯而一扫。此则王恢所说，其犹射痈，何敌能当，何远不服。但皇王旧迹，北止幽都，荒遐之表，文轨所弃，得其地不可而居，得其民不忍皆杀，无劳兵革，远规溟海，诸将今行，义兼含育，有降者纳，有违者死，异域殊方，被其拥抑，放听复旧。广辟边境，严治关塞，使其不敢南望，永服威刑。卧鼓息烽，暂劳终逸，制御夷狄，义在斯乎。何用侍子之朝，宁劳渭桥之拜。普告海内，知朕意焉。①

由上可见，这篇诏书，大致可分为以下四个段落：第一段，回顾总结了周齐两朝对突厥采取“倾府库之财”“资而为贼”的失策和教训。第二段，申明了要改弦更张“除既往之弊”实行有力反击的主张。第三段，分析了突厥统治阶级内部以及与其他少数民族的尖锐矛盾，和严重自然灾害造成的困境，说明这是进行反击的有利时机。第四段，昭告全国，“选将治兵，赢粮聚甲”，对侵略者实行正义的打伐。不难看出，这篇《伐突厥诏》乃是一篇为反击侵略而发布的檄文，内中并不曾“明确规定”上述“民族政策的指导原则”。《研究》列举的五条，不过是通过种种手法，牵强附会引申出来的。例如：

第一条原则的根据是以下四句话：“卧鼓息烽，暂劳终逸”，“息道路之民，务于耕织”。前两句话，引自诏书的第四段，原意是动员将士和民众，克服暂时困难，反击侵略，克敌制胜，争取长治久安。后两句话，引自诏书的第二段，原意是改变周齐“厚敛兆庶，多惠豺狼”的错误做法，减轻广大农民繁重的徭役负担，使他们得以耕耘田亩，安居乐业。都是与“民族政策的指导原则”没有、或者说起码没有直接联系的。《研究》不但通过移花接木，把不同段落中的四句话，生扯硬拉到一起，规定为“一切为了安定时局，制止战争，发展生产”的原则，并强调说什么“这一条

① 《隋书》卷84，《突厥传》。

最重要，它不仅规定了民族政策的总目标，而且决定着民族政策的性质、措施等方面，可谓其政策的核心”（第30页）。这种任意肢解原文、断章取义的做法，既不可能导致正确论断，更悖离了科学方法，是不足取的。

第二条原则根据的“节之以礼，不为虚费”两句话，引自诏书的第二段。句中的“礼”字，可以作两种解释：一是指一种公理、规范或制度，如《礼·乐记》所说：“礼也者，理之不可易者也，”“礼节民心”，“礼至则不争”。并与“乐、刑、政”并列，强调“礼乐刑政，四达而不悖，则王道备矣。”另一是指“礼仪”、“礼节”或“尊礼”。单就这两句话，也可以作两种解释：其一是隋文帝告诫自己及其臣僚，要以“礼”克制私欲，简朴节约，不为虚费。其二是针对突厥贪婪无厌的胁迫勒索，要以“礼”加以扼制，不为虚费。但联系全文看，则只能是指前者，而不能是指后者，更不可能是指要对突厥讲“礼节”，加以“尊礼”。因为诏书中还充满诸如“虏”、“豺狼”、“贼”、“凶丑”、“愚暗”、“巢窟”、“暴虐”、“残忍”、“夷狄”以及“愿取名王之首，思挞单于之背”、“亘朔野之追蹑，望天涯而一扫”、“一举灭之”等字句，都是对突厥极无“礼仪”、毫无“尊礼”之意的。《研究》却根据自己的需要，有意抛开明显的正解，抓住一个“礼”字，大做文章，引申出隋文帝不但对突厥“主张平等互利”，甚至还“在平等互利的原则下与诸民族进行有礼有节的友好往来”（第30页）。不顾事实，以至于此，实在是令人不胜惊讶的！

第三条原则，引用“选将治兵，赢粮聚甲”、“严治关塞，使其不敢南望”，证明“对于少数民族统治者的侵扰，坚持积极防御的立场”。也带有明显的各取所需的片面性。因为，紧接在“赢粮聚甲”和“使其不敢南望”的句后，还有上引“愿取名王之首，思挞单于之背”、“亘朝野之追蹑，望天涯而一扫”和使之“永服威刑”，甚至“一举灭之”的话。可见，隋文帝对待少数民族统治者的侵扰，不仅“坚持积极防御的立场”，而且在条件可能的情况下，还要加以征服或消灭的。

第四条原则，引用“无劳兵革，远规溟海”的话，也不足以证明隋文帝“反对向外扩张”。因为，紧接在这句话后边，还有“诸将今行，义兼含育，有降者纳，有违者死”，“广辟边疆”，“制御夷狄”等话。这说明，隋文帝是主张区别不同情况、两手并用的策略，即对“违者”要以武力征服或消灭，对“降者”以及“得其地不可而居”的“荒遐”和“溟海”，只要能做到使其“永服威刑”，就可以“无劳兵革”了。如果像《研究》那样，从全文中割裂出“无劳兵革”几个字，就可以断定隋文帝“反对向外扩张”，那么，同样，从诏书中割裂出“广辟边疆”几个字，岂不也可以断定隋文帝是一个“扩张主义者”么！这种靠寻章摘句下结论的简单做法，显然也是不科学的。

第五条原则，仅凭引用“何用侍子之朝，宁劳渭桥之拜”两句话，就说这是隋文帝“对已往统治者逞私欲、贪边功的明确否定”，并以此证明隋文帝对“谋取财宝珍异”、“降服诸族”、“炫耀文治武功”，“持反对的态度”，是“不逞私欲”（第30页），也是与史实不符的。按上引两句话，是指汉宣帝甘露元年和三年匈奴呼韩邪单于遣子入侍和“蛮夷君长”来朝于渭桥的事①，这些话虽出自隋文帝之口，但要进行正确判断，却不能仅听其言，而是要综观其行。这里不妨略举几个例子：如开皇五年（585年），突厥沙钵略可汗上表“屈膝稽颡，永为藩附，遣其子库合真入朝”。隋文帝下诏；“沙钵略往虽与和，犹是二国。今作君臣，便成一体。因命肃告郊庙，普颁远近”②。开皇七年（587年），沙钵略可汗又“遣其子入贡于隋。因请列于恒代之间，隋主许之，仍遣人赐以酒食，沙钵略率部落再拜受赐”③。又如，开皇十七年（597年）春，

① 《汉书》卷8，《宣帝纪》。

② 《资治通鉴》卷176。

③ 同上。

隋文帝因南宁州酋帅爨震“臣礼多亏，贡赋不入”，遣大军进击，“破其三十余部，虏获男女二万余。诸夷大惧，遣使请降，献明珠径寸，勒石颂美隋德”①。同年十二月，高丽王汤，闻知陈亡，大惧，“治兵积谷，为拒守之策”。隋文帝得悉后，即“赐汤玺书，责以虽称藩附，诚节未尽”。并威胁说：“王谓辽水之广，何如长江？高丽之人，多少陈国？朕若不存含育，责王前愆，命一将军，何待多力！”高丽王“得书惶恐”，遂奉表屈服②。再如，仁寿末，“天下无事，群臣言林邑多奇宝者”，隋文帝乃“遣大将军刘方率钦州刺史宁长真、欢州刺史李晕、开府秦雄步骑万余，及犯罪者数千人击之”，“入其都，获其庙主十八枚，皆铸金为之。班师”。其王“遣使谢罪，于是朝贡不绝”③。类似的例子尚多，无须列举。即此就可以证实，隋文帝“对已往统治者逞私欲、贪边功”、“谋取财宝异珍”，“降服诸族”、“炫耀文治武功”等等，既未“持反对的态度”，更未“明确否定”，而是同样的追求无已。所谓“不逞私欲”的原则，显然也是一种种捕风捉影的美化而已。最后，事实既经确凿证明，《研究》列举的隋文帝民族政策的五条“指导原则”并不存在，那么，所谓“贯彻始终”，也就更无从谈起了。

隋文帝民族政策的指导原则，是“远交近攻，离强合弱”，威服德怀，以夷制夷

如果不是各取所需，断章取义，而是根据确凿的史料，全面综观，那么，隋文帝民族政策的指导原则，可以概括为“远交近攻，离强合弱”，“威服德怀”，“以夷制夷”，而不是什么“主张平等互利”，“反对向外扩张”。

① 《资治通鉴》卷178。

② 同上。

③ 《隋书》卷82，《林邑传》。

隋王朝建国之初，周边的一些少数民族统治者，时常进犯侵掠，其中尤以强大的突厥，更成为北边的劲敌。因此，隋文帝制定的民族政策，重点着眼于消除这个严重威胁。开皇元年（581 年）十二月，奉东都尉长孙晟上书说：“今诸夏虽安，戎虏尚梗，兴师致讨，未是其时；弃于度外，又相侵扰。故宜密运筹策，有以攘之。”他根据当时突厥内部“昆季争长，父叔相猜”，“外示合同，内怀猜忌”的情况，提出“今宜远交而近攻，离强而合弱”，使其“首尾猜嫌，腹心离阻”。这样，“十数年后，必可一举而空其国矣”。隋文帝“省表大悦，皆纳用之”①。这就是隋文帝最早制定的民族政策的总的原则。他在位的二十余年间，基本上就是根据这个总原则，制定和实施了许多具体政策，开展了一系列活动，处理与突厥和其他各少数民族的关系的。

隋王朝初年，当时突厥佗钵可汗已死，其后有四可汗，佗钵可汗之子摄图，号沙钵略可汗，居都斤山；奄逻居独洛水，称第二可汗；大逻便还领所部，为阿波可汗；沙钵略从父玷厥，居西面，号达头可汗。“诸可汗各统部众，分居四面，沙钵略勇而得众，北方皆畏服之”。长孙晟侦得“玷厥之于摄图，兵强而位下，外名相属，内隙已彰，鼓动其情，必将自战”。乃遣太仆元晖出伊吾道，“诣达头，赐以狼主纛；达头使来，引居沙钵略使者之上”。又“以晟为车骑将军，出黄龙道，赍币赐奚、霫、契丹，遣为乡导，得至处罗侯所，深布腹心，诱之内附”。在“反间既行，果相猜贰”的情况下，遂于开皇二年（582 年）四月，乘突厥内部因矛盾削弱的机会，遣“大将军韩僧寿破突厥于鸡头山；上柱国李充破突厥于河北山”。六月，又遣上柱国李光败突厥于马邑；凉州总管贺娄子干败突厥于兰州之可洛峐。同年十二月，沙钵略虽然统帅十余万大军，接连击败隋驻守乙弗泊的柱国冯昱、驻守临洮的兰州总管叱列长义、驻守幽州的上柱国李崇等的军队，并分两道深入，纵

① 《隋书》卷 51，《长孙晟传》。

兵劫掠武威、天水、金城、上郡、弘化、延安。但当其“更欲南入”的时候，达头却“不从，引兵而去”。与此同时，长孙晟又说处罗侯之子染干，诈告“铁勒等反，欲袭其牙”。沙钵略害怕，只得“回兵出塞”①。

开皇三年（583 年）春，沙钵略又数犯北边。鉴于突厥内部矛盾分裂，实力大削。隋文帝即于四月颁发《伐突厥诏》，分兵“八道出塞”，于白道大败突厥，“沙钵略弃所服金甲，潜草中而遁”。五月，隋行军总管李晃破突厥于摩那度口。同月，秦州总管窦荣定率九总管步骑三万出凉州，屡败阿波。阿波不敢再战，“请盟引军而去”。长孙晟乘机遣使劝阿波说：“摄图每来战，皆大胜。阿波才入，遽即奔败，此乃突厥之耻也。且摄图之与阿波，兵势本敌。今摄图日胜，为众所誉；阿波不利，为国生辱。摄图必当以罪归阿波，成其宿计，灭此牙矣，愿自度量，能御之乎？”阿波闻后惶恐，派使者来，长孙晟又对之说：“今达头与隋连和，而摄图不能制。可汗何不依附天子，连结达头，相合为强，此万全计也。岂若丧兵负罪，归就摄图，受其戮辱邪！”阿波以为然，遣使随长孙晟入朝。沙钵略素忌阿波骁悍，从白道败归，又闻阿波附隋，遂先袭击北牙，大破之，杀阿波之母。阿波还无所归，西奔达头。达头大怒，与阿波联兵十万骑，进攻沙钵略，屡击破之。同年八月，隋再遣尚书左仆射高颎出宁州道，内史监虞庆则出原州道，重创突厥。翌年（584 年）二月，突厥苏尼部男女万余口和达头可汗先后降隋。九月，陷于孤立并屡为隋败的沙钵略，也“起拜顿颡，跪受玺书”称降②。

开皇五年（585 年）秋，沙钵略为达头所困，又畏契丹，遣使告急。隋文帝命晋王杨广以兵支援，击破阿波可汗和阿拔国。沙钵略进一步上表，尊崇隋文帝为“真皇帝”，愿“屈膝稽颡，永为藩

---

① 《资治通鉴》卷 175。

② 同上书，卷 176。

附”，“岁时贡献不绝”。开皇七年（587 年）沙钵略死后，其弟处罗侯继立为莫河可汗。并得隋之助，西征生擒阿波可汗。开皇八年（588 年）十二月，莫河可汗在西击邻国中战死，由阿钵略之子雍虞闾继位，号都兰可汗。开皇十三年（593 年）都兰因曾受惑，“不修职贡，颇为边患”。后来虽然听从隋文帝的示意，杀掉蛊惑反隋的大义公主，但当他与突利可汗先后“奉表请婚”时，隋文帝却根据长孙晟：都兰“反复无信”，“恐后难图”，突利“兵少力弱，易可抚驯”的建议，于开皇十七年（597 年），以宗女安义公主，妻突利可汗，并“特厚其礼”，“赐赉优厚”，以“离间都兰”。都兰果然大怒，“朝贡遂绝，亟来抄掠边鄙”。但“突利伺知动静，辄遣奏闻”。所以“边鄙每先有备”①。

开皇十九（599 年）二月，都兰与达头可汗结盟，大败突利，尽杀其兄弟子姪。四月，隋文帝遣右仆射杨素大败突厥骑兵十余万，达头重创而逃。十月，隋以突利为意利珍豆启民可汗，并命长孙晟率五万人于朔州筑大利城以处之；又命上柱国赵仲卿屯兵二万，为启民防达头。十二月，都兰可汗为部下所杀，达头自立为步迦可汗。复多次犯塞。仁寿元年（611 年）十一月，诏以杨素为云州行军元帅，长孙晟为受降使者，“挟启民可汗北击步迦”。翌年（602 年）三月，“大破之，悉得（被掠）人畜以归启民。自是突厥远遁，碛南无复寇掠”。仁寿三年（603 年）九月，步迦可汗所部大乱，铁勒、仆骨等十余部皆叛，步迦降于启民。“启民于是尽有步迦之众”②。

从上述史实不难看出，一、一方面“遣太仆元晖出伊吾道，诣达头，赐以狼头纛”；遣使至沙钵略之弟处罗侯所，“诱之内附”；使长孙晟说阿波“何不依附天子，连结达头”。另一方面，分兵“八道出塞”，大败沙钵略。显然是“远交近攻”策略的实

① 《资治通鉴》卷 178。

② 《资治通鉴》卷 179。

施。二、“达头使者来，引居沙钵略使者之上”；以宗女安义公主妻突利可汗，并“特厚其礼”，“离间都兰”；“突利大败，都兰尽杀其兄弟子姪”，隋师重创达头，以突利为意利珍豆启民可汗，并“于朔州筑大利城以处之”等等，则是“离强合弱”策略的运用，而且确实起到了“反间既行，果相猜贰”和“腹心离阻”“自相夷灭”的效果。三、从开皇三年（583年）四月至五年（585年）秋，经过连续多次大败沙钵略，使其上书表示“屈膝稽颡，永为藩附”，并“岁时贡献不绝”，是“威服”；立突利为启民可汗，妻以安义公主，筑大利城以处之，并“屯兵二万为启民防达头”，是“德怀”。四、沙钵略袭击北牙，杀阿波之母；阿波与达头联兵，大破沙钵略；杨广以兵援沙钵略，击败阿波；都兰与达头结盟，大破突利；以杨素为云州行军元帅，“挟启民可汗北击步迦”，以及使启民“为大可汗，还抚突厥之民”[①] 等等，则明显都是“以夷制夷”的政策。当然，这里只是为了分析方便起见，才分而言之的。实际上隋统治者往往是各种手段交替使用，或同时并用，以达到“威服德怀”、“以夷制夷”的目的。所谓“主张平等互利”、“反对向外扩张”等民族政策的“指导原则”，是不可能、也根本不存在的。

隋文帝的民族政策，相对来说，比较开明，但不能脱离社会历史条件，任意美化拔高

上面列举史实所作的分析，并不是要全盘否定隋文帝的民族政策。相反，综合观察，应该承认，隋文帝反击突厥的侵扰，不仅是正义的，符合广大人民的利益。而且他的民族政策，相对来说，也是比较开明的。这主要表现在以下几个方面：

民族歧视的色彩，较为淡薄。

---

① 《资治通鉴》卷180。

如隋朝统治集团中，除以汉族成员为主外，还有不少身居显赫要职的其他各族的成员。其中尤以鲜卑人最多。如历任夏州、襄州、兰州、荆州总管的达奚长儒①；榆关、云州总管贺娄子干②；荆州、潭州、桂州总管乞伏慧③；桂州总管、大将军侯莫陈颖④；左武侯大将军、大将军伊娄谦⑤；延州刺史、右领左右将军独孤陀⑥；左武卫大将军独孤罗，上柱国豆庐勣等。此外，历任金州、徐州总管的尔朱敞，是契胡人⑦；左卫大将军、上柱国宇文述，是匈奴人⑧；兰州总管叱列长义，是高车人⑨等等。另如，开皇五年七月，沙钵略为达头和契丹所困，遣使告急于隋，“请将部落渡漠南，寄居于白道川”，隋文帝“许之”，并“给以衣食”⑩。又如，开皇十九年十月，突利部落在长城之内，被都兰抄掠，不得宁居，“请徙五原以河为固，于夏胜两州之间”，“使得任情畜牧”，隋文帝也“从之”⑪。

隋文帝对周边各族，除对突厥、吐谷浑的侵犯，给予有力反击和征讨加以“威服”外，更多的是主张用“德怀”的办法，进行安抚和羁縻。

如他在平陈的诏书中说：对“拥兵据守”之敌，自当“率将戎旅”，“风行电扫”。但又说“若使干戈不用，黎庶获安，方副朕怀”⑫。这个原则，同样也适用于对各少数民族政权。像前面提到

① 《隋书》卷53，《达奚长儒传》。

② 《隋书》卷53，《贺娄子干传》。

③ 《隋书》卷55，《乞状慧传》。

④ 《隋书》卷55，《侯莫陈颖传》。

⑤ 《隋书》卷54，《伊娄谦传》。

⑥ 《资治通鉴》卷178。

⑦ 《隋书》卷55，《尔朱敞传》。

⑧ 《隋书》卷161，《宇文述传》。

⑨ 《资治通鉴》卷175。

⑩ 《资治通鉴》卷176。

⑪ 《资治通鉴》卷178。

⑫ 《隋书》卷161，《宇文述传》。

的《伐突厥诏》中“诸将今行，义兼含育，有降者纳，有违者死”，即体现了这种精神。具体的例子，如开皇初，“南汾州胡千余人叛”，刺史韦冲“请以理绥静，可不劳兵而定。上然之。因命冲绥怀叛者，月余皆至”[①]。又如开皇十七年（597 年）“岭南夷越数为反乱”，隋文帝派桂州总管令狐熙前往“大弘恩信。其溪洞渠帅更相谓曰：‘前时总管，皆以兵威相胁，今者乃以手教相谕，我辈岂可违乎！’于是相率归附”[②]。再如仁寿元年（601 年）十一月，“山獠作乱”，攻大牢镇。隋文帝遣资州刺史卫玄往抚。卫玄“单骑造其营，谓曰：‘我是刺史，衔天子诏安养汝等，勿惊惧也’。群獠莫敢动。于是说以利害。渠帅感悦，解兵而去。前后归附者十余万口”[③]。

对被征服的少数民族统治者，多予怀柔，不过肆诛戮。

如曾经“数为隋寇”的突厥沙钵略可汗，后来“数为隋所败”，于开皇四年九月称降，并求“和亲”时，晋王杨广“请因衅诛之”。隋文帝“不许”，并答应了他的请求。又如开皇七年四月，莫河可汗得隋兵之助，生擒阿波可汗，“上书请其生死之命”时，“乐安公元谐请就彼枭首，武阳公李充请生取入朝显戮”。隋文帝听从长孙晟和高颎“因其困穷，取而为戮，恐非招远之道，不如两存之”的建议，予以“存养，以示宽大”[④]。再如，开皇元年八月，隋军大败吐谷浑，“其名王十三人，各率部落而降”。隋文帝“以其高宁王移兹裒素得众心，拜为大将军，封河南王，以统降众，自余官赏各有差”[⑤]。

对归附的少数民族，较为注意妥善安排他们的生产和生活。

如前述开皇十九年十月，隋文帝封来降的突利可汗为意利珍豆

① 《隋书》卷 47，《韦冲传》。

② 《隋书》卷 56，《令狐熙传》。

③ 《资治通鉴》卷 178。

④ 《资治通鉴》卷 176。

⑤ 《隋书》卷 83，《吐谷浑传》。

启民可汗，并于朔州筑大利城，以处其众。由是“突厥悦服”。后来启民部落不断遭到都兰可汗的攻掠，长孙晟建议说：启民“部落归者既众，虽在长城之内，犹被雍虞闾（都兰）抄略，往来辛苦，不得宁居，请徙五原，以河为固，于夏、胜两州之间，东西至河，南北四百里，掘为横堑，令处其内，任情放牧，免于抄略，人心自安”①。隋文帝采纳了这一建议，允许启民部落内迁，使夏、胜两州之间，“尽为启民畜牧之地”，保证了他们生产和生活的安全，并出现了“人民羊马，遍满山谷”② 的情况。

这里必需着重指出，说隋文帝的民族政策比较开明，只是从相对意义上而言，即他的民族政策，从根本上讲，同样是封建地主阶级政治压迫和经济剥削政策的继续，具有鲜明的民族压迫的性质，仅与一般封建皇帝的民族压迫政策，对比起来，程度有所不同，较为宽缓，但并无实质的变化。《研究》虽然也正确指出了“隋文帝的民族政策仍然是建立在民族剥削和压迫的基础上，它的最终目的还是在于巩固隋代地主阶级政权”（第 36 页）。但由于在具体论述时，离开了社会条件，悖离了历史事实，从主观想象出发，任意美化拔高，因而走向反面，得出了一系列自相矛盾、显然讹误的论断。

例如，在隋文帝如何能够提出比较开明的民族政策的问题上，我们认为，这与下列因素有关，即他所处的时代，经过魏晋南北朝民族同化之后，“华夷之别”有所减弱；从他的祖父起，即跻身于鲜卑统治集团的上层，并与鲜卑独孤氏通婚；以及他本人具有政治远见，主张“威服德怀”、尽量避免激化民族之间的矛盾等等。而《研究》却断言隋文帝已经能够“树立起华夷‘无别’的思想观念”。其原因除了他的家族与少数民族有“血缘关系”和他本人具有“远见卓识”之外，更因为“当时的历史时代”，“民族融合的

① 《隋书》卷 51，《长孙晟传》。
② 《隋书》卷 84，《突厥传》。

历史趋势反映了各族人民的愿望与意志。少数民族在斗争中争取到了应有的社会地位，他们已成为多民族国家中的一员，那种自古贵中华贱夷狄的思想已成为陈腐的观念。各族人民在长期的生产劳动中密切了思想感情，结下了深厚的友谊，所以原有的民族隔阂与偏见，仇视心理，巩固民族的堡垒，不能继续存在了”（第36页）。这种被无限美化拔高的民族关系，不仅无异于、甚至超过了今天社会主义的民族关系，不论论者的愿望多么“良好”，但任何具有理论和历史常识的人们，恐怕都碍难相信的。不但如此，《研究》紧接着在下边又说：隋文帝不仅“在诏令中总是习惯把自己称为‘君’、‘父’，而把其他民族首领或者使者说成‘臣’、‘子’。而且“不时把少数民族视为‘贼’、‘虏’、‘敌’或比作‘豺狼’，认为他们‘凶丑愚暗’，‘特异人伦’，甚至采取过‘取诸药毒水上流，突厥人畜饮之多死’的‘应受到严厉谴责的手段’”（第36页）。连起码的逻辑同一律都扔掉，不但难以服人，也无法自圆其说！

问题尚不止此。由于逻辑的惯性作用，《研究》在其他一些有关问题上，也无法避免沿着理论的斜坡向下滑，作出同样显然讹误的论断。

例一、以隋文帝先后以宗女安义公主和义成公主妻启民可汗为依据，说他的“和亲”与以前不同，不是“为摆脱危机”，“换取苟安”，不是“出于被迫、屈辱的表现”。而是“以和亲减少民族冲突，增进友谊”，“显示了真挚的情感”（第32页）。但事实的真相却是：开皇十三年，突利可汗（即染干，后封为启民可汗）与都兰可汗先后向隋请婚，朝议将许都兰。长孙晟对两方作了比较说：“臣观雍虞闾（都兰）反复无信，直以与玷厥（达头可汗）有隙，所以欲依国家，虽与为婚，终当叛去。今若得尚公主，承借威灵，玷厥、染干必受其征发，强而更反，反恐难图”。与此相反，突利可汗乃“处罗侯之子，素有诚款，于今两代，前乞通婚，不如许之，诏令南徙”。不但“兵少力弱，易可抚驯”，且可以“使敌雍虞闾，以为边捍”。据此，隋文帝才同意这一建议，“遣（长孙）晟慰谕染干，许尚公主”[1]。事实说明，隋文帝与启民可汗的和亲，主要是出于“易可抚驯”和“以为边捍”的考虑，既非为了“增进友谊”，更不存在什么“真挚的情感”。

例二、以隋文帝在诏书中称突厥为“大突厥”；“对诸族首领婚丧大事无不隆重相待，或为之‘废朝三日’，或专遣使者祝贺”等为例，断言隋文帝“不歧视少数民族”，“具有华夷同重的思想”（第32页）。但事实的真相却是：开皇初，突厥各汗纷争，“连兵不已”。二年九月，沙钵略请和亲。当时，晋王杨广曾“请因衅杀之”。隋文帝不许。而是在许婚的复信中一方面称“大突厥沙钵略可汗”，同时强调“视沙钵略与儿子不异”。开皇三年，他又“命晋王广以兵援之”，击破沙钵略的强敌阿波可汗，并击败阿拔国，将“所获悉与沙钵略”。沙钵略感恩戴德，上表请附，称“天无二日，土无二王。大隋皇帝，真皇帝也，岂敢阻兵恃险，偷窃名号。今感慕淳风，归心有道，屈膝稽颡，永为藩附”，并“自是岁时贡献不绝”。此后，隋文帝的诏书，不但从未再称“大突厥”，并且连“可汗”二字也去掉，直书“沙钵略往虽与和，犹是二国；今作君臣，便成一体”了。翌年四月，沙钵略死，“隋为之废朝三日”，并“遣太常吊祭”[2]。事实说明，隋文帝诏书称“大突厥”，乃是一种抚绥拉拢的策略，并最终通过畏威怀德，屈膝降服。而“废朝三日”，遣使“吊祭”，不过是惋惜丧失了一个“岁时贡献不绝”的“藩附”，而并非什么“不歧视少数民族”，“具有华夷同重的思想”。除此而外，前摘《研究》所引隋文帝在诏书中“不时把少数民族视为‘贼’、‘虏’、‘敌’、‘豺狼’……”等等，尤足充分说明问题，就无庸赘论了。

例三、以开皇七年，沙钵略舍子传弟，开皇十七年，吐谷浑立

---

① 《资治通鉴》卷178。

② 《资治通鉴》卷176。

其弟伏允，隋文帝“皆从其请”为例，说隋文帝“对于臣服的少数民族，不参与他们内部王位继承问题”，“不干涉他们的内政”。甚至说有些少数民族政权，“虽受隋朝管辖，但多属自愿”（第33页）。然而事实的真相却是：开皇七年四月，沙钵略死，“遗令立其弟叶获处罗侯”。而这个“遗令”，实际上则是沙钵略生前遵从或起码是领会隋文帝的意图作出的。因为早在580年，奉车都尉长孙晟“送千金公主入突厥”时，当时“号突利设”的处罗侯，就曾“密托心腹，阴与晟盟”。开皇元年（581年）冬，已晋升为车骑将军的长孙晟，复“至处罗侯所，深布心腹，诱之内附”。开皇二年冬，当“突厥纵兵入寇武威、天水、金城、上郡、弘化、延安，沙钵略更欲南入”时，“长孙晟又说处罗侯之子染干，诈告沙钵略曰：‘铁勒等反，欲袭其牙’。沙钵略惧，回兵出塞”①。开皇十三年二月，长孙晟在论及染干请婚时说：“且染干者，处罗侯之子，素有诚款，于今两代”。这就是开皇七年沙钵略“遗令”立处罗侯，隋文帝即使长孙晟“持节拜之，赐以鼓吹幡旗”的内幕和原因。关于吐谷浑立伏允的事，是因国内大乱，世伏被杀，事出非常，而且拥立伏允之后，遂即“遣使陈废立之事，并谢专命之罪”②，才得到隋文帝允准的。事实说明，隋文帝对于臣服的少数民族，绝非“不参与他们内部王位继承问题”，“不干涉他们的内政”，而是事必参与，严加控制的。

至于说受隋朝管辖的少数民族，“多属自愿”，更是无稽之谈。不妨举几个例子：开皇四年九月，沙钵略可汗因“数为隋所败”，“乃请和亲”。当隋文帝派右仆射虞庆则往使时，沙钵略当面“起拜顿颡，跪受玺书，以戴于首”。过后却“大悲，与群下相聚恸哭”③。开皇十六年冬，党项复犯会州，隋文帝“诏发陇西兵以讨

---

① 《资治通鉴》卷175。

② 《资治通鉴》卷178。

③ 《资治通鉴》卷176。

之，大破其众”，其王才“又相率请降，愿为臣妾”，并“自是朝贡不绝”① 的。开皇十七年冬，高丽王“闻陈亡，大惧，治兵积谷，为拒守之策”。隋文帝得知后，赐玺书“责以虽称藩附，诚节未尽”。并威胁说：“王谓辽水之广，何如长江？高丽之人，多少陈国？朕若不存含育，责王前愆，命一将军，何待多力”！高丽王“得书惶恐，奉表陈谢”，“因请封王”②。由此可见，不论突厥、党项、高丽，都是在被征服或威胁下，才被迫“屈膝稽颡”，“愿为臣妾”的，而并非什么“多属自愿”。

例四、以左仆射高颎：“自轩辕以来，獯粥多为边患，今远穷北海，皆为臣妾，此之盛事，振古未闻”的话，证明“隋文帝的民族政策，改变了魏晋南北朝汉族与少数民族（特别是双方的统治者）彼此对垒的局面，打破了民族间相互敌视的狭隘的民族观念，从而促进了各族人民之间各方面的交往”。并赞美高颎的话“是对隋文帝民族政策在政治上所取得成绩的极好总结”（第 34 页）。但事实的真相却是，上面这番话，是在开皇七年隋赐莫何可汗“旗鼓”，西击“生擒阿波，上书请其死生之命，隋主下其议”时，高颎“奉觞”祝贺，并“再拜上寿”③ 时说的，虽然短短几句，不但有“獯粥”、“臣妾”等对少数民族的诋毁，而且对隋文帝“远穷北海”的“赫赫武功”，极尽炫耀，哪里谈得到“改变汉族与少数民族对垒的局面”，“打破民族间相互敌视的观念”和“促进各族人民之间的交往”！这种话出自封建臣僚高颎之口，无足奇怪。但出自今天我们科学研究者之口，并说成“是对隋文帝民族政策在政治上所取得成绩的极好总结”，就很值得引起深思了。

类似的例子尚多，不再列举，仅此就足以证明，这些超出史实

① 《隋书》卷 83，《党项传》。

② 《资治通鉴》卷 178。

③ 《隋书》卷 84，《突厥传》。

的美化拔高，不但理论上充满矛盾，无法自圆其说，史实上也是牵强附会，缺乏根据的。

克服随意性，坚持科学性，提高民族关系史的研究水平

我国自古以来是一个多民族的国家。建国以来，民族关系史的研究，受到了理所当然的重视，并取得了显著的成绩，这是有目共睹，必需予以充分肯定的。但毋庸讳言，这门学科的研究，也存在着明显不足，甚至不同程度的混乱。造成这种情况的原因比较复杂。从根本上说，是我们的马克思主义理论水平不高，对某些重要基本原理理解不够，甚至作了简单化的、片面的或教条式的理解。此外，值得特别引起重视的一个原因，则是一些论者对严肃的科学研究，采取了不够严肃的、非科学的态度，没有很好地坚持实事求是的原则，没有将历史事实进行全面的、辩证的分析，从而得出了一些与史实不符的结论。例如，隋文帝的《伐突厥诏》，明明是一篇声讨突厥侵暴罪行、决心“一举灭之”的檄文，论者却不顾这一切，从中割裂出“节之以礼，不为虚费”两句话，抓住一个“礼”字，大做文章，总结出了包括“主张平等互利”、“在平等互利的原则下与诸民族进行有礼有节的友好往来”在内的隋文帝的“新的民族政策的五条原则”。其他像隋文帝“以和亲减少民族冲突，增进友谊”，“显示了真挚的情感”；“不歧视少数民族”，“具有华夷同重的思想”；“对于臣服的少数民族”，“不干涉他们的内政”；“改变了汉族与少数民族彼此对垒的局面，打破了民族间相互敌视的狭隘的民族观念”。甚至说在隋代，“民族融合的历史趋势反映了各族人民的愿望与意志。少数民族在斗争中取得了应有的社会地位，他们已成为多民族国家中的一员，那种自古贵中华、贱夷狄的思想已成为陈腐的观念，各族人民在长期的生产劳动中密切了思想感情，结下了深厚的友谊，原有的民族隔阂与偏见，仇视心

理，巩固民族的堡垒不能继续存在了”等等，也基本上是由于上述的原因得出来的。我们说这种做法“值得特别引起重视”，不仅因为它背离了实事求是的原则，抛弃了科学的方法，必然导致谬误的结论，而且还因为它助长了民族关系史研究中本已存在的非科学性的倾向，带来了不可忽视的干扰和混乱。因此应该努力加以纠正。

有的同志说，这种做法，诚不足取。但目的是为当前的民族团结服务，愿望是良好的。是的，我们也不怀疑绝大多数论者的愿望是良好的，也认为民族关系史研究应该为现实服务。但在如何为现实服务问题上，我们却主张依靠科学，而不能依靠“良好的愿望”。因为，丢掉了科学性，即使是最良好的愿望，也不可能达到预期的目的，并且还难免事与愿违，走向反面，造成有害的结果。例如，把左仆射高颎所说“自轩辕以来，獯粥多为边患。今远穷北海，皆为臣妾。此之盛事，振古未闻”显然歌功颂德的话，说成“这是对隋文帝民族政策在政治上取得成绩的最好总结”，不论有意无意，事实上是炫耀了隋文帝的“赫赫武功”，宣扬了大汉族主义思想；把被征服或武力威慑下“受隋朝管辖”的各少数民族，说成“多属自愿”，不论是否意识到，实际上不能不歪曲了事实，伤害了“中华民族的各族人民都反对外来民族的压迫”[①]的感情；把一个封建皇帝美化成能够“明确规定”“主张平等互利”、“在平等互利的原则下与诸民族进行有礼有节的友好往来”而“不干涉他们的内政”的“民族政策的指导原则”，不论是否觉察到，客观上不能不掩盖了封建统治阶级民族政策压迫和剥削的实质，并在客观上反过来贬低、以至否定了社会主义民族政策的优越性。因为，如所周知，像上述那种“主张平等互利”、“不干涉他们内政”的“民族政策的指导原则”，是只有在社会主义制度下才能够提出和真正实施的。当然，由于我国自古以来是一个多民族的国家，历史

① 《毛泽东选集》第2卷，第586页。

上各民族之间的关系又很复杂，加以我们理论水平的限制，因而，对某些理论或具体问题，一时，甚至经过长时间深入钻研，仍然搞不清楚，存在意见分歧，展开探讨或争论，都是完全正常的，允许的。但在相互探讨或争论中，却必须共同严格遵循实事求是的原则。理论水平可以有高低，学术见解可以有深浅，但起码必须做到尊重历史事实，尊重历史唯物主义真理，否则的话，不论出于多么良好的愿望，结果只能事与愿违，起到相反的作用。在这方面，我们有过沉痛的教训，并且至今仍然未能彻底肃清这种倾向的影响，再也不应该继续重复这种严重错误了！

（原刊《烟台大学学报》1989 年第 3 期）

论唐太宗的民族政策和民族关系史研究中的几点意见分歧

——与熊德基同志商榷

我国是一个统一的多民族国家。建国以来，史学界就历史上民族关系的若干问题，进行了长时间的研究讨论，取得了一定的成绩，但至今仍然存在着明显的意见分歧。前此，胡如雷同志撰文，着重论述了唐太宗民族政策的局限性（《唐太宗民族政策的局限性》，刊《历史研究》，1982 年第 6 期。以下简称《胡文》）。熊德基同志也先后撰文，并提出了商榷（《唐代的民族政策初探》，刊《历史研究》，1982 年第 6 期。以下简称《初探》；《从唐太宗的民族政策试论历史人物的局限性》，刊《中国史研究》，1985 年第 3 期。以下简称《试论》）。两同志的文章针锋相对，各具代表性，不仅对唐太宗的民族政策本身，也反映了当前民族关系史研究中的不同观点，读后深受启发。经过相互比较，我觉得后者更多值得推敲之处。两论相订，是非乃见。兹陈管见，进行商榷。盼得到匡正，并希开展更深入的探讨。

一　关于唐太宗民族政策的“指导思想”问题

在我国封建社会的帝王中，唐太宗的民族政策，比较开明。这一点，在史学界几乎是一致公认的。胡、熊二同志也不例外。但在判断唐太宗民族政策的“指导思想”问题上，却大相径庭。如

《胡文》认为，“李世民处理民族关系的原则之一，是尽量分化一个民族，使之从内部分裂，以达到抵销其力量，减少唐朝边患的目的”。《初探》却认为是由唐高祖首先提出，后经唐太宗继承并发展了的对各民族“爱之如一”的思想。证据是：“贞观七年（633年）宴会时，突厥颉利可汗起舞，南蛮酋长冯智戴咏诗，对这种‘胡越一家，自古未有’的情景，唐高祖十分高兴。唐太宗在思想上更进一步，他曾说：‘夷狄亦人耳，……不必猜忌异类’”。又说：“‘自古皆贵中华，贱夷狄，朕独爱之如一，故其种落皆依朕如父母’。在行动上，他确如此”。接着便作出结论：“这种思想也贯彻在他统一各民族的过程中，成为唐代民族政策的传统指导思想”。[①] 我们认为，这些美化拔高的提法，与史实不合，是难以成立的。

首先，所谓“‘胡越一家，自古未有’的情景”，是明显背离事实的。当时的真实情况是：唐于贞观四年击灭东突厥，俘获颉利可汗，表面任为顺州都督，实则软禁于长安。所以，几年来，他“郁郁不得意，数与家人相对悲泣，容貌羸惫”。七年十二月戊午（初五日），唐太宗“从上皇（唐高祖）置酒故汉未央宫。上皇命突厥颉利可汗起舞，又命南蛮酋长冯智戴咏诗。既而笑曰：‘胡越一家，自古未有也’。帝奉觞上寿曰：‘今四夷入臣，皆陛下教诲，非臣智力所及……’。上皇大悦，殿上皆呼万岁”[②]。十分清楚，颉利可汗等的“起舞”、“咏诗”，是作为“入臣”的“四夷”被迫前来侍宴的，并在遭受这次屈辱的四十多天后，于次年正月癸未（初十日）就抑郁而死了。只是经过《初探》有意删掉了两个“命”字，才变成唐高祖与颉利可汗等亲密欢宴，共庆“胡越一家”了。显然，建立在这样虚假证据之上的论点，是无法站得住脚的。

其次，唐太宗的确讲过“朕独爱之如一，故其种落皆依朕如

① 《初探》，刊《历史研究》1982年第6期。以下凡引自本文，只随文注明《初探》。《胡文》及《试论》亦同。

② 《资治通鉴》卷194，贞观七年十二月。

父母”的话。但评价一个历史人物，不能片面根据他一时一地的自我表白，而是要对他的言行，进行全面、综合的考察，然后才能作出符合实际的结论来。因为，只要不先入为主，心存偏见，那么，稍微涉猎一下有关史籍，还会发现一些决然相反的记载。前者例如，贞观四年，“给事中杜楚客进曰：‘北狄人面兽心，难以德怀，易以威服。’……太宗嘉其言”①。又如他自己也说，“中国根本也，四夷枝叶也。割根本以奉枝叶，木安得以滋荣”②。他甚至也恶毒辱骂：“戎狄人面兽心，一旦微不得意，必反噬为害”③。两相对照，不难看出，所谓“不必猜忌异类”，“朕独爱之如一”云云，根本不可能是他的肺腑之言。

后者在史籍中，确实也载有少数民族酋长说过“臣等既为唐民，往来天至尊所，如诣父母”的话。但当时是在如下的情况下：“唐太宗于贞观二十年击灭薛延陀后，次年正月，下诏在回纥等部广大地区，设六府七州，以来降的各酋长为都督、刺史，各赠金银缯帛及锦袍。各酋长“大喜，捧戴欢呼舞拜，宛转尘中”。即在威胁拉拢的情况下，才说出这番话的。而且，就在这同时，“回纥吐迷度已私自称可汗，官号皆如突厥故事”④。可见，所谓“如诣父母”，同样也并非真心话。唐太宗宣扬“其种落皆依朕如父母”，不过是借用各酋长的假话，自我吹嘘，以之自欺欺人罢了。这样的不实之证，显然充当不了唐太宗民族政策“指导思想”的立论根据的。

与《初探》的意见相反，我们认为，唐太宗民族政策的“指导思想”，最简要的概括，就是“怀柔”两个字。不过，怀柔的目的，不是“汉胡一家”，而是“四夷降服”；怀柔的手段，不只是“德怀”，而且还包括“威服”⑤。用唐太宗自己的话说，就是“威德

① 《贞观政要》卷9，《安边》。

② 《资治通鉴》卷195，贞观十三年六月。

③ 《资治通鉴》卷197，贞观十七年六月。

④ 《资治通鉴》卷198，贞观二十一年正月。

⑤ 《贞观政要》卷10，《灾祥》。

以致远"①。其实，《初探》也曾提及，唐初"开明的民族政策，简言之，即当时的'怀柔政策'"。只是错把"怀柔"二字，作了片面的理解，美化成"爱之如一"而已。

二 关于唐太宗民族政策的性质问题

基于对唐太宗民族政策的"指导思想"认识分歧，因而，对其民族政策的性质和策略、手段等，也必然持有不同的看法。拿唐太宗民族政策的性质来说，《胡文》虽然高度肯定了其"开明态度，在我国历史上确属罕见，是非常难能可贵的"。但同时也明确指出"唐统治者对各民族的剥削和压迫"的性质，有时"而且相当残酷"。并阐明这"来源于他的阶级局限性"。这不论从史实和理论上，都是正确的。与此相反，《初探》，却认为唐太宗"深知民族压迫和剥削的恶果"，故而对各少数民族，不但政治上"爱之如一"，而且经济上也"对归附或征服的边疆少数民族的人民，都不征税"。并以此作为"唐王朝绝不同于其他民族的统治者的明显的标志"。这便不论从史实还是理论上，都是不正确的了。先看史实。且不说如同《胡文》指出的那样，贞观十七年，薛延陀真珠可汗使其姪突利设来纳币，献马五万匹，牛橐驼万头，羊十万口。唐太宗发使三道，受其所献杂畜。"这实际上是唐太宗通过真珠可汗间接剥削吐谷浑人民"。而且在《资治通鉴》卷198中还有明文记载：唐太宗击灭薛延陀后，在回纥等部广大地区设置六府七州，于贞观二十一年正月，由降服的诸酋长"岁贡貂皮，以充租赋"。可见，所谓"都不征税"云云，显然是无视事实的。再说理论。马克思主义确认，"民族——是历史的范畴"②。"现存的所有制关

① 《帝苑》一，《君体》。

② 《列宁全集》第23卷，第198页。

系，是造成一些民族剥削另一些民族的原因”①。因而，只有当“人对人的剥削一消灭，民族对民族的剥削就会随之消灭。民族内部的阶级对立一消失，民族之间的敌对关系就会随之消失”②。可是，《初探》一方面强调：“封建王朝的民族怀柔政策，不管如何开明，都要受到不可逾越的统治阶级利益的制约”。并在《试论》中指出：“唐太宗确有其阶级局限性”，但同时却又说，唐太宗的这种“阶级局限性”，“未必表现于民族政策方面”。这就是说，同是封建王朝的皇帝，唐太宗却可以不受“阶级性的局限”，能够“逾越统治阶级利益的制约”，按照自己的意志，对少数民族取消剥削制度——“都不征税”。这不仅自相抵牾，而且与马克思主义的基本原理，明显相左了。

又如，在唐太宗处理民族关系的原则和策略问题上，《试论》一方面重复《胡文》“尽量分化一个民族”的意见，也指出：“为了削弱突厥的力量，太宗首先离间颉利和突利二可汗，继又支持反抗颉利的薛延陀酋长夷男，以威胁其后方”。复“趁真珠可汗‘请’册封其二子之便，即‘诏许之’，以便分化。其后二子果然仇杀以致衰弱，终为唐所击降”。同时却又说唐太宗只是“对于强敌”才使用这种手段，而“对已归附或尚无威胁的各民族，不仅从未离间分化他们，相反的，且往往维护他们的安全”。这同样不论从史实上还是理论上说，都是不正确的。拿史实来说，贞观四年，东突厥灭亡，对唐王朝已无威胁。但唐太宗仍然采纳温彦博的建议，“分颉利故所统之地，置顺、佑、化、长四州都督府。又分颉利之地为六州”，使其“各有酋长，不相统属，力散势分”③。又如，薛延陀真珠可汗，不仅“归附”唐朝，而且受唐太宗亲自册封，十分忠诚，曾说：“吾闻唐天子有圣德，我将身往见之，死无所恨”。当时，它虽然“屈强漠北”，但对唐王朝也还构不成威胁。

① 《马克思恩格斯选集》第 1 卷，第 287 页。

② 同上书，第 270 页。

③ 《资治通鉴》卷 197，贞观十七年闰六月。

这一点，唐太宗在贞观十七年就曾说过："今中国强，戎狄弱，以我徒兵一千，可击胡骑数万"。故而薛延陀"匍匐稽颡，惟我所欲，不敢骄慢"①。可是他不但通过册封其二子，"以便分化"，而且后来还拒绝真珠可汗"和亲"，说："彼同罗、仆骨、回纥等十余部，兵各数万，并力攻之，立可破灭。所以不敢发者，畏中国所立故也……今吾绝其婚，杀其礼，杂姓知我弃之，不日将瓜剖之矣"②。退一步讲，如果说薛延陀部相对还较强的话，那么，高丽、奚、契丹、靺鞨等，都是对唐王朝并无"威胁"的弱小国家。可是，唐太宗却一则要"使契丹、靺鞨扰之（高丽）"，再则又使"契丹、奚、靺鞨先击辽东，以观其势"③。总之，确凿的历史事实都不能证明《试论》的说法的正确，而是恰恰相反。再以理论来说，马克思主义基本原理不仅强调只有"民族内部的阶级对立一消失，民族之间的敌对关系就会随之消失"④。而且明确指出："旧社会中身居高位的人物和统治阶级只有靠民族斗争和民族矛盾才能继续执掌政权和剥削从事生产劳动的人民群众"⑤。《试论》却认为同样是"身居高位的人物和统治阶级"的唐太宗，在"民族内部的阶级对立"和"民族之间的敌对关系"都未"消失"的条件下，可以不受阶级和历史的限制，"对已归附或尚无威胁的各民族，不仅从未离间分化他们，相反的，且往往维护他们的安全"。这同马克思主义的基本原理，也是不相符合的。

三　关于唐太宗进行的民族战争的性质问题

唐太宗在位二十三年中，进行了一系列的民族战争，取得了很

① 《资治通鉴》卷197，贞观十七年闰六月。

② 同上。

③ 《资治通鉴》卷197，贞观十八年七月。

④ 《马克思恩格斯选集》第1卷，第270页。

⑤ 《马克思恩格斯全集》第19卷，第316页。

大的胜利。当时，朝臣们就赞颂他“坐运神策，不下殿堂，大小可汗，相次束手，分典禁卫，执戟行间。延陀鸱张，寻就夷灭。铁勒慕义，请置州县。沙漠以北，万里无尘”①。这显然是谄上的歌功颂德之辞，不足为凭。今天，对他进行的这些战争，应该怎样看待呢？根据“战争是政治通过另一种手段（即暴力）的继续”②的基本原理，通过“研究战前的政策，研究正在导致和已经导致战争的政策”③，我们认为，唐太宗进行的战争，可以分为两种类型，从而具有不同的性质。如隋末唐初，东突厥“屈强漠北”，挟其强大的骑兵，连年进犯，“边州无宁岁”④，人口财物被大量掠夺，社会生产遭到严重破坏。唐太宗经过积蓄力量，果敢反击，最后加以消灭。这次战争的主要目的，虽在保卫唐王朝的统治，但同时也保护了广大人民生命财产的安全。所以是自卫性的，正义的，应该肯定的。反之，如贞观二十二年，唐太宗准备再次进攻高丽，“发民造船，役及山獠，雅、印、眉三州山獠反。遣茂州都督张士贵、右卫将军梁建方发陇右峡中兵二万余人以击之”⑤。这次战争，就是压迫性的，非正义的，应该谴责的了。

《试论》对唐太宗进行的战争，未作过专章论述，但在论证中不少涉及到这方面。由于是从“爱之如一”的“指导思想”出发，一些观点和论断，也是明显欠当的。如说：“虽然唐太宗不是个好大喜功的黩武主义者，但要完成多民族国家的统一大业，是不可能绝对避免战争的。而战争是阶级社会的产物，也都无不带有掠夺性。‘以战养战’，即概括的反映了这种现象。无论民族战争或阶级战争都无不如此”。非常明显，这段话在理论上是带有原则性错误的。原因是离开了马克思主义关于要区分两种战争类型的原理，

① 《旧唐书·房玄龄传》。

② 《列宁选集》第2卷，第673页。

③ 《列宁全集》第23卷，第23页。

④ 《旧唐书·梁师都传》。

⑤ 《资治通鉴》卷199，贞观二十二年九月。

取消了正义性与非正义性两种不同战争性质的区别。实则每一次战争都是分为敌对双方的。其中固然不乏双方都属于“掠夺性”的。但大多数则是分别属于掠夺性和反抗性的。即以唐太宗对东突厥的民族战争而论，东突厥进行的是“掠夺性”战争，自属毋庸置疑。可是唐太宗为自卫反击而进行的战争，又怎么能说成是“掠夺性”的呢？如果按照《试论》的观点，把唐与东突厥的战争，说成“都无不带有掠夺性”，岂不要对双方同样进行谴责了吗？如果按照《试论》包括“阶级战争都无不如此”的观点，那么，农民起义和镇压农民起义的战争，岂不成了“也都无不带有掠夺性”而要同样进行谴责了吗？这正如列宁所说：“不区别战争的类型，在理论上是错误的，在实践上是有害的”①。

正是由于有关战争基本原理上的错误，《试论》还在其他一些问题上，引出了另一些讹误的论点。例如，在批评《胡文》根据唐在贞观八、九年征服吐谷浑战争中掠获“杂畜”三十余万头的事，指出“不能不认为唐太宗发动战争是具有掠夺耕畜的预定目标”时，一则说：“唐兵在对吐谷浑的战争中，收夺了成千上万的杂畜，这是事实。但唐太宗发动这次战争的目的，却必须从他统一西北各族整个战略中去考察”。再则说：唐太宗“借此统一并稳固了这个多民族国家，这些战争是必要的，也是必然的”。并进而断言：“太宗的民族政策是成功的，进步的，是符合历史要求的。至于在对吐谷浑的战争中出现了‘掠夺杂畜’等消极现象，在历史的长河中是微不足道的，在扶持吐谷浑的过程中，唐的耗费还小吗？”不难看出，他提出的这些论证，由于同样没有区分两种战争的类型，因而也是站不住脚的：其一，说唐太宗的“整个战略”，是要“统一西北各族”。可是，“统一”可以有多种目的、方式和手段，如融合、同化、联合、兼并或征服等等，因而要区分其性质，作出不同的评价。离开了目的和手段，不区别战争的性质，孤

① 《列宁全集》第35卷，第184页。

立地肯定“统一”，岂不连兼并、征服的非正义战争，也一概要加以肯定了吗？其二，对唐太宗“统一并巩固了这个多民族的国家”，我们也认为应予肯定的。但应指出，这里肯定的，仅仅限于它所起的客观历史作用。而客观历史作用与战争性质并不完全是一致的，因之在评价上也应区别对待：对正义的并起了进步历史作用的战争，要给予全面肯定；对非正义的并起了破坏作用的战争，要给予全面否定；对既有正义的、也有非正义的而在客观上起了进步作用——如促进了统一的战争，则只能在肯定其正义的战争、同时否定其非正义的战争的前提下，肯定其客观的进步历史作用。不区别战争性质，把客观历史作用与战争性质画等号，用客观的进步历史作用，代替或改变非正义战争的性质，显然是错误的。其三，以“在扶持吐谷浑过程中，唐的耗费不小”为理由，把唐军掠夺吐谷浑三十余万头“杂畜”，轻描淡写为一种“消极现象”，说成“微不足道”，更是模糊、甚至颠倒是非之论。错误的症结，同样也在于回避了战争的性质，回避了唐与吐谷浑两国的关系。据《试论》强调：“唐太宗的民族羁縻政策尽管较为开明，也只能以保持君臣、尊卑的从属关系，绝不可能有‘民族平等’的措施甚至观念”。并在《初探》中还明确指出：在“先后归附或被征服的四方边区民族地区”中，就包括吐谷浑在内，它受了“册封”，“即成为唐天子之‘臣’，要服从唐天子的命令，有接受征调的义务并效忠于唐”。唐太宗对其酋长诺曷钵“册拜为可汗，赐以鼓纛”，并“以弘化公主妻之，资送甚厚”，目的是“便于唐王朝巩固对这个民族地区的统治”。根据上述情况，唐王朝投放在吐谷浑的“耗费”，明明是控制和统治，怎么能说成“扶持”呢？唐王朝掠取吐谷浑“杂畜”三十余万头，明明是严重的侵掠暴行，又怎么能说成是“微不足道”的“消极现象”呢？当然，唐与吐谷浑的关系和战争的性质，还是一个可以讨论的问题。但《试论》和《初探》既然列举事实说明唐王朝“资送甚厚”的目的，在“便于对这个民族地区的统治”，那么，他就是无法拒绝唐对吐谷浑的战争是非正义性的逻辑推理的。

四　关于唐太宗民族政策的评价问题

按照以上的分析，唐太宗的民族政策，是否被全盘否定了呢？当然不是。我们指出他的局限性，并非对他一笔抹杀，而是要克服片面性，作出全面的评价。如同一开始提到的那样，我们也肯定唐太宗的民族政策占主导地位的，是开明的方面。不同的是我们在肯定其主导方面的时候，既不回避他的局限性，也不对其主导方面作超越历史和阶级限度的美化和拔高。例如，我们也认为唐太宗歧视少数民族的偏见是比较淡薄的，也认为他所说“夷狄亦人耳，其情与中夏不殊”的话，多少也反映了他一些内心思想。却不认为他真的会对各少数民族“爱之如一”，甚至“在行动上，的确如此”。因为他不仅还说过“中国根本也，四夷枝叶也”和“戎狄人面兽心，一旦微不得意，必反噬为害”一类的话，而且“在行动上”也并非“的确如此”。如曾对少数民族发动战争、掠取“杂畜”和人口，并进行剥削统治等等。我们也肯定唐太宗对待各少数民族的酋长，是比较宽厚的。如他对降服的国王或可汗，一般都不杀戮，有的还封官赐爵，甚至妻以公主，结为姻亲。却不认为他所说“非徒欲中国久安，亦使尔宗族永全”，讲的是真话。相反，即使是“和亲”，也是“一种政治的行为，是一种借新的联姻来扩大自己势力的机会”①。如不仅同他自己所说那样：“薛延陀屈强河北，今御之止有二策：苟非发兵殄灭之，则与之婚姻以抚之耳”②，即把“和亲”与“发兵殄灭之”同样当成了“御之”之策。而且在贞观二十二年西突厥乙毗射匮可汗遣使入贡请求和亲时，还公然

① 《马克思恩格斯选集》第4卷，第74页。

② 《资治通鉴》卷196，贞观十六年十月。

提出“使割龟兹、于阗、疏勒、朱俱波、葱岭五国，以为聘礼”①。“和亲”尚且如此，“封官赐爵”、允诺使其“宗族永全”，就更无庸言了。我们也肯定唐太宗对各族人民主张“偃革兴文，布德施惠”②，如贞观四年七月，命凉州都督李大亮“于碛口贮粮，来者赈给”，招慰“散在伊吾”的“西突厥种落”③。二十一年六月，下诏：“其室韦、乌罗护、靺鞨三部为薛延陀所掠者，亦令赎还”④。此外，《新唐书·食货志》还有“四夷降户，附从宽乡，给复十年”的记载等。却不同意说他是“优待各少数民族人民，不征赋税”。而是认为他对各族人民同样进行剥削，甚至掠夺，只是相对比较轻缓一些。我们也肯定唐太宗进行的民族战争，客观上对我国多民族国家的形成和各民族经济文化的交流，起了促进的作用。却既不同意《试论》说他进行战争，是“要完成多民族国家的统一大业”。而是认为他进行战争、尤其是后期进行战争的目的，是要“际天所覆，悉臣而属之。薄海内外，无不州县”⑤，实现其“为天下主”⑥的欲望。更不同意《初探》所说唐王朝设置的羁縻州，“实际上类似民族自治的州县”。因为他接着还说过：“受册封者即成为唐天子之‘臣’，要服从唐天子的命令，有接收（应为‘受’）征调的义务，并效忠于唐”。“可知各羁縻州虽由各族酋长统治，只要设有都护，仍可维持唐王朝对该地的主权”。唐王朝能够行使“主权”，就意味着对方丧失了主权，还谈得上什么“类似民族自治的州县”呢？

总之，由于唐太宗的时代，是经过魏晋南北朝民族大融合之后，华夷之别已有所减弱，加以唐太宗的祖、父，概出于鲜卑，其

---

① 《资治通鉴》卷198，贞观二十年六月。

② 《贞观政要》卷5，《诚信》。

③ 《资治通鉴》卷193，贞观四年七月。

④ 《资治通鉴》卷198，贞观二十一年六月。

⑤ 《新唐书·北狄传》。

⑥ 《册府元龟》170，《帝王部·来远》。

妻、妹、女儿又与鲜卑互婚，以及他本人具有政治远见，能够以隋炀帝“东征西讨，穷兵黩武，百姓不堪，遂致灭亡”为鉴，采取“惟欲清净，使天下无事”[①] 的方针，以尽量减少、避免激化民族之间的矛盾。故而民族歧视的观念，比较淡薄；对被征服或内附各族的君长和人民，比较宽厚和温和；对被征服地区的统治，比较松弛。但是，唐太宗却做不到对少数民族实行平等政策，不剥削、不压迫他们，更不能建立哪怕是“类似民族自治的州县”。原因是，在当时，他无法跨越横亘在面前的历史的和阶级的局限的鸿沟。正是为此，我们在指出他的民族政策的压迫性质的同时，还是给以应有的肯定。因为，“判断历史的功绩，不是根据历史没有提供的现代的东西，而是依据他们比他们的前辈提供了新的东西”[②]。作为中世纪的封建皇帝，唐太宗在民族政策中提供了更多的新的东西，不论与他以前或以后的侪辈比较，都是高出一筹的佼佼者。

五　关于讨论涉及的民族关系史研究中的若干意见分歧

《试论》在与《胡文》商榷中，涉及与民族关系研究中有关的若干重要意见分歧。为了促进和提高民族关系史的研究，有必要在此基础上进行深入一步的探讨。

一、《胡文》认为，“按照马克思主义列宁主义的民族理论，民族压迫和民族矛盾是生产手段私有制和剥削制度造成的，剥削阶级不可能真正实行民族平等和民族团结的政策”。进而指出：“正因为如此，列宁才没有美化十月革命前俄国的民族关系，而是把这个多民族国家称作‘民族牢狱’”。《试论》表示异议，并提出质问：“中国历代王朝处理民族关系的政策有无不同于别国的独具的

---

① 《贞观政要》卷1，《政体》。

② 《列宁全集》第2卷，第150页。

特点？这些特点与十月革命前的沙皇的民族政策相比有何异同?”“中国历史上确存在着民族矛盾和民族压迫，但比之民族友好交往，究竟哪方面更多、更深、占得时间更长、规模更大？即哪一方占主流?”十分清楚，这一连串反诘的含义，是认为中国历代王朝民族关系的政策，不同于十月革命以前俄国沙皇的民族政策；中国历史上民族关系的主流是友好交往，而不是民族矛盾和民族压迫。这显然也是不对的。

首先，不但中国历代王朝，而且世界各国历代王朝处理民族关系的政策，当然都有不同于别国的独具的特点。例如唐太宗民族政策独具的特点，就是比较开明。这也就是他不同于十月革命前俄国沙皇民族政策之处。但应指出，在阶级社会，由于民族关系是阶级对立在民族方面的反映，由于“民族压迫政策是专制制度和君主制度的遗产”[①]，因而，它们的“本性和它们的发展规律无疑是共同的”[②]。显然，不能用唐太宗民族政策比较开明的特点，否定他也必然具有的这种共同的本性。

其次，把“民族友好交往”与民族矛盾和民族压迫进行比较，在方法论上是不科学的。因为，民族矛盾和民族压迫的对立范畴，应该是能够反映民族关系实质的民族团结和民族平等。而“民族友好交往”这个概念，则并无严格的科学规定性，只能反映民族关系的现象。例如，两个平等的民族主权国家之间，固然可以进行“民族友好交往”。而宗主国与附属国之间的礼节性往来，也未尝不可以称作“民族友好交往”。《试论》所指的，正是后一种。这就把两国民族关系的实质给掩盖了。不仅如此，即使退一步讲，用“民族友好交往”与民族矛盾和民族压迫比较，在阶级社会，占主流的也只能是后者，而不可能是前者。因为，民族交往，只限于在

① 《列宁全集》第24卷，第269页。着重号是引者加的。以下凡未注明“原有”者，均同。

② 《列宁选集》第2卷，第517页。

能够互相接触的极少数人之间进行。严格地讲，应说成两族间少数人的交往，而民族矛盾和民族压迫，则存在于整个统治民族与被统治民族之间，是带有全民性质的。”对此，恩格斯在谈到“近七十年来”德国为虎作伥帮助压迫奴役北美人、法国人、荷兰人、瑞士人、匈牙利人、希腊人、葡萄牙人的暴行时指出：“这些卑鄙行为都是在德国帮助下在其他国家干出来的。这不仅是德国政府的罪过，而且在很大程度上也是德国人民的罪过。要是他们不盲目无知，没有奴隶精神，不甘愿扮演雇佣兵和‘仁慈的’刽子手的角色，不甘愿充当‘天生的老爷的工具’，‘德国人’这几个字在国外就不会被人当作充满仇恨诅咒和蔑视的骂人话”[①]。列宁也说过：由于沙皇对其他各族进行压迫奴役，“其他各族的劳动群众对大俄罗斯人都不信任，把他们看做一个进行盘剥、压迫的民族”[②]。这种情况，在中国也不例外。如在元代，把蒙古、色目、汉人、南人划分为统治民族和被统治民族，固不必论。即使最开明的、能够“对各族的人民也予以适当的照顾”的唐太宗，也如《初探》所说：“不可能一视同仁”，而是“对各族君长奴役其征服、俘掠的他族人民绝不过问，对聚居于汉人地区的少数民族处于被剥削被奴役的命运也视为当然”（这句话的实际含义应为：“唐太宗对唐帝国统治地区的少数民族人民直接进行剥削和奴役”）。因此，不断引起各族人民的反抗。如《资治通鉴》记载从贞观十二年十月到十四年三月仅一年半时间内，在均州、明州、巴州、壁州、洋州、集州、罗州、窦州等地，就发生过五次“山獠”的起义，都被镇压下去，并虏获男女两万三千余口。开明的唐太宗尚且如此，其他不开明和民族歧视严重的统治者，就更不待言了。由此可见，在阶级社会，民族关系的主流，总是民族矛盾和民族压迫。因为，比之各民族间极少数人的“友好交往”，它是“更多”——一切方面，

① 《马克思恩格斯选集》第1卷，第305页。

② 《列宁全集》第29卷，第167页。

“更深”——所有领域，“占得时间更长”——整个阶级社会历史阶段，“规模更大”——统治民族与被统治民族全体。尽管这种矛盾和压迫，有时残酷一些，有时相对缓和一些，但只要社会的性质不发生变化——由阶级社会过渡到社会主义社会和共产主义社会，民族问题的性质，从而民族关系的主流，也就是不可能发生根本变化的。

二、《胡文》在谈到加强民族团结教育时主张：“关键的问题不是不讲民族关系史上的阴暗面，而是要用历史唯物主义的基本原理武装各族人民，让大家能够正确地对待这些不愉快的往事。只有各族人民真正普遍掌握马列主义的民族理论和阶级观点，我们的民族团结才能建立在非常坚实的基础上。”《试论》也表示异议，并提出：“我认为科学研究与教育工作是既有联系又有区别的。教育工作对于文化水平不同、政治思想觉悟不同的人，应选择不同的教材内容，才能收到良好的效果”。这种提法，显然也是欠妥的。诚然，科学研究与教育工作确实是既有联系，又有区别。但这种区别，主要应体现在，科学研究是为发现真理进行新的创造性探求，教育工作是为普及真理进行广泛的、通俗性的宣传。因而，针对文化水平不同、政治思想觉悟不同而因人施教，是正确的，必要的。问题却在于《试论》所说“选择不同的教材内容”，并不是指深入浅出和通俗易懂。相反，从所讲“为了研究历史，总结民族关系的经验并进而上升到理论的高度以发现它的规律性，则无论是民族友好或民族矛盾，确有必要全部都应如实的反映出来”，而教育工作则“应选择不同的教材内容”来看，实际上是主张教育工作不能“全部都应如实的反映出来”。这也就是在民族关系史研究中有些同志主张的要进行“避讳”的观点。可是，《试论》既然承认科学研究与教育工作既有联系又有区别，那么，“避讳”了共同探求真理的一面，岂不割断了两者的联系？此其一。按照“避讳”的主张，实际上取消了教育工作也同样负有的“总结民族关系经验”并阐明其“规律性”的任务。这样的教育工作，还有什么意义？

此其二。按照“对文化水平不同、政治思想觉悟不同的人，应选择不同的教材内容”的原则，那么，当原来文化水平和政治思想觉悟都不高的人，后来得到提高，回过头来再思考那些“避讳”了真实情况的“教育”内容时，岂不要产生受了欺骗的想法？此其三。其四，《试论》既然肯定“中国历史上确存在着民族矛盾和压迫”，那么，这种“确存在”的事实，又怎样能避讳得了呢？硬要避讳，就难免借助于曲解和篡改历史，这将会把史学研究引入歧途。更值得重视的是，不论承认与否，一切“避讳”论者，实际上都是在这样做的。只是不便直说而讲得比较隐晦一些罢了。《试论》提出在教育工作中要“选择不同的教材内容”，不能“如实的反映出来”。“如实”的反面，就是“虚假”，可见也是赞同并贯彻了这种主张的。例如前面提到的颉利可汗等“起舞”、“咏诗”和所谓“扶持吐谷浑”，以及唐的“羁縻州实际上类似民族自治的州县”等等，都是典型的例子。事实证明，这种做法，不但混淆了史实，颠倒了是非，而且离开了实事求是的原则，是值得引起正视和认真克服的。

三、《胡文》提出：“在看到历史上存在民族友好交往的同时，也揭示一些民族关系的阴暗面，不但没有害处，反而有利于今天的民族团结。”《试论》一方面承认“民族关系中既有光明面，也有阴暗面”，也主张“为了研究历史，总结民族关系的经验并进而上升到理论的高度以发现它的规律性，则无论民族友好或民族矛盾，确有必要全部都应如实地反应（映）出来。”但对《胡文》的意见却又“有所怀疑而未敢苟同”。并提出质问：“在教育人民时，揭示民族关系中的阴暗面，何以反而有利于民族团结？”其实，这并非是什么深奥难懂的道理，早在二十多年前，拙作就曾指出：“承认这个事实，不但不会影响、而且适足以增进当前各族人民的友好与团结。原因是，由于我们揭示了历史上不平等民族关系的社会根源和历史实质，科学地阐明了过去历史阶段中真正平等的民族关系根本不可能出现，从而，就必然地得出了只有在社会主义制度下，才能实现民族间真正平等、友爱、亲密、团结的伟大结论来。这样，各族人民从过去不平等民族政策所造成的痛苦不幸的回忆对比中，就会更加感到今天由社会主义的平等民族政策所带来的友好幸福生活的可爱，就会更加感激缔造并认真实施这一先进的平等民族政策的英明的党。这样，也才真正达到了民族史研究为当前政治服务的目的，对当前的民族友好和团结，真正起到了推进和巩固的作用"①。《胡文》也同样着重指出："这样做恰恰可以教育各族人民，使他们认识到中华人民共和国的建立对于民族关系的改造具有多么伟大的意义。使他们更加感觉到今天的民族团结是如何来之不易，使他们进一步体会到贯彻党的无产阶级民族政策是多么重要，使他们从理论上明确大汉族主义和地方民族主义是剥削阶级影响的残余，应当加以彻底清除。"不难看出，我们的论述，正是把"民族友好或民族矛盾"，"全部如实的反映出来"，"并进而上升到理论的高度以发现它的规律性"。《试论》表示异议，并非不理解这个浅显的道理，只是抽象肯定、具体否定而已。

最后，有必要指出，美化、拔高古代的民族关系，并非仅见于对唐太宗民族政策的评价上，而是民族关系史研究中长时间存在的一种倾向。形成这种倾向的原因是多方面的。但重要根源之一，是由于一些研究者没有切实遵循马克思主义基本原理和实事求是的原则，未能正确处理科学性与革命性统一的关系，而是有意无意地把两者对立起来，以为要坚持科学性，尊重事实，承认历史上存在民族矛盾和民族压迫，就会影响当前的民族团结。反之，要坚持革命性，巩固发展当前的民族团结，就必须避讳历史上的民族矛盾和民族压迫。二者不可得兼。为了避免"会变成挑拨民族关系，使民族之间互相不和睦"的危险，就舍了科学性而取了"革命性"（离开了科学性的革命性，不可能是真正的革命性）。显然，这种认

① 《再论中国古代史中有关祖国疆域和少数民族的问题》，刊 1962 年 8 月 2 日《文汇报》。

识，是十分错误的。

列宁在谈到马克思的“理论”时曾经强调：它“之所以具有不可遏止的吸引力，就在于它把严格的和高度的科学性和革命性结合起来，并且不是偶然地结合起来，而是把二者内在地和不可分割地结合在这个理论本身中。”① 这是因为，与一切剥削阶级不同，无产阶级是人类最先进的阶级，它的利益与广大人民的利益是完全一致的。因而，对无产阶级来说，历史的真实，不仅不与它的利益相矛盾，反而使之具有更牢靠的基础。例如，我们根据确凿史实，承认在阶级社会必然存在民族矛盾和民族压迫，并由此揭示出只有“民族内部的阶级对立一消失，民族之间的敌对关系就会随之消失”② 的规律，既尊重了历史事实，又达到了巩固、加强当前民族团结的目的，鲜明地体现了科学性与革命性的统一。反之，丢掉了科学性，像《试论》和《初探》那样，说唐太宗“确有阶级局限性，但未必表现于民族政策方面。”说“对‘夷狄’爱之如一”，是唐代民族政策的传统指导思想，说颉利可汗等“起舞”、“咏诗”为唐高祖侍宴是什么共庆“胡越一家”等等，尽管是出于一种良好的愿望，结果却不仅达不到赞扬古代民族关系的目的，反而事与愿违，既歪曲了历史真相，背离了实事求是的原则，又必然派生出唐太宗可以不受时代和阶级的局限，以个人的意志为转移，实行民族平等的政策，使“胡越”亲如“一家”的结论来。从而客观上降低了社会主义民族关系的先进性和优越性。不论从理论上或实践上，都是十分有害的。回顾建国以来中国民族关系史的研究，成绩显著，教训也很深刻。这篇拙稿，虽是围绕着唐太宗的民族政策论证，同时也是为克服中国民族关系史研究中美化拔高的倾向，提供一点也许不无参考价值的意见。倘能多少有助于这门学科研究的深入和提高，将是望外之喜。不当之处，希得到批评和指正。

---

① 《列宁选集》第1卷，第81页。

② 《马克思恩格斯选集》第1卷，第270页。

顺便说一下，我虽然基本上赞同《胡文》的观点，但也并非是没有任何分歧。例如该文曾提到“唐太宗在缔造我国多民族国家上……有很大的贡献”。又在其新著《李世民传》中，也曾说过“唐朝对各族的剥削、压迫微乎其微，具有一些民族自治的色彩”和“在某种程度上以民族平等的态度对待各族”（第217页）等等，这些提法，显然也不恰当。因非本文探讨的范围，就不再赘论了。

（原刊《社会科学评论》1986年第9期）

石敬瑭的评价和有关民族关系史的几个理论问题

——《关于石敬瑭评价的几个问题》读后

石敬瑭是一个出卖燕云十六州、甘当儿皇帝的民族败类，可以说已经成为历史定论。但是，在一篇题为《关于石敬瑭评价的几个问题》（刊《厦门大学学报》1983年第1期。以下简称《评价》）的文章中，却提出了相反的意见，认为这个“似乎没有疑义的问题，其实值得讨论一番”（以下凡不注明出处的引文，均引自《评价》）。这个问题，不只关系到石敬瑭评价的本身，不只如同《评价》也指出的“涉及一些基本理论问题”，而且还关系到如何进行气节教育和爱国主义教育问题，确实大有“讨论一番”的必要。

一　从野心家到民族败类

历史事实，是评价历史人物的依据。为了给石敬瑭作出公允的评价，首先要对他的生平和主要事迹，作出简要的勾画。

石敬瑭（公元892—942年）生活在“五代十国”战乱频仍、王朝交替、社会矛盾和民族矛盾尖锐复杂的大动荡时代。出自沙陀族，父亲臬捩鸡，先后事李克用和李存勖（后唐庄宗）父子，因征战有功，历任至平州和洛州节度使。石敬瑭是臬捩鸡的次子，读兵书，善骑射，继其父事沙陀李氏，深得李克用养子、代州刺史李嗣源的器重，妻以爱女，使其统帅号称“三讨军”的亲军，倚为心腹。特别在李嗣源争夺帝位时，他又出谋划策，并亲统骁骑抢占汴州，立下大功。李嗣源即位（明帝）后，历任保义军节度使、宣武军节度使、河阳节度使、河东节度使，太原、北京留守、并兼大同、彰国、振武、威塞等军蕃汉马步军总管，赐“竭忠匡运宁国功臣”，势倾朝廷。

公元933年，李嗣源死，五子李从厚继位，是为闵帝。他暗弱无能，优柔寡断。李嗣源的养子王从珂争夺帝位，李从厚率从骑五十，逃往卫州，遇石敬瑭，“问以社稷大计”，“冀图兴复”。石敬瑭却使人“尽杀（闵）帝左右及从骑，独置帝而去，遂趋洛阳。”[①] 致使闵帝被王从珂缢杀，透露了他不可告人的用心。

王从珂与石敬瑭“皆以勇力善斗，事明宗为左右。然心竞，素不相悦。”[②] 王从珂即位（末帝）后，虽然复以石敬瑭为河东节度使、北面总管，进行拉拢。但由于野心的膨胀，石敬瑭“还镇”以后，却从“阴为自全之计”，进一步发展为觊觎“帝业可成”。[③] 他一方面收买其岳母曹太后的左右，“令伺帝之密谋，事无巨细，皆知之。”[④] 同时，“托言以助军资”，“尽收其货之在洛阳及诸道者归晋阳”。这时，不但“人皆知其有异志”，[⑤] 而且发生了其“军人遽呼万岁者数回”的事件。石敬瑭虽然“斩挟马将军李晖以下三十余人以殉”，[⑥] 但阴谋已无法掩盖。公元934年7月，王从珂“以武宁节度使张敬达为北面行营副总管，将兵屯代州，以分石敬瑭之权。”[⑦] 翌年5月，复以马军都指挥使宋审虔代石敬瑭为河东节度使，而改以石敬瑭为天平节度使，令其移镇郓州。石敬瑭

① 《资治通鉴》卷279。

② 同上。

③ 《资治通鉴》卷280。

④ 《资治通鉴》卷279。

⑤ 《资治通鉴》卷280。

⑥ 缺内容。

⑦ 《资治通鉴》卷279。

鉴于衅端已启，遂召集僚佐商讨对策：“今我无异志，朝廷自启祸机，不可安然死于道路。况太原险固之地，租粟甚多。若且宽我，我当奉之，必若加兵，我则外告邻方，北构强敌，兴亡之数，皎皎在天。”① 不难看出，所谓“我无异志”，不过意在把“加兵”之罪，推给“朝廷”；而“北构强敌”契丹，已定为实现其“帝业可成”的决策。

石敬瑭是这样说的，也是这样做的。当王从珂命令晋州刺史、北面副招讨使张敬达统帅大军进讨时，他一方面针锋相对地提出，以“（末）帝养子，不合承祀，请传位许王”为号召，在晋阳举兵叛乱。同时，“令掌书记桑维翰草表称臣于契丹主，且请以父礼事之。约事成之日，割卢龙一道及雁门关以北诸州之地与之。”尽管当时刘知远曾经极力劝阻：“恐异日大为中国之患，悔之无及。”他仍然利令智昏，执意“不从”。契丹主耶律德光得表大喜，9月间，“将五万骑，号三十万”，大举南犯，败张敬达军，解晋阳围。“作册书，命敬瑭为大晋皇帝”，“永与为父子之邦，保山河之誓”。② 石敬瑭果然丧心病狂地依约“割幽、蓟、瀛、莫、涿、檀、顺、新、妫、儒、武、云、应、寰、朔、蔚十六州”“为戎王寿，仍约岁输帛三十万。”③ 用把包括今京、津在内的河北、山西省北部大片土地、人民，以及中原地区广大群众的血汗，拱手奉献给契丹贵族征服者的罪恶行径，把自己钉在了可耻的民族败类的十字架上。

二　如何看待“儿皇帝”

石敬瑭以甘当儿皇帝，“父事契丹”，受到了千古唾骂。应当说，这是罪有应得，理所当然。最主要的原因，起码有以下三

① 《晋书》卷1，《高祖纪一》。

② 同上。

③ 同上。

点：一、是他主动提出充当契丹儿皇帝的。公元936年，他“令桑维翰草表称臣于契丹，且请以父礼事之。”所以，后来耶律德光抵达太原北门外，会见石敬瑭，才“因论父子之义”。在立他为皇帝的册文中也说：“永为父子之邦，保山河之誓。”二、是他以出卖领土为条件，甘心充当契丹贵族征服者的傀儡。不仅“约事成之日，割卢龙一道及雁门关以北诸州与之”，而且当另一个民族败类赵德钧“厚以金帛赂契丹主，云若立己为帝，请即以见兵南平洛阳，与契丹为兄弟之国”，与石敬瑭争当耶律德光的鹰犬时，他更不顾廉耻地让桑维翰提出更“优惠”的条件：“使晋得天下，将竭中国之财以奉大国，岂此小利之比乎！”并且“跪于帐前，自旦至暮，涕泣争之”，[1] 实在无耻到了顶点！三、是他事契丹征服者“甚谨”，克尽“臣道”，毕恭毕敬。不但“上尊号于契丹主及太后”，“奉表称臣，谓契丹主为父皇帝”，而且“每契丹使至，于别殿拜受诏敕。岁输金帛三十万之外，吉凶庆吊，发时赠遗玩好珍异，相继于道。乃至应天太后、元帅太子伟王、南北二王、韩延徽、赵延寿等诸大臣，皆有赂。”甚至契丹“小不如意，辄来责让，帝常卑辞谢之。晋使者至契丹，契丹骄倨，多不逊语。使者还，以闻。朝野咸以为耻，而帝事之曾无倦意。”[2] 真可谓死心塌地的驯服奴才！

可是，《评价》对此却表示异议，认为“在评论‘儿皇帝’问题时，简单地谴责其‘屈辱无耻’与卑鄙，虽然不能说责之太过，但似乎不能圆满说明问题。”提出，此种现象“应从契丹当时的社会制度与习俗去分析”。具体地说，就是契丹在阿保机时期，才由部落联盟发展成为奴隶制汗国，“旧氏族时代的道德影响，因袭的观点和思想方式，还保存很久，只是逐渐才消亡下去。这就使得新的国家领导人——君主，既以君主身份，又习惯以家长的身份实行

---

① 《资治通鉴》卷280。

② 《资治通鉴》卷281。

统治，他要求臣民更多地像一个家庭成员——儿子、孙子——那样服从自己，接受自己的统治。这应当就是契丹主屡次要求屈服于他的中原政权的头目称儿皇帝的根本原因。”因此，“在论及石敬瑭称儿皇帝时，应指出石敬瑭只图称帝夺权，不顾名节人格，事属可耻；但又须看到，此风亦与契丹当时家长制政治有密切关系。”非常清楚，这些“理由”，不仅不能“圆满说明问题”，而且是显然错误的。首先，这里讨论的是对石敬瑭甘当儿皇帝的评价问题，而不是“契丹主要求中原政权的头目称儿皇帝”的原因。况且，如前所述，向契丹称儿皇帝，是石敬瑭自己主动提出来的，并非出于契丹主的要求。其次，即使契丹征服者“要求臣民更多地像一个家庭成员那样服从自己，接受自己的统治”，也只是一厢情愿的“习惯”而已，怎么能要求其他国家君主必须“服从”？事实上，在契丹与中原几个王朝的关系史上，也并非都是“论父子之义”、“为父子之邦”的。相反，有时还是契丹“遣使朝贡”或请“求册封”的。如公元 907 年，朱温建梁，耶律阿保机“遣使送名马、女口、貂皮，求册封。”[①] 公元 927 年，耶律德光遣使向后唐“朝贡，兼申和好之意。”[②] 有时“约为兄弟”。如公元 905 年，耶律阿保机与李克用会于云州，“易袍马，约为兄弟。”[③] 又如即使前边提及的“厚以金帛赂契丹主”请“立已为帝”的赵德钧，提出的条件也不过是“与契丹为兄弟之国”。有时，契丹贵族甚至还充当李克用的“假子”。如公元 919 年，耶律阿保机之弟撒拉阿泼“帅其众奔晋。晋王厚遇之，养为假子，任为刺史。”[④] 由此可见，以“此风亦与契丹当时家长制政治有密切关系”为理由，替石敬瑭认敌作父开脱，是根本站不住脚的。

《评价》还从另一个方面，即“当时石敬瑭已经四十五岁，竟

---

① 《册府元龟》卷 999，《外臣部·请求》。

② 《五代会要》卷 29，《契丹》。

③ 《辽史》卷 1，《太祖本纪上》。

④ 《契丹国志》卷 1。

认三十四岁的契丹主耶律德光为父，更使历史学家愤慨”，为石敬瑭进行了辩解。但提出的理由，同样不仅明显错误，而且充满了诡辩。例如，它认为“这里也有一个习俗问题”，“沙陀等部氏族制残余必然存在，所以养子之风很盛”，“石敬瑭称儿实际上具有耶律德光养子性质”。但是，具有一定历史知识的人都会知道，养子与儿皇帝，是两个不同的概念，根本区别是前者限于人身依附，后者除人身依附外，还包括出卖国家领土、人民和主权问题。因而，说“石敬瑭称儿实际上具有养子性质”，显然是混淆两个不同概念，为石敬瑭的卖国罪行开脱。又如，它还认为石敬瑭与耶律德光“年龄上的不相称，从氏族养子的习俗看，亦不觉奇怪。”并指出，“古人囿于封建的伦理道德观念，对于石敬瑭作儿皇帝一事扼腕不已。殊不知他们尊君为父，若少君老臣，则又不免于石敬瑭之讥。所以我们应摆脱这种封建伦理道德观念，分析产生这种历史怪现象的根源。”这里，它表面上是讽刺“古人”“不免于石敬瑭之讥”，实际上则是批评“我们”“应该摆脱这种封建伦理道德观念”。可是，这些讽刺批评，却都是并无根据的。由于历史和阶级条件，“古人”确实有“封建伦理道德观念”。但一则他们的“尊君为父”，乃是“把父为子纲的原则推广到政治关系中”去，这与匍匐在契丹征服者脚下，认敌作父，根本不可同日而语。二则他们对石敬瑭作儿皇帝的“愤慨”，主要是因为他寡廉鲜耻，“赍表乞师，愿为臣子”①，而不是什么“年龄不相称”。“何如石晋割燕云，呼人作父为人臣；谁能倒挽析津水，与洗当时晋人耻！”② 十分清楚，这里谴责的只是“割燕云”、“呼人父”和“为人臣”，并没有计较石敬瑭与耶律德光谁大谁小。《评价》不仅在“年龄”问题上做文章，似乎只要石敬瑭小于耶律德光，就算“年龄相称”，就可以得到宽容，而且还把对石敬瑭卖国事敌的“切齿”痛恨，说成

① 《旧五代史》卷 137，《契丹传》。

② 元郝经：《陵川集 · 入燕行》。

“扼腕”叹惜，显然更是歪曲了古人的感情的。至于“我们”，则是以马克思主义为指导，根据爱国主义与国际主义相结合的精神，把“以国家和民族利益为重”的原则，对石敬瑭一类的民族败类进行鞭挞，与“封建伦理道德观念”，更是全然风马牛不相及的。

最后，《评价》还宣称：“这样做并不是为石敬瑭涂脂抹粉，而是历史主义地看问题。”但是，从它一再以“应从契丹当时的社会制度与习俗去分析”，“此风亦与契丹当时家长制政治有密切关系”，“从民族养子的习俗看亦不觉奇怪”，以及要“我们应该摆脱这种封建伦理道德观念”等为理由替石敬瑭辩解来看，这些话，只能是此地无银，欲盖弥彰。

三　燕、云十六州问题

《评价》不但在石敬瑭“父事契丹”、甘当儿皇帝问题上，而且在有关燕云十六州问题上，同样也存在明显错误，甚至走得更远，并牵涉到若干重大理论问题，其中最主要的有：

第一，影响问题。

即石敬瑭出卖燕云十六州，造成了什么样的后果？在这个问题上，《评价》虽然也简略地提到“由于契丹族刚从奴隶主贵族转化为封建贵族，它的掠夺性、残暴性很强，它给黄河以北人民带来的灾难是极为深重的。”但基调却同样采取了对石敬瑭曲意开脱、甚至赞扬的态度。例如，它引用胡三省在《资治通鉴》注中如下的一段话：“人皆以石晋割十六州为北方自撤藩篱之始，余谓雁门以北诸州，弃之犹有关隘可守。汉建安丧乱，弃陉北之地，不害为魏晋之强是也。若割燕、蓟、顺等州，则为失地险。然卢龙之险在营、平二州，自刘守光僭窃，周德威攻取，契丹乘间据营、平。自同光以来，契丹南牧，直抵涿、易，其失险也久矣。”① 接着，在

① 《资治通鉴》卷280。

分析了“长城以北少数民族活动地区变化的简要历史”以后指出：“胡三省的意思是北方藩篱之撤，远非石敬唐时始，而契丹及以后金的南扰，责任也不能全归于石敬瑭。这是有根据的。”这种观点，显然是很牵强的。因为，古人对石敬瑭出卖十六州后果的议论，除胡三省而外，还有更多持不同意见的人。如胡安国：石敬瑭“称臣契丹，割弃土壤，其害乃及于无穷。”[①]《方舆纪要》：“太行山亦曰西山，延袤二千余里，从镇、定、泽、潞言，则曰山东、西；自燕、云诸州言，则曰山前、后，实古今之大防。自晋失十六州，为中原之祸者数百年。”程大昌：“雁门以北，幽州管内十六州，其地东北有卢龙塞，西北有居庸关，中国恃此以界限北狄。自十六州既割，山阴皆为敌有，而河北尽在平地，无险可拒守矣。”[②]元脱脱在讲到宋对契丹战争失利的原因时说：“良由石晋献土，中国失五关之固然也。”[③] 叶隆礼：“石郎之消息，乃中原之大祸：幽、燕诸州，一夫当关，万夫莫前，石晋轻以界之则关内之地，彼扼其吭，遂乃控弦鸣镝，往入中原，斩馘华人，肆其穷黩，卷京洛而无敌，空四海以成墟。”[④] 此类记载，俯拾皆是，不必赘举。即使胡三省在《资治通鉴》的另一处的注中，也明确指出：“自是之后，辽灭晋，金破宋”，蒙古灭南宋，“皆石敬瑭捐割关隘以启之也”[⑤]。置包括胡三省在内的如此众多议论于不顾，仅只抓往“其失险也久矣”一句话，就替石敬瑭辩护，实在是太片面了。

《评价》还提出了如下的理由：“就石敬瑭割幽、蓟十六州而言，主要影响在北部防线。东部防线因后唐时营、平为契丹所取，早已不守，幽、蓟、顺等州实际上已成为契丹势力范围。而北部防线则自云、应、寰、朔诸州割弃后始遭破坏。辽的南扰大体都从

① 《契丹国志》卷2。

② 《北边备对》转引自《辽史纪事本末》卷9。

③ 《辽史》卷36,《兵卫志下》。

④ 《契丹国志》卷3。

⑤ 《资治通鉴》卷280。

幽、蓟与云、应两个方向而来。”据此断言，不能“把契丹之所以能南扰的一切责任都归罪于石敬瑭”。这也是无以服人的。诚如所言，“营平早已不守”，而“辽的南扰大体都从幽、蓟与云、应两个方向而来”。但是，我们在判断破坏防线的问题时，却不能用简单的除法，把罪责一分为二，由后唐和石敬瑭各负一半。这不仅因为东部防线虽失，只要保卫住北部防线，契丹就不敢长驱深入。而且，就当时双方的实力对比来看，优势也不在契丹，而是在后唐、后晋方面。例如，耶律阿保机侵夺营、平二州后，兵势大盛。公元917年，率三十万众，扬言百万，进围幽州。晋王李存勖命李嗣源、李存审统兵反击，耶律阿保机“大败，席卷其众自北山归，委弃车帐、铠仗、羊马野。”① 耶律德光继位以后，“数犯塞”。公元929年5月，与王都入定州，破新乐，进犯曲阳，受挫大败，“僵尸蔽野，死者过半，余众北走。”② 同年7月，“契丹复遣其酋长惕隐将七千骑救定州，王晏球逆战于唐河北，大破之，追至易州。时久雨水涨，契丹为唐所俘斩及陷溺死者，不可胜数。”③ 同年8月，契丹北走，入幽州境，“赵德钧遣牙将武从谏将精骑邀击之，分兵扼险要，生擒惕隐等数百人。余众散投村落，村民以白梃击之，其得脱归国者，不过数十人。自是契丹沮气，不敢轻犯塞。”④ 公元930年，固守定州的“王都、秃馁欲突围走，不得出。定州都指挥使马让能开门纳官军（王）都举族自焚，擒秃馁及契丹二千人。”⑤。公元932年10月，契丹屯捺剌泊，“出寇云、朔之间”，“大同节度使张敬达聚兵要害，契丹竟不敢南下而还。”⑥ 公元934年9月，“契丹入寇”，“石敬瑭自将兵屯百井，以备契丹。”

---

① 《契丹国志》卷1。

② 《资治通鉴》卷276。

③ 同上。

④ 同上。

⑤ 同上。

⑥ 《资治通鉴》卷278。

12 月，“契丹引去，石敬瑭罢兵归。”[①] 在上述这种明显优势的情况下，当时已把洛阳和诸道的财物粮饷都收归晋阳“据形胜之地、士马精强”[②] 的石敬瑭，本应取得朝廷的支持，兴师北伐，光复故土，出民水火。或者起码应以国家民族利益为重，主动与朝廷和解，消除矛盾，共御外侮。即使这些都做不到，只要能够秣马厉兵，严阵以待，牵制敌兵，那么，多次遭受重创的契丹征服者，要想长驱直入，肆意侵夺，也将是不能得逞的。但是，石敬瑭为了换取儿皇帝的宝座，却悍然拒绝了“恐异日大为中国之患”的告诫，一意孤行，认敌作父，丧心病狂地出卖了十六州的广大土地和人民，在东部防线早已不守的危局下，进一步破坏了北部防线，替契丹征服者彻底打开了侵夺中原的大门，给黄河以北人民带来了数百年极为深重的灾难。因而，对石敬瑭出卖燕云十六州，不仅不能以“主要影响在北部防线”为借口为之开脱，而是应该对他进行加倍的诛伐！

《评价》还以“幽、蓟十六州被割，其影响颇为复杂”为辞，说什么“从汉族统治区而言，确实形成了契丹、女真长期为患的方便条件。但契丹臣服了后唐，夺取了幽、蓟十六州，却加速了本民族的进步”，“大大促进了契丹的经济文化的发展和东北与北方边境地区的开发”。其实，根据马克思主义战争分为侵略的、非正义的与反侵略的、正义的基本原理来判断，问题并不“复杂”。正像《评价》也承认的那样：“契丹贵族长期掠夺北方地区，这就是非正义的民族压迫战争。”遗憾的是《评价》明明知道这点，却不但不进行严正谴责，反而公然赞扬契丹“夺取了十六州，加速了本民族的进步，大大促进了经济文化的发展……”，作者怎样会站在了为“非正义的民族压迫战争”张目的立场，实在令人难以索解；而这种论点对什么人有利，则是不言而喻的。

---

① 《资治通鉴》卷 279。

② 《资治通鉴》卷 280。

问题尚不止此。《评价》不但曲意为石敬瑭开脱罪行，而且还把“民族融合”的功劳，记在了他的名下，加以赞颂。说什么“长城以北的少数民族在东汉末、西晋至北朝、唐代都曾进入长城以南。因为如此，才导致了当时激烈的民族矛盾以及随之而来的大规模的民族融合。试问，如果认为不能假长城以南土地一寸于少数民族，怎么会促进民族接触，造成今天多民族的统一的中国呢?”并强调：“分析问题应注意历史环境。民族融合过程中既有葡萄美酒、和亲联姻，也有刀光剑影，这是阶级社会中所不可避免的。民族融合始终不是牧歌式的。”这段议论的错误，更是十分明显的。其一，作者虽未直接讲出，但意思再也清楚不过：由于石敬瑭“假长城以南十六州（远远超过了‘一寸’）土地人民于少数民族”，既“促进民族接触”，还“造成今天多民族统一的中国”。因而，不但无罪，反而有功。并且，据此推论，石敬瑭如果出卖给契丹的土地更广、人民更多，他的功劳也将越大。这种极端荒谬的论点，恐怕《评价》也不会同意。但他却是无法拒绝这种逻辑的。其二，大家知道，“融合”（严格说来，在阶级社会应是“同化”）“实际上就是落后民族加入了先进民族的经济和文化体系，就是落后民族文明化。”① 所以，马克思主义“欢迎民族的任何同化，只要它不是借助于暴力或特权进行的。”②《评价》把这句完整的话割裂开来，只取前者，而抛弃后者。无条件地美化包括“刀光剑影”在内的一切同化，显然是很错误的。其三，《评价》强调“分析问题应注意历史环境”。这句话本身虽然正确，但据此所作的“分析”，却是似是而非的。“是”，是指在阶级社会中，“民族融合（同化）始终不是牧歌式的”。“非”，是指错把“不可避免”的必然性，当成了天然的合理性，对民族同化中的“刀光剑影”，即暴

---

① 翦伯赞：《关于处理中国历史上的民族关系问题》，载《翦伯赞历史论文选集》，第121页。

② 《列宁全集》第20卷，第18页。

力或战争，也予以赞扬。这里，显然是混淆了两个不同性质的问题：一个是主观动机，具体反映为统治阶级制定的同化政策；另一个是客观效果，具体反映为暴力或战争引起的客观后果。借助于暴力或战争施行的同化政策，有时虽然也能起到“促进民族接触”或同化的作用，但它终究是“反人民的、反革命的政策，是有害的政策”,① 决不能与客观效果画等号。至于把出卖十六州土地、为“掠夺性、残暴性很强、给黄河以北人民带来极为深重灾难”的契丹征服者充当鹰犬的石敬瑭，说成什么似乎由于他“假长城以南十六州土地于少数民族”，因而在“促进民族接触、造成今天多民族的统一的中国”的功劳中，也该有他一份，就更是颠倒是非、大错特错了。

第二，性质问题。

即石敬瑭割弃燕云十六州，是否“出卖”土地和人民的问题。对此，几乎所有同志是明确肯定的。《评价》却持相反意见。认为“辽的南扰，毕竟是国内民族矛盾问题。”因而，“他们统治区的变动，不存在领土被‘出卖’问题，只能说是内部的归属问题。”并断言，正因为“混淆了国内民族矛盾与国外民族矛盾的界限，致使对这两种民族矛盾所产生的后果、影响不加区别，引出了石敬瑭‘出卖’燕云十六州的错误结论。”这种说法的错误，也是显而易见的。而致误的原因，恰恰是它混淆了“国内民族矛盾与国外民族矛盾的界限”。

如所周知，国家的概念，具有两重含义：就其实质说，是阶级压迫阶级的工具。就其内容说，则要具备领土、人民和主权三要素。现在就让我们根据这三点内容，分析一下契丹与后唐和石晋的关系：契丹，原是生活在辽水上游西剌木伦河流域的游牧部族，北魏时始见于史书记载，仅有地数百里。自九世纪出现阶级分化以来，发展很快，到十世纪初，即从部落联盟过渡到了国家。在耶律

① 《斯大林全集》第10卷，第299页。

阿保机时期，又不断“命将出师，臣服诸国；人民皆入版籍，贡赋悉输内帑。”① 耶律德光时期，更“割古幽、并、营之境而有之”。如果把公元925年灭掉的前蜀也算在内，其疆域大体上包括了今河北、山东、山西、河南、陕西、四川六省和甘肃、宁夏、江苏、安徽、湖北的各一部分，较之“五代”的其他四代王朝，都大得多。与周邻不但“经界之间，形势可指，方州之内，图籍俱存”。② 而且后来也相互约定“沿边州军，各守疆界；两地人户，不得交侵。”③ 事实证明，辽国与后唐、石晋以及周近各国，都各自有其土地、人民和主权，实是互为外国，并非“国内矛盾”。在这种情况下，石敬瑭认敌作父，割弃燕云十六州，显然是“出卖”领土，而不是“内部归属问题”。

《评价》可能会说，它所讲的“内部归属问题”，不是指辽与后唐、石晋等中原王朝之间，而是指整个中国的范围讲的。这显然是受了所谓“中国自古以来就是一个统一的多民族国家”论点的影响，也是说不通的。对这种论点的错误，我曾多次指出，是没有弄清楚“作为中国史讲述对象的空间范围”与“历史上中国疆域的空间范围”两个不同性质问题的区别，而采用简单的“上溯法”来处理两者的结果。实则，前者是可以上溯的。因为我们是站在今天的角度，来回顾过去的历史，自然应把处在今天中华人民共和国疆域范围以内我国各族人民及其先民的历史，都当成中国史的组成部分。后者则是不能上溯的。因为，历史是过去的事实。而既经成为过去事实的历史，是不可能再改变的。因而，判断辽与后唐、石晋等中原王朝是否“国内民族矛盾”，从而石敬瑭是否“出卖”土地，就不能以今天中华人民共和国疆域的范围为标准，而只能以当时辽与各国的实际关系为标准。这一点，不仅道理上如此，历史事

① 《辽史》卷70，《属国表》。

② 《契丹国志》卷20。

③ 同上。

实也可以充分证明。例如《契丹国志》在记载贡进的“外国”中，就既有今天在中华人民共和国境内的西夏、高昌、龟兹、于阗等国，也有今天在中华人民共和国境外的新罗、大食等国。[①] 在《辽史》中同样也既载有今天在中华人民共和国境内的吐谷浑、靺鞨、突厥、于阗、西夏诸国，也有在今天中华人民共和国境外的高丽、新罗、波斯、大食诸国。[②] 反过来，《五代史·外国传》则是把契丹与高丽、新罗、占城等同列的。这不仅不足奇怪，而且是势所必然。因为，远在一千多年前的当时，中华人民共和国尚未成立，中华人民共和国的疆域更是无从得知的。如果不是这样，而是认为既往的历史事实，必须随着未来的历史发展而不断变化，例如辽与后唐、石晋等中原王朝当时的关系，必须随着今天中华人民共和国疆域的范围而变化，那么，不但石敬瑭出卖燕、云十六州，会变成“内部归属问题”，而且到了共产主义社会，随着国家的消亡，全世界实现了大同，那么，过去与当今帝国主义与殖民地的矛盾，岂不都将变成“国内民族矛盾”？帝国主义侵夺弱小国家的领土，岂不都将变成“内部归属问题”？抗日战争时期投敌卖国的汪精卫、王克敏、王揖唐之流，岂不都将以“促进民族接触”、“促成国家消亡、世界大同”的“功劳”而名标史册？这种荒诞不经的逻辑，相信即使《评价》也是难以接受的。

最后，有必要指出，类似《评价》的错误，并非个别，而是所在多见。例如，有的文章也认为，“应当受到谴责的是石敬瑭的气节”，而“不在于他割幽燕之地于契丹”，甚至提到即使后来也“没有理由要求一定把燕云十六州置于宋朝的管理之下”。[③] 这显然同样是把当时的契丹与后唐、宋等，都当成了“一个统一的多民族国家”和“一个民族大家庭的成员”，据此把它们之间“统治区

---

① 《契丹国志》卷21，《外国贡进礼物》。

② 《辽史》卷36，《兵卫志下》。

③ 《契丹与五代山西割据政权》，刊《晋阳学刊》1984年第5期。

的变动，”当成了“内部的归属问题”，从而抹杀了燕云十六州被侵夺的历史事实。实则，关于这一点，就连契丹征服者也并不否认，如公元947年，耶律德光攻陷大梁，即曾声言：“我无心南来，汉兵引我至此耳。”① 公元958年，北周克服瀛、莫、易、涿、雄、霸六州，契丹穆宗耶律明更明确承认：“三关本汉地。今以还汉，何失之有?”② 而上述论者，却连这种侵略与被侵略的原则问题也给混淆了。它说明，站在了理论的斜坡上，是无法避免滑向讹误的。这有力地启示我们，民族关系史的研究，必须认真坚持马克思主义的基本原理和实事求是的原则，才可能作出科学的结论。反之，像“自古以来就是说”那样，硬是用简单的上溯法，把古代的中国一概美化成“一个统一的多民族国家”，“一个民族大家庭的成员”，虽然出于良好的愿望，但由于离开了科学性，却不但无以自圆其说，并且难免捉襟见肘，甚至陷于更严重的谬误。这是很值得引以为鉴的。

（原刊《北方论丛》1987年第4期）

① 《资治通鉴》卷286。

② 《契丹国志》卷5。

试论回族的形成、发展和特点

建国以来，回族历史的研究，已经取得了丰硕的成果。这里，拟从中国民族关系历史的几个重要规律与回族的形成、发展和特点的关系问题，作些探讨。希望通过相互切磋，有助于进一步推动回族史这一重要课题研究的深化和进展。

一

在中国民族关系史研究中，有关中国统一的多民族国家的形成，是一个长期以来存在意见分歧的问题。一种意见认为，“既然中国历史是今天中华人民共和国国境以内今天和历史上各族人民的历史，那么，当我们谈到中国时，它的范围就不应该只是历史上当时在中原地带立国的各朝，而且应该包括当时在中原王朝疆域以外而今天却是中华人民共和国国境以内的各族和各地。”据此断定，“中国自古以来就是一个统一的多民族国家”。并由此把历史上各民族之间的关系，说成“都是一个民族大家庭的成员”。

我认为，提出这样一个命题的愿望是良好的。但方法和结论，却都存在明显的问题，原因在于它模糊了如下两个不同性质的问题：

一个是作为中国史研究对象的空间范围问题。从这方面讲，当然“应该以今天中华人民共和国的疆域为范围，由此上溯，凡处在今天中华人民共和国国境以内的各族人民，以及这个疆域内历史上各族人民的历史，都属于中国史的范畴，都是中国史应该讲述的对象。”这是因为，我们现在是处在我国早已完成了形成统一的多民族国家历史过程的今天，中华人民共和国境内的各少数民族的先民，过去对祖国生产和文化的发展，都有很大的贡献。今天，他们更成了中华民族的组成部分和新中国的主人，并在社会主义建设中起了很大的作用。因此，我们就必须为他们撰写新的历史，并作为祖国历史不可缺少的组成部分。

另一个是历史上中国疆域的空间范围问题。从这方面讲，则不能套用“上溯”的办法。而是要尊重客观存在的历史事实，承认中国历代疆域的空间范围，有所变更和伸缩。因而，当我国还没有成为统一的多民族国家以前，也就是许多少数民族国家还作为独立的民族国家而存在的时候，是不能因为今天居住在中华人民共和国国境以内，便把它们说成在历史上就是“同一个民族大家庭的成员”的。

简言之，以上两个方面，一个说的是“中国的历史”，是站在今天的角度回顾过往，所以可以用“上溯”的方法。另一个说的是“历史上的中国”，指的是中国历史上某一瞬间、某一朝代的疆域空间范围，因而只能就各该当时的实际情况而言。两者是不能混淆的①。

经过较长时间的热烈讨论。在大家认识渐趋一致的基础上，已故著名民族史学家翁独健同志明确指出：“‘我国自古以来就是一个统一的多民族国家’的说法，是不够科学的。”② 这是中国民族关系史研究的重大收获，进一步得到了广泛的认同。当然，也还有些同志在变相地坚持旧说。如说：“中国自古以来是多民族的国家，秦汉以后成为统一的多民族国家。”还有的说：“今天中国境

---

① 参阅拙作：《处理历史上民族关系的几个重要准则》，刊《历史研究》1980年第5期和《开创中国民族关系史研究的新局面》，刊《晋阳学刊》1985年第3期。

② 《中国古代民族关系史学术讨论会综述》，刊《华南师范大学学报》1985年第2期。

内的各民族，基本上在过去也可以说是中国的民族。”“其中有些民族原来在中原地区居住，后来到偏远地方去了，到边疆去了。”“我们讲历史，还得看到他们的祖先和内地民族的祖先，是兄弟关系，是亲戚关系。”但这种种说法，同样也是不够科学的，不能成立的。对此，我就曾以考察回族形成、发展的历史为例，充分证明了这一点。

关于回族的渊源，可以上溯到公元七世纪中叶唐代前期。主要是从海、陆两路东来经商的阿拉伯和波斯的商人。他们都信奉伊斯兰教，所以西方称之为 musulman，即穆斯林人。从陆路东来的，大部是沿河西走廊，进住到唐都长安以及洛阳和开封一带。从海上东来的，多住在广州、泉州、杭州、扬州等地，被称为“蕃客”。他们的聚居地称为“蕃坊”。在当地出生的后裔被称为“土生蕃客”。当时他们“都还是外国侨民，而不是中国人。”[①] 人数也不多。这是回族的先民。

1219 年成吉思汗开始西征，到 1258 年旭烈兀攻陷巴格达，前后近四十年。在这期间和以后，中亚、西亚的阿拉伯人和波斯人，或被征发，或被俘虏，或者自愿，随蒙古军来到中国，数量很大，约近百万之多。其中除商人、工匠、医生、学者、上层贵族和普通百姓外，大部为军士。他们后来又被组成“回回军”，参加了忽必烈灭金亡宋的战争。全国统一后，他们有的“上马则备战斗，下马则屯聚牧养”，在险关要塞，屯种镇守。有的则“随处入庄，与编民等”，散居各处，分布很广。其后，经过与汉族和其他各族通婚，滋生繁殖，出现了元时“回回遍天下”的情况，成为后来构成回族的重要来源。到元明之际，最终成为我国的一个民族。

回族形成发展的历史说明，这个民族，并不是“自古以来就有的”。也不是“原在中原地区居住，后来到偏远地方去了，到边

---

① 《回族简史》，宁夏出版社 1978 年版，第 9 页。

疆去了。”更“不是由中国境内的民族部落融合发展而形成的”。①而是由中亚、西亚的阿拉伯、波斯人陆续东来与中国原有民族、主要是汉族人民相互融合而成的。尽管他们的祖先和内地人民的祖先，并不是“兄弟关系”和“亲戚关系”，但只要成为中华民族的组成部分，今天，我们就要一视同仁地承认他们是中国“同一个民族大家庭的成员”，是亲密的民族兄弟。在这个问题上，既不能把唐宋时期还作为“蕃客”的阿拉伯和波斯的穆斯林商人，说成是中国统一的多民族国家的民族成员，更不能根据他们是“外来”的或形成民族较晚，而将其排斥于“中国民族大家庭”和“民族兄弟”之外。这进一步证明，“中国自古以来就是一个统一的多民族国家”的说法，不但不能成立，而且还必将导致出种种不正确结论的。

二

在中国民族关系史研究中，另一个长期以来存在分歧的问题，是中国历史上民族关系的主流问题。一种意见认为，“在平等基础上的相互关系，是民族关系的主流。”我则认为，在历史上，根本不存在、也不可能存在平等的民族关系。民族关系的主流，主要是或缓和、或激化的对立的关系。这是因为，在阶级社会，民族矛盾实际上是阶级矛盾在民族关系方面的表现形式。而“现存的所有制关系是造成一些民族剥削另一些民族的原因”。② 因而，如同《共产党宣言》所说：只有“人对人的剥削一消灭，民族对民族的剥削就会随之消灭。”只有“民族内部的阶级对立一消失，民族之间的对立关系就会随之消失。”③ 在我国阶级社会里，既然人对人、

---

① 白寿彝：《回回民族的形成和发展》，载《回族史论文集》，第 15 页。

② 《马克思恩格斯选集》第 1 卷，第 287 页。

③ 同上书，第 270 页。

民族对民族的剥削和对立没有消失，所以也就不可能出现“平等的相互关系”，更谈不到成为民族关系的主流了。

还有一种说法，主张“历史上的民族关系，应分为各族统治阶级之间的关系和各族劳动人民之间的关系。”认为“前一种关系的主流是奴役与压迫，是不平等的；后一种关系的主流，由于各族劳动人民之间不存在根本利益的矛盾，所以是友好往来，是平等的。”这种说法，同样也是不正确，或者起码是不准确的。

马克思在谈到英国工人和爱尔兰工人的关系时曾说：“普通的英国工人憎恨爱尔兰工人，把他们看做会使自己的生活水平降低的竞争者。英国工人觉得自己对爱尔兰工人来说是统治民族的一分子，……他们对爱尔兰工人怀着宗教、社会和民族的偏见。他们对待爱尔兰工人的态度大致像以前美国各蓄奴州的白种贫民对待黑人的态度，而爱尔兰工人则以同样的态度加倍地报复英国工人。同时他们把英国工人看做英国对爱尔兰的统治的同谋者和盲目的工具。”① 列宁更明确地指出：“从民族问题的角度看，压迫民族工人和被压迫民族工人的实际地位是不是一样的呢？不，不是一样的。”② 革命导师的话说明，民族矛盾和压迫，是具有全民性的。统治民族的劳动人民，对本国统治阶级来说，是被统治者。但对被统治民族来说，却是“统治民族的一分子”，享有种种特权。因而，民族压迫，首先是指压迫民族统治阶级对被压迫民族的压迫。但在压迫民族中，劳动人民也是统治民族的组成部分；而反对民族压迫，首先是指被压迫民族反对压迫民族统治阶级的斗争，但这种压迫与反压迫的斗争，同样也存在于两族劳动人民之间。显然，那种认为“各族劳动人民之间关系的主流是平等的”的说法，同样也是不能成立的。

当然，在探讨民族关系主流时，把各族统治阶级之间的关系，

---

① 《马克思恩格斯选集》第4卷，第380页。

② 《列宁全集》第8卷，第531页。

同各族劳动人民之间的关系加以区分，还是有必要的。这起码可以明确，各族人民之间，虽然也存在着利益的矛盾，但还有着共同利益的一面，这是与各族统治阶级之间的关系不同的。此外，在统治民族对被统治民族的奴役压迫下，统治民族的劳动人民主要是受到挑拨和蒙蔽，充当了不自觉的工具。而制定民族歧视政策，奴役压迫各族的罪魁祸首，则是统治民族的统治阶级。这种非平等的民族关系的主流，从回族的历史实际中，同样也可以得到验证。

如前所述，作为回族先民的中亚、西亚的阿拉伯和波斯的穆斯林，是在成吉思汗西征和其后忽必烈亡金灭宋的战争中，大量进入中国的。由于他们在战争中“屡建功勋”，所以，元朝建立后取得了政治、社会各方面较高的地位。不但元政府各部门中设有回回令史、回回译史、回回掾史等官职，和回回国子学、回回国子监等机构，而且从法律上规定在蒙古、色目（其中回族是重要组成部分）、汉人、南人四个民族等级中，与蒙古人一样享有政治、法律、经济等种种特权，成为统治民族的一部分，而汉人、南人处于奴役压迫和被奴役压迫的地位。明代以民族斗争为号召，提出“驱逐胡虏，恢复中华”的口号。“胡虏”，主要是指蒙古族，但也包括了以回族为主的色目人。因之，他们的地位就发生了相反的变化，成为被统治民族。明统治者除了对回族加强统治奴役外，洪武五年，甚至下诏：只“许与中国人结婚姻，不许与本族类自相嫁娶”。不但当作“外国人”横加歧视，而且企图通过同化的手段，从根本上加以消灭。入清以后，满洲贵族统治者继续划分民族等级，不但利用宗教教派上的不同，支持旧派，压迫新派，挑拨回族人民内部的关系，而且从法律和政治上制造回汉间的民族矛盾，甚至“助汉以杀回，助回以杀汉。”尤其是乾隆同治年间镇压了西北地区的回民大起义以后，清统治者制定“近城非所宜，近汉非所宜，并聚一处非所宜，令觅荒绝无主各地自成片段者，以便安置”的政策，把大批回民强迫迁徙到硗薄贫瘠的边荒地区，甚至贫无立锥，流离失所，造成“陇中苦甲天下”的情况，回族的社会地位，更为低下，成为受压迫最深、痛苦最重的被统治民族之一。辛亥革命推翻了帝制，虽然宣称取消清朝“抑回”的政策，提出“五族共和”，实际上不过是一纸空文。蒋政权一方面不承认回民族的存在，说成是“内地生活习惯特殊之回民”；另一方面却采取对付异族的手段，对回族实行歧视和压迫。甚至狡毒地收买回族的上层分子，实行“以回制回”的政策。1938 年，宁夏海原县修县志，甚至在回族的“回”字左侧，加上了“犭”字偏旁，写成“徊”字，引起广大回族人民的极大愤慨，酿成一次群众性的反抗暴动。

两方面的事实都充分证明，回族不论作为统治民族或被统治民族，对各该当时的民族关系来说，都不可能是平等的，更谈不到成为主流了。回族是这样，在阶级社会，一切不同时期的民族关系，也都不会例外，只是可能或者尖锐、或者缓和一些罢了。

三

在中国民族关系研究中，还有一个有争议的问题，就是如何对待历史上确实存在的民族间的矛盾和对抗。有一种意见认为，为了增进当前的民族团结，应该加以回避。显然，这种意见的出发点是好的。但方法却是不可取的。道理很简单，历史是过去的事实，事实既经存在，不论出于任何良好的愿望，也是改变不了、否认不掉的。相反，如果强行否认，或者进行粉饰掩盖，还难免事与愿违，走向反面。仍拿回族的历史来说，在元代，它曾经成为统治民族，享有种种特权；明清以后，又成为被统治民族，遭受奴役和压迫。特别是清统治者对西北地区河州和通渭城的两次回民起义，不但进行了残酷镇压，血腥屠杀，消灭回族聚居点，把大批回民充军边荒，而且恶毒地推行“抑回护汉”的民族歧视政策，将没收的回民土地、房屋和财物，都贱价卖给汉民，不准回民购买，以此挑拨两族关系，埋下了汉回不和以至仇杀的种子。对于这些既经存在的确凿事实，既不应“回避”，也“回避”不了，当然更不能进行渲染。而是要深入剖析，透过表象，揭示实质，深刻阐明一切反动统治阶级都“惯于用散布民族偏见，制造民族歧视和隔阂，挑起民族纷争。”[①] “唆使各族互相残杀，利用一个民族压迫另一个民族。”[②] 以及一切侵略压迫的民族战争，“无论何时何地总是由剥削者、统治者和压迫者阶级挑起的”。[③] 这样，就不但不会“变成挑拨民族关系，使民族之间不和睦”，而且有利于从那些亲痛仇快的历史事件中，总结经验教训，加深各族人民之间的理解，认清制造民族矛盾、对抗的真正罪魁祸首，而不会去错误地谴责各族的劳动人民及其后代。否则的话，粉饰和掩盖了这些事实的真相，就难免起到相反的作用，模糊、甚至颠倒了民族间压迫与被压迫的关系，侵略与被侵略的性质，那将是十分有害的。

其实，对于“回避”论者提出的顾虑，早在二十八年前我就曾指出：“由于无产阶级与广大人民的根本利益是一致的，历史的真实，不但与无产阶级的利益不相抵牾，反而使其具有更坚实的基础。因而，虽然如实地承认了历史上既经存在的各民族间纷争和压迫的事实，却不但不会影响，而且适足以增进当前各族人民的友好与团结。原因是，由于我们揭示了历史上不平等民族关系的社会根源与历史实质，科学地阐明了在过去的历史阶段中，真正平等的民族关系根本不可能出现。从而，就必然地得出了只有在社会主义制度下，才能实现民族间真正平等、友爱、亲密、团结的伟大结论来。这样，各族人民从过去不平等的民族关系所造成的痛苦不幸的回忆对比中，就会更加感到今天社会主义的平等民族政策所带来的友好幸福生活的可爱，就会更加感激缔造、并认真实施这一先进的平等民族政策的英明的党。”[④] 这个观点，不但已经得到史学界许

---

① 《列宁全集》第 2 卷，第 232 页。

② 《马克思恩格斯选集》第 1 卷，第 304 页。

③ 《列宁全集》第 8 卷，第 531 页。

④ 拙作：《再论中国古代史中有关祖国疆域和少数民族的问题》，刊 1962 年 8 月 2 日《文汇报》。

多同志认同，[①] 而且更被今天我国各民族平等、团结、互助、共同发展、共同繁荣的现实所证实了。

四

从上面的论述中，不但可以看出回族形成、发展的轨迹及其所受历史上民族关系规律的制约和影响，而且可以进一步发现和总结出回族如下的一些特点：

一、回族的形成，在我国较其他兄弟民族为晚，但发展却比较快。在目前55个少数民族中，人口总数仅次于壮族，位居第二。回族不是“土著民族”，也不是纯粹外来的民族，如俄罗斯民族等，而是一个由外来民族和汉族以及国内其他少数民族融合而成的，是在中国土地上生长壮大的一个新兴民族。回族的历史，大体可以分为三个阶段：从唐代前中期到南宋末，为第一阶段，是萌生时期；从元初到明清和民国，为第二阶段，是形成和发展时期；从中华人民共和国成立，为第三阶段，是实现民族关系伟大历史转折的时期。第一、第二阶段是回族历史特有的，第三阶段则是各民族共同的，即全国各民族都进入了平等、团结、互助、共同繁荣发展的时期。

二、与我国其他各少数民族大多集中聚居不同，回族是一个分散与集中相结合而以散居各地为主的民族。公元1253年，忽必烈统率大军分三路跨过金沙江进入云南，分别攻破大理和昆明，留下大批回回将士镇守。他们后来与汉族和其他各族通婚，定居下来，生殖繁衍，遂形成了大理、昆明等地的集中聚居点。清代镇压了西北地区的回民起义后，强迫把他们大批迁到今宁夏、甘肃交界一带

---

① 参阅胡如雷：《唐太宗民族政策的局限性》，刊《历史研究》，1982年第6期，第60页；田继周：《我国民族史研究中的某些理论性问题》，载《中国民族关系史研究》，中国社会科学出版社1984年版。

的贫瘠地区，屯垦耕牧，形成了西北地区的集中居住点。在忽必烈统一中国的过程中和以后，大批回回军也随之分布全国，“上马则备战斗，下马则屯聚牧养。”另一方面，回族商人、工匠、医生、学者等也逐渐普及全国，遂形成了大分散小聚居的格局，一直延续至今。据 1982 年统计，我国现有回族总人口 720 余万，广泛分布在全国二十九个省区（台湾省未计在内）中。而最大的集中聚居区青海省，共有回族 53 万多人，仅占全国回族总人口数的 7.4%。可见这种“大散小聚”的格局，至今仍未改变。

三、回族是一个具有英勇反抗斗争光荣革命传统的民族。形成这一特点的原因，主要是自明清以来，长期遭受阶级的和民族的双重残酷压迫和奴役。有压迫必有反抗，压迫愈甚，反抗也愈烈。在明代，早在永乐八年，就有回族人哈剌马牙等领导的肃州卫城起义。正德九年至十六年，陕西回民曾有过三次反抗暴动。嘉靖十四年，又有阶州回民马兴领导的徽州、成州的起义。在明末农民大起义中，由回族领袖老回回马守应领导的起义军，曾经与杰出起义领袖李自成、张献忠领导的农民军，并肩作战，沉重打击了明王朝的黑暗统治。入清以后，顺治五年，河西回民米剌印、丁国栋等领导起义，曾攻占甘州、凉州、兰州、岷州和临洮等广大地区，转战达两年之久。顺治十年，又有西宁回民祁敖牙固子等领导的孙家寨起义。乾隆四十八年和四十九年，在甘肃先后爆发了田五和张文庆、马四娃领导的两次回民起义。同治初，云南爆发了杜文秀领导的大规模的回民起义，先后攻占了大半个云南省，并在大理建立了与清政府对抗的政权。贵州、四川等省的回民，也纷起响应。起义前后延续了十九年，给予了清统治者以严重的打击。在这前后，陕西、甘肃则有回民白彦虎、马化龙领导的大规模的起义，一直延续了十余年。鸦片战争以来，在反抗历次外国侵略的斗争中，回族人民也谱写了不畏强暴，勇于献身的爱国主义的篇章。第一次鸦片战争时期，沿海一带的回族人民，挺身而出，进行了英勇无畏的反抗，狠狠打击了用洋枪洋炮武装起来的侵略兵，当时镇江当地就流传着

“都督夷人骂教门，镇江回子不逃奔”的民谣[①]。又如，第二次鸦片战争中大沽之战的回族将领马廷秀，中日甲午战争中赴朝鲜镇守平壤的回族将领左宝贵，八国联军侵华战争中血战正阳门城楼的回族将领马福禄及其从弟福贵、福全、姪耀图、兆图和亲戚部属等百余人，都英勇不屈，献出了宝贵的生命。抗日战争中的冀中回民支队、渤海回民支队、三边回民支队、关中回民支队和海固回民骑兵团……等，也都是屡建战功，威名远震。这些可歌可泣的辉煌业绩，是回族人民的骄傲，也是中华民族的光荣！

四、回族在元代曾经成为统治民族的组成部分。明清以后又成为被统治民族，对清统治者的奴役压迫，进行了顽强不屈的反抗。在清王朝“抑回护汉”的反动民族歧视政策挑拨下，还曾经发生过像陕西渭南的“汉回交讧”事件。但相对而言，较长时间里和通常情况下，汉回两族的关系，却比较缓和协调，尤其在两族人民之间，有时还相对友好。平时“出入相友，守望相助”，“田畯之家，畔耕相让”。在宁夏地区，回汉劳动人民还一起兴修渠道，发展水利灌溉，创造了“黄河万里富宁夏”的业绩。在反抗清朝统治压迫的斗争中，回族起义领袖杜文秀还提出了“连回汉为一体，竖立义旗，驱逐鞑虏，恢复中华”的口号。出现这种情况的原因，大致有以下几点：其一，回族是一个外来民族，人口不多，又“大散小聚”，始终未形成一个统一的强大力量实体，未曾进行征服扩张和建立统治政权，在元代，虽然也成为享有特权的统治民族之一，但与作为主要统治民族的蒙古族来说，与汉族的矛盾，相对缓和。其次，回族人民以“大散小聚”的格局，散居全国各地，长期与汉族杂居，广泛使用汉文汉语，有的“多已更姓易名，相忘相化。”[②] 其中一部分回民，并与汉族通婚，发生了血缘亲缘关系，从而使关系比较密切，以至后来形成在全国范围内“有汉必

① 佚名：《镇江竹枝词》。

② 丘浚：《兵文庄公集》。

有回”的局面。

五、回族是一个具有极强凝聚力的民族。主要表现在两个方面：一是指本民族的凝聚力。这首先是因为共同信奉伊斯兰教，祖辈相沿，坚守民族礼俗，形成了共同的宗教信仰和心理状态。其次是由于回族是外来的民族，长期遭受阶级的、民族的双重压迫，为求生存和发展不得不加强内部团结，“党护族类”，“声援固结”。近则“一呼百应，声息相关”；远则“种类编满天下，声气周通远近”。甚至“行客外出，即面生无不相留，虽千里不携资斧。”① 被称道为“回回见面三分亲”，“天下回回是一家”。另一是指对汉族的凝聚力。这是由于上举长期与汉族杂处，使用汉文汉语以及与汉族通婚等原因形成的。因为汉族是我国的主体民族，所以，回汉两族的凝聚力，同时也就成为中华民族凝聚力的表现。

六、回族是一个以善于经商著称的民族。这也有种种特殊的原因。其一，伊斯兰教的经典《古兰经》不反对经商。而且伊斯兰教的创始人穆罕默德还鼓励去远方经商，认为这是值得称赞的职业②。其次，回族的先民东来的阿拉伯和波斯的穆斯林，相当多是经营商业的，具有丰富的经验和悠久的传统。再次，与我国以往“重农抑商”的传统不同，元代蒙古统治者对经商不加限制，而且对许多具有“生财之道和理财之术”的商人，还给予优遇。有的甚至得到最高统治者的宠信而进入仕途，因而出现了“亦官亦商”和“以商为官”的情况。又次，明清时期，土地高度集中，作为非土著民族的回民，缺地少地的情况，尤为严重，迫使他们不得不发挥传统的经验和长处，另谋出路，经营商业。

七、回族又是一个具有开放型性格和开拓进取精神的民族。这也可以从它形成发展的历史和传统中，找到根源。其一，回族的先民，来自遥远的中亚和西亚，进入中国之后，又散居广大地区。大

---

① 庄吉发：《清高宗十全武功研究》，中华书局版，第 67—70 页。

② 参阅陆玉麒：《回族的空间迁移过程与民族心理素质的基本特点》，刊《宁夏社会科学》，1988 年第 3 期。

跨度的、频繁的空间迁移，大大拓宽了他们的视野。其二，回族是一个外来的民族，不善于耕作，加以缺地少地情况严重，被迫离乡背井，四出经商，因而很少有类似汉族农民那种浓重的安土重迁思想。尤其随着商业活动的开展，他们不但到彝、藏等边远地区贩运商品和土产，甚至远赴缅甸、越南、尼泊尔、印度、蒙古等国，进行跨国贸易，从而造就了开放型的性格。其三，阶级的、民族的双重压迫的社会环境，和土地贫瘠、灾荒频仍的自然条件，给回族人民造成较之其他民族更加严重的困苦和灾难。但这些巨大的困难，并没有压倒回族人民。相反，却使他们坚强勇敢、不畏艰险的精神，得到进一步强化，熔铸成吃苦耐劳、开拓进取的民族性格①。

当然，毋庸讳言，同汉族在内的各民族一样，由于历史的、社会的条件的限制，回族也不可避免地存在着种种时代的局限，但这并不排除他们的各种优点和在历史上的成就和贡献。

结合中国民族关系历史的规律，探讨回族的形成、发展及其特点，不只是赞美过去的光荣传统，更重要的是立足今天，放眼未来。与我国部分其他少数民族比较，回族的人数较多，经济文化水平也相对较高，但对比先进的地区和民族，还存在相当的差距。因而，要彻底改变仍然较低的发展水平，跻身于先进民族之林，还要作出很大的努力。回族人民在过去双重压迫的艰难条件下，为发展祖国经济文化，已经披荆斩棘，创造了辉煌的业绩。今天，我国民族关系已经完成了伟大的历史转折，平等、团结、互助的社会主义民族关系，已经成为光辉的现实，在新的优越的社会条件下，回族人民为促进社会主义物质文明和精神文明建设，加速改革开放的步伐，必将进一步发挥革命传统和专长优势，作出新的贡献。

（原刊《宁夏社会科学》1991 年第 1 期）

---

① 参阅陆玉麒：《回族的空间迁移过程与民族心理素质的基本特点》，刊《宁夏社会科学》1988 年第 3 期。